AF262551

HENRI CORDIER

MEMBRE DE L'INSTITUT

PROFESSEUR A L'ÉCOLE DES LANGUES ORIENTALES

MÉLANGES

D'HISTOIRE ET DE GÉOGRAPHIE

ORIENTALES

TOME III

PARIS

Librairie ORIENTALE & AMÉRICAINE et des Cinq Parties du Monde

JEAN MAISONNEUVE & FILS, ÉDITEURS

3, RUE DU SABOT, 3

1922

MÉLANGES D'HISTOIRE

ET DE

GÉOGRAPHIE ORIENTALES

III

HENRI CORDIER

MEMBRE DE L'INSTITUT

PROFESSEUR A L'ÉCOLE DES LANGUES ORIENTALES

MÉLANGES

D'HISTOIRE ET DE GÉOGRAPHIE

ORIENTALES

TOME III

PARIS

LIBRAIRIE DES CINQ PARTIES DU MONDE

JEAN MAISONNEUVE & FILS, ÉDITEURS

3, RUE DU SABOT, 3

—

1922

Reproduction et traduction interdites pour tous pays

LA MISSION

DE

M. LE CHEVALIER D'ENTRECASTEAUX

A CANTON, EN 1787,

D'APRÈS LES ARCHIVES

DU MINISTÈRE DES AFFAIRES ÉTRANGÈRES [1].

Escortée de la *Subtile*, commandée par le vicomte
DE LA CROIX DE CASTRIES [2], la *Résolution*, battant
pavillon du chevalier D'ENTRECASTEAUX [3], jeta l'ancre
devant Macao, le mercredi 7 février 1787, après
soixante-huit jours de traversée depuis Batavia [4].

1. Extrait du *Bulletin de Géographie historique et descriptive*, 1911.
Communiqué au 49e Congrès des Sociétés savantes à Caen, le mercredi 19 avril 1911.

2. Neveu du ministre de la Marine.

3. *Antoine-Raymond-Joseph* DE BRUNI, chevalier D'ENTRECASTEAUX,
né au château d'Entrecasteaux, entre Barjols et Brignoles, non loin
d'Aix-en-Provence, en novembre 1737; mort en mer le 20 juillet 1793.—
Cf. *D'Entrecasteaux*, 1737-1793, par le baron HULOT. Paris, Société de
Géographie, 1894, in-8.

4. D'Entrecasteaux, par suite de retard dans les instructions, n'avait
pu partir qu'au mois d'octobre 1786 de Pondichéry avec la mousson
contraire. « Il a d'abord relâché à Batavia, ensuite il a passé par l'Est
de l'Isle de Bornéo et, en faisant le tour des Isles Carolines et Philippines, il est parvenu à Canton. On est informé qu'il étoit de retour à
Pondichéry au commencement du mois de Juin d'où il aura pu se
rendre au mois d'Aoust à l'Isle de France, s'il a été informé à tems
de sa nomination au Gouvernement de cette colonie. »

1

M. DE LA PÉROUSE était parti de Macao le 5 février
pour se rendre à Manille, sans se douter que, deux
jours plus tard, son collègue, chargé d'une mission
du Roi, mouillerait dans les mêmes eaux que lui.
Ce ne fut qu'en avril, à Manille, que M. de La
Pérouse apprit avec étonnement l'arrivée de M. d'Entrecasteaux à Canton et qu'il reçut une lettre de lui
l'informant des motifs de son voyage. Peu de temps
après, M. de la Croix de Castries, à bord de la *Subtile*, apportait des dépêches au grand navigateur.

Deux ans auparavant, d'Entrecasteaux avait reçu
du Roi le commandement des forces navales en station dans les Indes orientales et l'instruction particulière sur le service qu'il avait à remplir[1] :

« Le S. Ch^{er}. D'ENTRECASTEAUX mettra à la voile du Port de
Brest, pour se rendre à l'Isle de France. En passant au cap
de Bonne-Espérance, il y mouillera le tems nécessaire :
1° pour juger de l'état et de la force des troupes qui en ont
la garde. 2° Pour examiner si l'on fait travailler aux fortifica-
tions, et si l'on y a des munitions et des approvisionnements
suffisants pour une bonne défense.

Le S^r. Ch^{er}. d'Entrecasteaux est prévenu que les deux
Cours de Versailles et de Londres sont convenües que leurs
stations respectives dans les mers d'Asie ne seront composées
que de frégates ou autres Batiments inférieurs. En conséquence, il surveillera l'arrivée des vaisseaux anglois qui viendront d'Europe, pour connoitre si leur station se renforce par
des bâtimens plus considérables, ou si elle reste telle qu'il a
été convenu : Et dans le cas où il arriveroit des vaisseaux de
guerre, il s'informeroit des commandants anglois des motifs
qui ont déterminé à s'écarter de la convention qui a été faite
entre les deux cours, et il en rendra compte au Secrétaire
d'Etat ayant le département de la Marine. Il sera nécessaire
d'apprécier en même tems la force que les vaisseaux de la

---

1. Affaires étrangères.

Compagnie des Indes angloises peuvent acquérir, si de demi armés qu'ils sont pendant la paix on voulait les porter à l'état de guerre, et augmenter par ce moïen les forces angloises dans les mers d'Asie, au cômencement des hostilités.

Les circonstances ne permettant pas encore aux deux nations françoise et hollandoise, d'arrêter un plan pour leur sureté dans les mers des Indes, le S[r]. Ch[er]. d'Entrecasteaux cherchera provisoirement à se lier avec le commandant de l'escadre hollandoise, afin qu'en attendant des ordres pour combiner ses mouvements avec le vaisseau françois, ils puissent se concerter sur les meilleurs moïens à emploïer, pour assurer les établissements respectifs des deux nations, lorsqu'ils en recevront l'ordre.

A son arrivée à l'Isle de France, le S. Ch[er]. d'Entrecasteaux se fera rendre compte des dispositions qui auront été faites par le S. DE ROSILY[1], relativement à la mission dont il a été chargé, et il en adressera le résultat au Secrétaire ayant le département de la Marine. Il trouvera joint à la présente instruction une copie de celle qui a été expédiée à cet off[er]. qui lui fera connoître les objets qu'il doit remplir; Et si des circonstances imprévües mettoient le S. de Rosily dans l'impossibilité d'exécuter les ordres qu'il a reçus, le S. Ch[er]. d'Entrecasteaux le ferait remplacer par un des bâtimens à ses ordres.

Le S[r]. Ch[er]. d'Entrecasteaux est prévenu qu'il trouvera dans cette Isle le S. DE CONWAY[2], commandant en l'absence du Gouverneur Général, et qu'en cette qualité, il ne doit lui être rendu que les honneurs attachés à son grade militaire.

Avant de partir de l'Isle de France, il examinera l'état du Port, et le travail qu'il y aura à faire, pour le rendre utile

1. *François-Étienne*, comte de Rosily-Mesros, né à Brest, 13 janvier 1748; † à Paris, 12 janvier 1832; il était alors capitaine de vaisseau. — Voir Henri CORDIER, *Correspondance générale de la Cochinchine (1785-1791)*. Leide, 1906-1907, p. 24.

2. *Thomas*, comte de Conway, né en Irlande en 1735, entre le 16 décembre 1747 au service de la France; il fut colonel du régiment de Pondichéry (1781), maréchal de camp (1784), et enfin gouverneur général des Établissements français dans l'Inde (1787). — Cf. Henri CORDIER, *Correspondance générale de la Cochinchine (1785-1791)*. Leide, 1906-1907, in 8, p. 53.

aux escadres de Sa M^sté. en tems de Guerre. Il sera également important qu'il puisse se procurer des renseignements
surs, relatifs aux ressources en bois qu'on peut trouver dans
cette isle, ainsi que sur l'emploi et sur le nombre indispensable de nègres, pour y préparer les choses nécessaires aux
radoubs des bâtiments de Sa Majesté. Le S. Ch^er. d'Entrecasteaux sentira combien il importe qu'il fasse connoitre la
mesure des ressources de cet établissement principal.

Après avoir pris ces renseignements, et toutes les connoissances que le S. Ch^er. d'Entrecasteaux jugera utiles, il mettra à
la voile de l'Isle de France, pour se rendre à Ceylan, en passant par les isles Séchelles, pour connoitre leur situation et
le degré de leur utilité; mais si l'époque de son départ ne lui
permettoit pas de les reconnoitre par lui-même, et de se procurer ces renseignements, il en chargeroit un bâtiment à ses
ordres.

Arrivé à Ceylan, il s'informera des dispositions qui auront
été faites par la station hollandoise, et il préviendra le Gouverneur que l'escadre du Roi sera toujours prête à concourir
avec celle du commandant hollandois, pour la sureté des
deux nations.

De Galle ou de Columbo, où il aura vraisemblablement
mouillé, en arrivant sur Ceylan, il passera à Trinquemalé,
pour en reconnoitre la situation sous tous les rapports. Il se
rendra ensuite à Goudelour ou à Pondichéry, selon le lieu où
se trouvera le commandant des troupes de Sa Majesté.

Si l'époque de son départ de Brest ou le séjour qu'il fera
dans sa route le forcent de n'arriver à la Côte de Coromandel
qu'à la fin de Septembre, il se dirigera d'abord sur la côte de
Malabar, où il visitera les ports dont la connoissance est la
plus importante. Il pourra combiner ces observations à faire
dans cette partie d'après les instructions du S. de Rosily,
pour ne pas faire de doubles emplois, et ce que le S. Ch^er.
d'Entrecasteaux pourra faire sera combiné avec l'époque du
mois d'avril, à laquelle il devra paroître sur la côte de Coromandel.

En partant de Goudelour ou de Pondichéry, il entrera dans
le Gange, il remontera ce fleuve jusqu'à Chandernagor, et le
descendra après y avoir rempli l'objet de protection que le
commerce peut attendre du séjour que le pavillon du Roy y

fera. Il tâchera, sous quelque prétexte, de reconnoitre Calcutta et les batteries placées sur les deux rives, aux points les plus rapprochés de l'embouchure du Gange. Mais pour rendre la navigation dans le Bengale et sur les côtes de l'Est plus utile, il demandera au commandant des troupes à Pondichéry, un off{er}. de génie intelligent, pour lever des plans et reconnoitre militairement les points importants qu'il parcourra.

Dans le nombre des isles ou des côtes que le S. Ch{er}. d'Entrecasteaux devra reconnoitre ou faire reconnoitre par les batiments à ses ordres, il s'occupera principallement des isles Andamans, pour s'assurer s'il y a des ports, des bois, et des subsistances. Il reconnoitra soigneusement Mergui, Malaca, et tous les détroits. Si, en disposant des batiments à ses ordres, il peut envoïer jusqu'à Manille, il fera reconnoitre l'état de Luçon, de ses formes de terre, de ses batiments, &c. afin de pouvoir juger, si en cas de guerre, et dans l'hypothèse d'une combinaison de forces contre l'Angleterre, on pourroit tirer des secours de cet établissement espagnol.

Il ne négligera aucun moïen d'acquérir toutes les connoissances possibles sur le commerce de la Mer Rouge, et il ne perdra pas de vue que l'objet principal de la station de l'Inde est de protéger le commerce de la Compagnie des Indes dans ces mers, et de conserver au pavillon françois toute la considération qu'il s'y est acquise.

Dans l'étendue qu'embrasse la station du S. Ch{er}. d'Entrecasteaux on peut avoir laissé échapper quelques points de renseignements importants à prendre. Sa Majesté lui recommande donc dans ce cas de suppléer à ce qui aura été omis dans cette instruction et de donner l'extension qu'il estimera avantageuse aux objets sur lesquels il lui est prescrit de se procurer les connoissances qu'il importe d'acquérir.

Il s'occupera des moïens de retirer de l'Inde les François épars qui voudront revenir en Europe ou dans les établissements françois de l'Asie, et il fera observer une discipline exacte et rigoureuse, pour éviter le libertinage qui conduit à la désertion ou aux maladies qui les détruisent.

Il s'occupera pareillement des moïens de faire réparer et ravitailler ses vaisseaux dans les mers ou il doit stationner, sans avoir besoin de revenir à l'Isle de France, pour cet objet. La défense de venir y relacher fera découvrir des ressources

dans les lieux ou les batiments se trouveront, qu'on n'y cher-
cheroit pas avec la facilité de se les procurer sans peine dans
les isles. Le Bengale peut fournir du biscuit et des salaisons,
la côte de Coromandel, du bois et les établissements hollandois de l'arrack qui remplace les eaux de vie. Les liaisons qui
existent entre la France et la Hollande, autorisent le S. Ch^{er}.
d'Entrecasteaux à aller avec confiance dans ces établissements, pour y demander, en payant, les objets nécessaires
aux réparations des batimens qui composent la station à ses
ordres.

Sa Majesté est persuadée que le S. Ch^{er}. d'Entrecasteaux
concourra avec le zèle et les lumières qu'il a développés dans
plusieurs occasions, à tout ce qui est relatif au bien de son
service. Il n'ignore pas qu'il est absolument sous les ordres
du Gouverneur général, pour tout ce qui a rapport à la disposition des forces navales en station aux Indes orientales.
Elle lui recommande d'user de prudence et de circonspection
dans les occasions où il pourroit se trouver vis-à-vis des
Anglois, et de concilier néanmoins la modération et la fermeté, son intention étant de ne céder à aucune nation et que
son pavillon soit respecté dans tous les cas, et particulièrement dans celui où le commerce de ses sujets éprouveroit des
entraves au mépris des traités, il soutiendroit alors ses droits
avec force et énergie. Elle lui recommande pareillement de
tenir exactement la main à ce que le service soit fait à bord
des batiments sous ses ordres avec la plus grande régularité,
et que chacun se conforme aux ordonnances et règlements.
Il rendra compte au Secrétaire d'Etat, ayant le département
de la Marine, des commandants et officiers qui manqueroient
à ce qu'il leur auroit prescrit, pour le maintien de la discipline. Sa Majesté lui ordonne de démonter, et de renvoïer en
France, ceux qui par leur conduite se seroient rendus coupables de désobéissance, et qui auroient rempli les missions
dont ils auroient été chargés.

Sa Majesté attend que, dans toutes les circonstances, le
S. Ch^{er}. d'Entrecasteaux justifiera l'opinion avantageuse
qu'elle a de ses lumières, de sa prudence et de sa fermeté.

Plus tard, il reçoit de nouvelles instructions relatives à la Chine :

M. d'Entrecasteaux, à Pondichéry.

A Versailles le 17 f^r 1786.

Vous recevrés, M., par une autre de mes despeches les instructions du Roi pour la mission que vous êtes chargé d'exécuter à Canton relativement aux sommes considérables que les Chinois doivent à nos négocians. L'intention de Sa Majesté est encore que vous preniés connoissance de la situation de ce comptoir pour y faire les arrangements provisoires qui vous paroitront convenables d'après les détails dans lesquels je vais entrer.

Au moïen de l'établissement de la Compagnie des Indes[1], il suffit de conserver à Canton un agent et un interprette qui n'auront rien de commun avec la Compagnie, sur les emploiés de laquelle l'agent n'aura aucun pouvoir. Son service se bornera à me rendre compte de ce qui se passera en Chine tant pour les affaires politiques que pour celles du commerce, et à exécuter les ordres qui lui seront adressés.

M. Vieillard, vice-consul, aïant demandé à faire son retour en France, vous choisirés entre les Français qui resteront à Canton celui qui vous paroitra mériter le plus de confiance pour la place d'agent et vous conserverés le S^r. de Guignes, en qualité d'interprette si vous n'y trouvés pas d'inconvénient. Quant à leur traitement, Sa Majesté a décidé qu'ils jouiront d'une somme qui leur tiendra lieu de tout, même de logement et de frais de voiage. Cette somme ne sera pas portée au-dessus de 4000[ll] par an pour l'agent et de 2000[ll] pour l'interprette. Vous donnerés pour le retour des emploiés du Roi les ordres que vous jugerés convenables et vous leur annoncerés que je mettrai avec plaisir leurs services sous les yeux du Roi pour leur procurer les graces dont ils se trouveront susceptibles.

J'avois définitivement fixé par une despeche du 19 X^{bre} 1783[2] les dépenses du Consulat à 20,500[ll] par an suivant un état que vous trouverés joint au duplicata de cette despeche. Je vous

---

1. Elle avait été créée par arrêt du 14 avril 1785.
2. Cf. Henri Cordier, Le Consulat de France à Canton au xviiie siècle, 1908, p. 16.

prie d'arrêter sur ce pied le compte de ces dépenses que je vous autorise à recevoir soit du S[r]. Vieillard, soit de celui qui le représentera. Les observations que M. Vieillard a faites à ce sujet par sa lettre du p[er]. Jan[er]. 1785, n° 12, ne m'ont pas paru fondées. Vous aurés en conséquence à retrancher sur le compte qu'il a joint à sa lettre n° 16 dont je vous envoie le d[ta], ainsy que du n° 12, les 7000 [ll] d'app[ts]. qu'il y a portées au dela des 20,500 [ll] à quoi la dépense totale a été fixée. Ainsy il sera resté en ses mains au 31 X[bre]. 1784, 32,219[l] 12[s] 3 dont 20,500 [ll] seront allouées pour l'année 1785 et le surplus sera imputé sur l'année courante.

Vous demanderés à M. DE MORACIN[1] de vous remettre 2500 piastres sur les espèces que porte la frégate *La Calipso*, tant pour solder le compte du S[r]. Vieillard que pour laisser environ 1000 piastres à la disposition du nouvel agent.

Vous verrés par les lettres de M. Vieillard n°s 14 et 15 les mouvements qui ont eu lieu à Canton à l'occasion de l'accident involontaire qui a causé la mort de deux Chinois, et des ordres donnés par l'empereur pour arreter des prêtres chinois. J'en joins également les d[ta]. avec celui du n° 19 relatif aux griefs du commerce et aux sommes dues aux négocians françois qui font l'objet principal de votre mission. Je vous prie de prendre sur les lieux les notions les plus précises que vous pourrés vous procurer, et de me les transmettre dans vos observations.

Le gouverneur portugais de Macao avoit intimé à tous les François qui n'étoient pas attachés au Consulat de Canton l'ordre de ne plus aller passer l'hyver dans cette isle. Sur les plaintes qui en ont été portées à la Cour de Lisbonne, l'ambassadeur de cette Couronne a déclaré que la Reine de Portugal avoit confirmé la décision provisoire du gouverneur de Goa, lequel avoit prescrit à celui de Macao son subordonné de remettre les choses en leur ancien état. Je suis persuadé qu'à votre arrivée, vous trouverés cette affaire terminée sur ce pied.

Depuis le xvie siècle, les Portugais étaient établis

---

1. Intendant de Pondichéry.

à Macao[1], mais on ne pouvait considérer cette occupation comme une véritable possession de colonie, car les Chinois y exerçaient des droits absolument suzerains. Les Portugais, depuis 1582, jusqu'à l'assassinat du gouverneur AMARAL, le 22 août 1849, payaient aux Chinois une redevance ou, si l'on veut, un loyer nominal de 1000, puis de 500 taëls par an. — En dehors de la douane portugaise, il y avait aussi une douane chinoise à Macao. Les douanes chinoises imposaient aux Portugais eux-mêmes des droits, inférieurs, il est vrai, à ceux des autres pays occidentaux, puisque c'étaient les mêmes payés par les Chinois, mais ne les exemptaient ni du droit d'ancrage, ni de mesurage. Les Portugais, d'accord en cela avec les Chinois, empêchaient les Européens, sauf les Espagnols de Marseille, de faire le commerce à Macao même : Canton était, lui, le lieu de commerce ; Macao n'étant que le point de relâche, à l'aller comme au retour, du port chinois en même temps que le séjour des étrangers entre deux expéditions dans la capitale du Kouang-toung. L'hospitalité portugaise ne s'exerçait pas toujours d'une façon aimable, et un conflit entre le gouverneur portugais de Macao et les Français venait justement d'éclater peu de temps avant l'arrivée de d'Entrecasteaux.

En 1785, le gouverneur portugais Bernardo Aleixo LEMOS de Faria, de Macao, avait, de son autorité privée, prohibé aux subrécargues français le séjour pendant l'hiver de la colonie qu'il administrait. Mais son supérieur, le gouverneur de Goa[2], avait heureu-

---

1. *L'arrivée des Portugais en Chine*, par Henri CORDIER (Extrait du *T'oung-pao*, vol. XII), E. J. Brill, Leide, 1911, in-8°, p. 63.

2. Le secrétaire d'État de l'Inde portugaise était, depuis 1776, Feliciano Ramos Nobre MOURÃO, qui fut remplacé en 1786 par Sébastião José Ferreira BARROCO.

sement suspendu la mesure arbitraire de son subordonné ; aussi lorsque M. DE VERGENNES adressa des représentations au comte DE SOUZA, ambassadeur de Portugal à Versailles, celui-ci put lui répondre que la Cour de Lisbonne, approuvant le gouvernement de Goa, avait remis les choses en état. L'affaire était donc réglée, ainsi que l'avaient prévu ses instructions, et d'Entrecasteaux n'eut pas à s'en occuper. Il s'assura, à Macao, que les Français jouissaient de la même liberté que les autres nations dans cet établissement, et qu'il n'avait que des comptes satisfaisants à rendre à cet égard.

Quel était le vrai but de sa mission à Canton? Entre les instructions écrites et les avis officieux donnés verbalement, il y a des nuances ou mieux des lacunes :

Le but réel de la mission de d'Entrecasteaux et la seule partie secrète de sa mission était de faire connaître à la Chine les futurs desseins des Anglais contre ce grand empire : c'est ce que nous montre une lettre du P. de Grammont[1], adressée de Canton le 15 février 1787, à Péking, au P.-DE VENTAVON[2], que son confrère charge de prévenir le gouvernement de la capitale.

Dès 1785, ainsi que l'avons vu plus haut, lorsque d'Entrecasteaux, alors capitaine de vaisseau, fut envoyé en station aux Indes orientales, ses instructions lui enjoignaient d'examiner surtout les positions militaires anglaises et françaises au Cap de Bonne-Espérance et à l'île de France, de se rendre

---

1. Jean-Joseph DE GRAMMONT, S. J., né au château de Grammont, commune de Boucagnères, près Auch, le 18 mars 1736; † 1808 à Pe-King.
 2. Jean-Mathieu DE VENTAVON, né à Gap, 14 septembre 1733, † 27 mai 1787, à Pe-King.

compte des forces navales de la Grande-Bretagne dans l'océan Indien, de visiter les îles Andaman, de reconnaître Mergui et le détroit de Malacca, de pousser même jusqu'à Manille, lui recommandant d'agir partout avec conciliation et cependant avec fermeté. Nous avons vu qu'il ne reçut que plus tard ses instructions pour la Chine.

Le but apparent et le seul qui pût avoir, en somme, un résultat pratique était le règlement des dettes des Chinois envers les Français. En 1783, les sommes dues aux négociants français s'élevaient à 617,480 piastres ou 3,334,362 livres tournois[1].

D'autres questions sont également à débattre : assurer la vitalité d'une nouvelle compagnie de commerce rétablie à la légère par M. de Calonne par arrêt du conseil rendu le 14 avril 1785, faire une enquête sur la moralité plus que douteuse de nos agents à Canton, sur nos droits de propriété sur la factorerie française dite *Impériale*, l'une des plus grandes et des plus commodes, dont on avait disposé en faveur d'étrangers et que convoitaient les Anglais; la besogne ne manque pas. Il y avait aussi un côté un peu glorieux dans la mission du chevalier d'Entrecasteaux : il était bon de montrer dans ces mers lointaines le pavillon du roi de France dont le prestige ne pouvait que s'accroître avec un homme d'aussi grande valeur que le célèbre navigateur.

Et cependant le temps manque : les instructions se font attendre ou se contredisent; il faut de la fermeté et de la sagesse, exiger le respect dû au pavillon du roi, tout en ayant l'ordre de ne pas l'engager. Il

1. Henri CORDIER, *Les Marchands hanistes de Canton*, 1902, p. 22.

n'est donc pas étonnant que M. d'Entrecasteaux lui-même ne se soit fait aucune illusion sur le succès d'une mission qu'il devait savoir fatalement échouer.

Ajoutez, pour compléter les difficultés de la situation — ce qué d'Entrecasteaux ne pouvait savoir d'avance — que le gouvernement provincial de Canton était en complet désarroi, par suite du départ des principales autorités appelées au loin par la guerre de Formose[1]. Le gouverneur général (*Tsong-lou*) s'était rendu à Tch'ao tcheou pour venir au secours de son collègue du Fou-Kien qui était chargé de réprimer cette rébellion de Formose qui avait éclaté en 1786, pris des proportions formidables et ne fu t réprimée qu'en 1788.

Le gouverneur *Fou-t'aï* 撫 台 ou *Siun-fou* 巡 撫 était à Péking, et, comme le dit le P. de Grammont[*] : « Parmi les grands qui restent aujourd'hui à Canton, il n'y a pas une tête, ce sont tous gens timides, embarrassés, peu versés dans les affaires, incapables d'en saisir et d'en terminer aucune sans prendre conseil, et à qui par conséquent la prudence ne permettoit pas que l'on communiquât les vrais motifs de l'arrivée des deux frégates. »

Il ne restait à Canton que le trésorier, *Pou-Tchen-Che-Seu*[2], que visita le P. de Grammont le troisième jour de l'an chinois.

Enfin l'un des desiderata de l'Entrecasteaux était la création d'un établissement à Emouy (Amoy), sur la côte du Fou Kien, en face de Formose, où les Espagnols trafiquaient assez librement. C'est un des points qui attirèrent l'attention du ministère.

---

1. Cf. C. Imbault-Huart, *L'île de Formose*. Paris, 1893, in-4°, p. 118 et suiv.

2. 布 政 使 司 ou *Fan-t'ai* 藩 台.

D'ailleurs d'Entrecasteaux marquait bien dans ses lettres la situation.

Le règlement des dettes des marchands hanistes le hantait tellement, qu'il écrivait encore de l'île de France, deux ans plus tard (21 juin 1789) :

Il m'a paru important de vous mettre à portée de juger de la vérité des conjectures que j'avais formées sur l'état de nos dettes en Chine, sur l'impossibilité d'obtenir le remboursement de celles des Chinois à notre égard, et sur les obstacles qu'y opposeroit surtout la Compagnie, laquelle n'ayant aucun intérêt à cette liquidation ne pourroit que craindre les effets que cette tardive réclamation produiroit sur les Chinois ainsy que sur les nations européennes, et dont son foible commerce pourroit ressentir le contre-coup[1].

C'était une tâche pénible et à peu près irréalisable que l'on demandait à M. d'Entrecasteaux d'accomplir. Arrivé à Macao sans plan vraiment étudié, renseigné insuffisamment par des agents paresseux ou négligents, n'ayant à disposer que d'un très court espace de temps, il ne pouvait réussir, malgré son intelligence et sa bonne volonté. C'est un très grand tort de confier des missions importantes à des officiers de passage, qui arrivent à l'improviste, n'ayant d'autre point d'attache que leur navire et qui ignorent tout de l'intérieur du pays, but de leurs opérations. Il est terrible de relever les bourdes qui se trouvent dans les voyages autour du monde ; je me rappelle avoir vu dans la relation de la *Favorite*, commandant FREYCINET, confondre à Macao, en 1831, le lazariste LAMIOT avec le jésuite Amiot, mort à Peking en 1793. La Pérouse et d'Entrecasteaux étaient de grands navigateurs ; pourquoi en avoir

1. Collection H. C.

voulu faire des diplomates et des experts commerciaux ?

Le manque de pilotes, occupés avec les navires anglais, — il n'y en avait pas eu moins de 29 dans le courant de l'année, — retarda le départ de d'Entrecasteaux de Macao pour Canton jusqu'au samedi 10 février. Le 12 février, M. d'Entrecasteaux prévenait de son arrivée notre consul auquel il écrivait :

L'objet de ma mission est de faire connoitre dans toutes les mers de l'Inde, dont la station m'est confiée, la protection que le Roi est dans l'intention d'accorder au commerce de ses sujets ; et comme le Pavillon de Sa Majesté n'avoit jamais paru dans les mers de Chine, elle a jugé que la présence de deux de ses bâtiments devoit y produire un effet avantageux, et pouvoit contribuer aux négociants français le remboursement des sommes qui leur sont dues par les Chinois.

Dans cette même lettre, avec la profonde ignorance des gens d'Occident qui s'occupent d'Extrême-Orient, d'Entrecasteaux demandait que le P. DE GRAMMONT, missionnaire jésuite, lui servît d'interprète dans ses négociations avec les autorités chinoises. Le choix était bon pour se renseigner sur les démarches à faire ; mais quel rôle pouvait jouer, quelle influence exercer à Canton un missionnaire étranger ! Autre erreur. Que pouvait faire d'Entrecasteaux ? Bombarder Canton ? On lui recommandait la sagesse en même temps que la fermeté. Mais qu'était cet envoyé du roi de France, cet envoyé d'un roi barbare d'Occident pour dicter ainsi des termes ? Qu'était l'empereur de France auprès du Fils du Ciel ? quand ce Fils du Ciel était K'ien-loung, un lettré doublé d'un conquérant, celui qui, en Birmanie, au Tibet, dans l'Asie centrale, au Nepal, fai-

sait redouter le nom mandchou, le nom des T'sing!
Et voilà qu'un simple capitaine de vaisseau devait
inspirer le respect! Tout tremblait au nom du petit-
fils de K'ang Hi, l'illustre empereur devant lequel
s'était inclinée la vieille Hollande appuyée sur la
flotte la plus puissante du temps. A lire la lettre de
d'Entrecasteaux, on croirait qu'il s'agit d'échange
de dépêches entre souverains d'Europe qui se connaissent, et qui, tout en ne s'aimant pas, se traitent
de cousins! Je vois à chaque instant, dans cette
lettre, revenir les mots de *droit*, de *devoir*, etc.,
adressés au pays le plus orgueilleux du monde peut-
être : la Chine! Et pour qui sait lire ce qui se passe
dans l'âme d'un fonctionnaire du Céleste Empire,
combien sont charmantes ces dernières lignes du
procès-verbal :

Finalement, dans le cas où la réponse ne se ferait pas à la
lettre de M. le Ch^{er}. d'Entrecasteaux, il doit protester contre
le silence des Chinois, en prendre acte signé de l'Etat-Major
des deux V^{aux} sous ses ordres, intimer ce protêt aux hanistes,
notamment au S^r PAN KE KOUA, écrire une seconde lettre au
Tsomptou pour lui annoncer son départ, et notifier à ce Vice
Roi que la saison prochaine S. M. l'Empereur enverra d'autres
V^{aux} prendre la réponse aux deux lettres que son Commissaire
a écrit au Tsomptou et qu'il espère que six mois de réflexion
seront suffisans pour faire sentir tout leur effet aux représentations consignées dans ses deux lettres, et que s'il en étoit
autrement S. M. l'Empereur de France ne pourroit s'empe-
cher de prendre le silence du Tsomptou pour un déni de justice formel et que le Tsomptou se rendrait personelement
responsable des consequences qu'il pourrait entrainer.

« C'est une affaire, dit d'Entrecasteaux, qui doit
être brusquée pour profiter de la surprise que cette
apparition ne peut manquer de causer dans une
nation aussi timide qu'elle est défiante ; cette hâte

est d'autant plus nécessaire que je n'ai moi-même qu'un séjour très court à faire en Chine. »

Non seulement il y a hâte, mais encore la prudence est recommandée, en même temps que la fermeté :

« Je dois vous prévenir néanmoins, continue-t-il à notre consul, que l'intention du Roi n'est pas que son Pavillon puisse être compromis en aucune manière par des intérêts particuliers, ni même qu'il pût résulter des démarches faites à cette occasion une interruption de commerce qui seroit nuisible aux intérêts de la nouvelle Compagnie, et qui la mettroit dès lors dans le cas de réclamer des indemnités. L'établissement de cette Compagnie, donnant lieu à un nouvel ordre de choses, semble être un motif bien naturel de demander que la liquidation des dettes respectives soit arrêtée, puisque ce n'est plus par les mêmes personnes que doit être fait désormais le commerce de Chine. Je vous adresse une lettre pour le Vice-Roi, où j'insiste sur la justice de cette liquidation d'après ce principe[1]. »

M. d'Entrecasteaux considère qu'une des raisons qui le doivent faire bien recevoir des Chinois, c'est la politique contraire de la France et de l'Angleterre.

Si la personne avec laquelle on aura à traiter « est susceptible de concevoir des raisons politiques », il faudra lui « insinuer combien il est intéressant pour les Chinois de ne pas traiter les Français moins favorablement que les Anglais, de lui faire entrevoir qu'un des principaux motifs pour lesquels l'Empereur de France s'est décidé à envoyer deux de ses Vaisseaux en Chine, est de faire observer la conduite et la marche des Anglais, que l'on sait positivement avoir expédié des bâtiments pour reconnoitre les côtes de Chine, où ils ont le projet de former des établissements ; que le tems n'est

1. Lettre au consul de Canton, 12 février 1787.

peut-être pas éloigné où les Français seront les alliés naturels
des Chinois, comme ils le sont de toutes les puissances de
l'Inde, dont les Anglais ont le projet de faire la conquête ;
que dans ce moment ils aspirent incontestablement à avoir le
commerce exclusif de cet Empire, et que, s'ils y parviennent,
il est évident que le défaut de concurrence mettra les Chinois
dans leur dépendance[1]. »

Il me semble lire un article de la *Nineteenth Cen-
tury*, préconisant une triple alliance entre l'Angleterre, la Chine et l'Afghanistan !

Dans une lettre datée du 12 février 1787, d'Entrecasteaux annonça au vice-roi de Canton son
arrivée à l'entrée de la rivière du Tigre ; on le pria
d'attendre l'autorisation de remonter en dehors de
la bouche du Tigre, ce qu'il refusa nettement de
faire. Arrivé le mardi 13 février au mouillage de la
Tour du Lion, d'Entrecasteaux envoya à Canton DE
GUIGNES, qu'il avait embarqué à Macao, et M. HAU-
MONT, un de ses officiers, qui arrivèrent le soir à
Canton et se rendirent incontinent chez le second
subrécargue de la Compagnie française, M. DES-
MOULINS, pour se concerter avec lui sur la manière
d'agir avec les Chinois. Lorsque Haumont et de
Guignes se rendirent le lendemain (mercredi 14)
chez le P. DE GRAMMONT, celui-ci fut extrêmement
surpris d'apprendre qu'au lieu de la *Reine*, c'étaient
deux vaisseaux du Roi qui étaient entrés dans la
rivière de Canton. Le chef du Co-hang, PAN KE KOUA,
ne fut pas moins déconcerté d'apprendre cette transformation soudaine de bâtiments de commerce en
navires de guerre. Toutefois il se rassura ou fit sem-

---

1. Lettre au Ministre, du 14 février 1787.

blant de s'assurer que c'était l'absence de fond qui
avait fait abandonner le mouillage de Macao. Le
jeudi 15, le vendredi 16, aucune réponse n'était
arrivée soit du gouverneur général, soit du Hai
Kouan. Enfin, le samedi, un interprète vint demander
ce que venaient faire ces vaisseaux. Sur la réponse
qu'ils étaient des vaisseaux de l'Empereur de France,
et ne faisaient pas de commerce, mais qu'ils venaient
chercher de l'eau et des vivres, deux marchands
hanistes, venus le dimanche 18, Tso Koua et Mong
Koua, demandèrent à visiter le bateau, ce que d'Entrecasteaux refusa, après s'être enquis des précédents
du commodore Anson et du capitaine anglais Panton,
afin que ses bateaux ne fussent pas mesurés comme
de simples navires de commerce. Malgré le jour de
l'an chinois[1] et les lettres du P. de Grammont et
De Guignes au *Pou-Tcheng-Che-Seu*, les fonctionnaires chinois, qui ont peur des canons de nos vaisseaux, donnent l'ordre à nos commandants de
déguerpir dans les cinq jours. Le lendemain mardi,
d'Entrecasteaux s'empresse d'envoyer le P. de Grammont au *Pou-Tcheng-Che-Seu* l'assurer de ses sentiments amicaux. Ce haut fonctionnaire, ainsi que
le missionnaire, se rendirent au palais du général
tartare avec quelques collègues, et ces fonctionnaires, au nombre de huit, se décidèrent à envoyer
l'un d'eux, le *Nan Tche-Hien*, chargé de la police
du sud de la ville, pour rencontrer M. d'Entrecasteaux chez Pan Ke Koua. A la suite de cette rencontre, ordre fut donné de fournir de l'eau et des
vivres à nos vaisseaux, et il ne fut plus question de

---

1. Le premier jour de l'année chinoise, 52ᵉ année de la période K'ien
loung, correspond au dimanche 18 février 1787.

visites à bord de nos navires. D'Entrecasteaux eut
la bonne fortune de trouver à Canton le P. de Grammont, qui avait été autorisé par la Cour de Pe-king
à se rendre dans cette ville pour rétablir sa santé ;
c'était un « homme de sens, très au fait des usages,
sachant très bien la langue chinoise » ; Grammont
s'était mis immédiatement en rapport avec son confrère de Pe-king, le P. DE VENTAVON, de façon que la
Cour fût instruite d'une mission que lui auraient
laissé ignorer les autorités du Kouang-Toung. C'est
ce missionnaire qui fut chargé de traduire et de
porter, ainsi que nous l'avons dit, les lettres du chevalier d'Entrecasteaux au gouverneur général des
Deux Kouang. Celui-ci étant absent, la lettre ne lui
fut pas remise et elle fut laissée aux soins de M. de
Grammont pour qu'il la fît parvenir à ce haut fonctionnaire ainsi qu'une copie à la Cour de Peking.

Au retour du vice-roi, ou tout au moins à son
second retour, — et ce ne fut qu'à la fin de novembre
1787, — M. de Grammont put remettre la lettre de
d'Entrecasteaux. Il n'obtint pas de réponse. Il paraîtrait d'ailleurs qu'il y avait à peu près égalité de
dettes françaises et chinoises, que si nos nationaux
étaient porteurs de billets chinois, les Chinois
étaient porteurs de non moins nombreux billets
français. Il aurait fallu, pour résoudre la question,
des coups de canon, et l'on y était peu disposé à ce
moment.

Enfin la lettre fut remise par le P. de Grammont
au *siuen-fou* au lieu du *tsong-tou* absent, mais la
guerre de Formose occupait trop les Chinois pour
qu'ils pensassent à autre chose.

DESMOULINS[1], agent de la Compagnie française,

----

1. Fouqueux des Moulins.

paraît avoir été l'homme qui ait rendu le plus de services à d'Entrecasteaux dans cette mission : « Je n'ai pas laissé ignorer au Ministre, Monsieur, les services que vous avez rendus aux bâtiments de Sa Majesté; je lui rendrai compte également du zèle avec lequel vous voulez bien vous charger de procurer les divers éclaircissements qu'il désire. Mes ordres sont, Monsieur, de les demander à la personne la plus digne de confiance. C'est pour me conformer à ses sentiments que je me suis adressé à vous. »

Après son départ, d'Entrecasteaux écrivait à M. Desmoulins, agent de la Compagnie française, qu'il eût « à prendre des renseignements sur le fait du remboursement de 8.500 piastres, ordonné par le Ministre, laquelle somme avoit été payée de trop par le Cohang, pour la confection des gravures représentant les victoires de l'Empereur; il est nécessaire de savoir si le remboursement a été fait en entier ou en partie, afin d'en compléter le payement ».

Les jours qui suivirent la visite du *Tche hien* n'offrent aucun fait intéressant. Il ne paraît pas qu'il y ait eu beaucoup de difficultés soulevées de la part des autorités de Canton, et que, seul, Pan Ke Koua, chef des hanistes, eût intérêt à voir partir notre vaisseau pour pouvoir régler ses affaires avec ses associés anglais. Il paraît au contraire que les hauts fonctionnaires chinois voyaient sans déplaisir l'arrivée des Français faisant concurrence à la nation anglaise qu'ils redoutaient par-dessus tout. Le 23 février, un vendredi, Pan Ke Koua et son comprador, intéressés dans la question comme nous venons de le voir, déclaraient à M. d'Entrecasteaux et à M. de

Castries que leurs vaisseaux devaient partir dans
trois jours. Nos officiers répondirent qu'ils n'avaient
rien à discuter avec des marchands ; que les mandarins seuls pouvaient traiter avec eux ; enfin, les
vivres étant fournis, le chevalier d'Entrecasteaux
réjoignit son bord le mercredi 28 février, et le 4 mars
les pilotes embarquaient.

Ainsi cette mission dura, dans les mers de Chine,
du mercredi 7 février au 4 mars.

Malgré la grande pression qu'il exerçait sur les
Chinois, le commerce anglais vivait surtout de crédit et n'était rien moins que florissant. Si, au lieu
des vaisseaux de d'Entrecasteaux, c'eût été la *Reine*
qui fût arrivée à Canton ; si elle n'avait pas manqué
son voyage, plusieurs navires anglais fussent partis
sans fret : les Français payant argent comptant,
tandis que les Anglais prenaient à crédit. Les
Anglais désiraient non seulement augmenter leurs
expéditions annuelles, mais encore, peut-être pour
les éviter, accumuler en magasin les marchandises
pour une année au moins d'avance.

La question d'un autre port que Canton était pour
eux fort importante, — je l'ai montré ailleurs, —
mais Formose paraît avoir été l'objet de leurs con-
voitises. L'Angleterre cherchait par des demandes
exagérées de marchandises à surélever les prix de
telle façon que les nations rivales fussent obligées
d'abandonner un commerce qui n'était plus lucratif.
Il y avait double jeu, dû à une crise temporaire, par
suite de l'augmentation des prix d'achats : rebuter
les autres étrangers d'un négoce peu rémunérateur,
maintenir les Chinois, à l'aide des avances que leur
faisaient les Anglais, par des dettes qu'ils contrac-

taient devers leurs Compagnies, forçant de la sorte les achats des produits anglais à un prix exagéré, obtenant de forts rabais sur l'achat des produits indigènes. C'est la loi de l'offre et de la demande, mais c'est aussi celle de l'usure.

Il ne faut pas oublier que l'Angleterre était en concurrence non seulement avec la France, l'Empire, la Suède, mais aussi avec la Russie, dont les draps étaient, comme aujourd'hui, fort recherchés des Chinois. Les Anglais visaient le commerce exclusif de la Chine, et le nombre de leurs navires était d'un tiers plus considérable à Canton que celui des autres nations réunies. C'est par les subrécargues des Compagnies suédoise et hollandaise que nous étions renseignés sur la situation de la Compagnie anglaise.

La lutte entre les Anglais et les Français se marquait d'une façon très intéressante par les rumeurs qui se propageaient en Asie, mais que dire du peu de renseignements de nos agents? La Pérouse ignorait la venue prochaine de d'Entrecasteaux à Canton, et d'Entrecasteaux, tout en connaissant l'importance de la Cochinchine, ignorait, en arrivant à Canton, l'appel fait à la France par Ngûyen-anh.

« J'ai appris, à mon arrivée à Canton, que le bruit s'y était répandu que nous allions former un établissement à la Cochinchine. L'inquiétude qu'en ont eu les Anglais m'a bien confirmé dans l'opinion où j'étais déjà de l'importance du port de Tourane. »

Il est curieux de noter combien on était hypnotisé par l'idée qu'une ambassade anglaise était en préparation. L'ambassade était en effet en préparation, mais l'inquiétude était fort peu justifiée, témoin l'insuccès de la mission de Lord Macartney.

D'Entrecasteaux écrivait de l'île de France, le 21 juin 1789[1] :

Vous y verrez également que l'annonce que j'avois faite de l'envoi d'un ambassadeur anglois, et ma conjecture sur le lieu où il me paraissoit vraisemblable qu'il mettrait pied à terre pour être plus à portée de Pékin, et effrayer par cette apparition inattendue, ou du moins inusitée, une nation aussi timide que celle des Chinois, sont également confirmées par le rapport des supercargues de la Compagnie. Une nouveauté aussi importante à l'égard d'une nation si servilement attachée à tous les anciens usages, et que le moindre changement effarouche, cette nouveauté, dis-je, couvre nécessairement de grands projets; il ne peut pas être douteux que l'Angleterre ne se propose de demander de grands avantages pour son commerce, qu'elle représentera avec raison comme double de celui de toutes les autres nations réunies, et plus sûrement encore demandera-t-elle un établissement sur les Côtes chinoises; car il est impossible qu'une nation aussi éclairée sur ses véritables intérêts puisse consentir, pour des objets devenus pour elle de 1re nécessité, à rester dans la dépendance d'une nation ombrageuse, dont le gouvernement tyrannique et arbitraire peut d'un instant à l'autre arrêter l'extraction d'une denrée dont l'Angleterre ne peut plus se passer. La preuve la plus évidente des vues de la Grande Bretagne, c'est l'approvisionnement de thé qu'elle a fait et qu'elle continue de faire pour une ou plusieurs années; elle pense, sans doute, que ses demandes peuvent n'être pas bien accueillies, et dans la crainte d'une suspension de commerce pendant la durée de cette négociation, elle s'est munie de tout ce dont elle a besoin afin de pouvoir parler avec la hauteur que tout semble annoncer qu'elle se propose d'y mettre. Les conjectures que j'avais eu l'honneur de mettre sous vos yeux se trouvent confirmées par toutes les lettres de Macao et de Canton. Je me fais un devoir de vous les rappeler comme dignes de fixer l'attention du Ministère.

La crainte de voir les Français obtenir des avan-

1. Collection H. C.

tages commerciaux défavorables pour eux avait, en effet, poussé les Anglais à envoyer une ambassade en Chine. Le colonel Cathcart, qui dirigeait cette ambassade envoyée à Peking, mourut dans le détroit de la Sonde, et le navire qui le portait, la *Vestale*, reprit la route d'Europe :

Du 20 décembre 1788, Macao.

Monseigneur,

La frégate anglaise la *Vestale* qui devait venir à Quanton n'y est pas arrivée, l'ambassadeur qu'elle portait étant mort dans le détroit de la Sonde vers le 15 juin; après l'y avoir déposé, elle en est repartie sur le champ pour l'Europe. Les Suédois qui ont parlé à la *Vestale* ont rapporté que cette frégate leur avait dit que la Cour d'Angleterre n'envoyait cet ambassadeur que parce qu'elle avait appris que les Français, par le moyen d'un missionnaire de Peking, avaient fait un traité de commerce avec les Chinois.

Les emploiés de la Compagnie anglaise ont paru très satisfait de ce que l'ambassadeur n'ait pu parvenir à Quanton; ils craignaient que son arrivée n'arrêtât leur commerce et n'empêchât l'expédition de leurs vaisseaux.

M. Galbert, ancien interprete du roi au Consulat de Quanton, était sur la *Vestale*.

Je suis avec respect, etc.

De Guignes[1].

Quelle était la situation des étrangers à Canton, la seule ville de Chine où ils fussent autorisés à faire le commerce?

Il faut reconnaître tout d'abord que la présence des étrangers à Canton n'était tolérée qu'à titre précaire; aucun traité, aucun acte officiel ne l'autori-

---

1. *Chrétien-Louis-Joseph* De Guignes, né à Paris le 25 août 1759, † à Paris le 25 mars 1845 ; auteur du grand Dictionnaire chinois ; fils du membre de l'Académie des Inscriptions et Belles-Lettres.

sait. Ce n'était donc que le bon plaisir du gouvernement chinois ou plutôt celui des autorités de Canton qui réglait les rapports entre les Européens et les indigènes : c'est dire que ces rapports furent presque toujours médiocres, souvent mauvais, rarement bons. Le canon seul a ouvert à l'Occident le commerce dans les temps modernes, mais, au xviiie siècle, dans ces parages lointains, on ménageait les coups de canon, beaucoup plus utiles ailleurs.

Naturellement, il n'y avait pas comme aujourd'hui des droits d'exterritorialité qui garantissaient les étrangers contre la rigueur des lois chinoises, des usages locaux ou même contre des tortures fortuites; aussi ne se privait-on pas d'employer toutes sortes de vexations à leur égard, suivant les circonstances ou les besoins.

La province de Kouang toung, dont la capitale Kouang-tcheou est notre Canton, est administrée par un gouverneur général (*tsoung-tou*), qui régit en même temps la province limitrophe du Kouang-si. Pour ceux qui connaissent l'administration chinoise, mélange intéressant de centralisation dans la capitale et de décentralisation dans les provinces frontières, on se rendra compte de l'importance considérable du rôle du vice-roi des Deux Kouang (c'est ainsi que l'on désigne le Kouang-toung et le Kouang-si) quand on saura que toutes les affaires des pays limitrophes ou venant par mer du Sud-Ouest, c'est à dire l'Annam, et les pays d'Occident, c'est à dire l'Europe, devaient lui passer par les mains, et que la défense maritime aussi bien que terrestre de ces deux provinces lui incombe. Il est donc extrêmement important aujourd'hui pour nous,

possesseurs ou protecteurs du Tong-King ou de la
Cochinchine, d'avoir à Canton un agent consulaire
intelligent et bien renseigné. Ce gouverneur général
est aidé par un gouverneur *fou-t'ai*), un trésorier
(*fan-t'ai*), un juge (*nië-t'ai*), un contrôleur de la
gabelle et un contrôleur d'impôt sur les grains : je
laisse de côté les fonctionnaires d'un ordre moins
important.

En dehors de ces grands fonctionnaires, celui qui
avait à traiter directement avec les étrangers ou plutôt avec les Chinois, leurs intermédiaires, était le
chef des douanes : le *Yuê-Haï-Kouan-Pou*, que les
étrangers désignaient sous le nom, dont l'origine
n'est pas exactement connue, mais qui est probablement le nom même du ministère du cens ou des
finances, *Hou-pou*, de « *Hoppo* » ou de *Houpou*. Ce
fonctionnaire pouvait appartenir à différents grades,
tantôt c'était un intendant (*tao-t'aï*); tantôt il était
d'un grade moins élevé; on aurait pu faire remplir
ce poste comme à Fou-tcheou par le général des
troupes tartares. Il était désigné directement par la
Cour de Pe-King.

C'était, en réalité, le Hoppo qui était le distribu-
teur des grâces ou plutôt des droits et des charges
dont était accablé le commerce étranger. Il ne faudrait pas croire, toutefois, qu'en se mettant simplement d'accord avec ce fonctionnaire, le commerce
fût libre. En 1702, un seul Chinois qu'on désignait
sous le nom de *Négociant de l'Empereur* fut choisi
pour être le seul agent d'exportation et d'importation du commerce à Canton ; c'était, en vérité, un
directeur du commerce, mais qui ne put suffire à la
besogne. On créa donc un certain nombre de négociants ayant seuls le privilège du commerce étran-

ger, désignés en français sous le nom de marchands
hanistes, et en anglais sous le nom de « *hong* merchants ».

L'assemblée de ces marchands hanistes que prési-
dait le hoppo, constituée en 1720, se nommait le
Co-hang; le nombre de ses membres a varié suivant
les époques : il était de 10 en 1787, lors du voyage
de d'Entrecasteaux ; de 12 en 1793, de 14 en 1808 ; il
n'était que de 13 en 1834, lorsque cessa en Chine le
privilège de l'East India Company.

L'un de ces marchands hanistes était généralement responsable au point de vue chinois du navire
dont il était le consignataire. Aussi des habitudes
se formèrent, chaque nation différente choisit
comme correspondant commercial tel marchand
haniste plutôt que tel autre ; c'est ainsi qu'au commencement du xixe siècle, le plus célèbre de ces
marchands, *Houqua*, était l'intermédiaire préféré
des expéditeurs des États-Unis d'Amérique[1].

La tyrannie du Co-hang l'avait fait dissoudre en
théorie en 1771 et à l'époque de la visite de d'Entrecasteaux, c'était *Pan-ke-Koua* qui était le représentant le plus important et le plus autorisé de ces
marchands privilégiés.

Naturellement, le privilège de ces hanistes com-
portait des droits et — disons-le — des pots-de-vin
considérables payés au mandarin. Le gouverneur
général et ses subordonnés, à court d'argent,
avaient recours au hoppo, qui, obligé de faire face
aux besoins de ses supérieurs, pressurait les
hanistes : ceux-ci mettaient à contribution les

---

1. Cf. Henri CORDIER, *Les Marchands hanistes de Canton*, Leide, 1902,
in-8°.

étrangers pour couvrir par des emprunts intéressés
les emprunts forcés auxquels ils étaient obligés de
consentir. De là, de la part des nations étrangères,
de formidables créances sur les marchands hanistes,
qui s'abritaient autant que possible derrière les
mandarins. Telle est l'origine des missions spéciales
comme celle du chevalier d'Entrecasteaux.

Quelle était, d'autre part, la conduite du commerce du côté des étrangers?

Pour toutes les nations, sauf pour le Portugal, le
commerce étranger était représenté par de grandes
compagnies. La Couronne portugaise s'était réservé
le monopole du commerce de l'océan Indien, qu'elle
n'abandonna qu'une seule fois en 1731, pour permettre à un navire national de se rendre à Surate
et à la côte de Coromandel. En 1752, le monopole
royal cessa d'exister.

La Compagnie des Indes Orientales néerlandaises
avait été constituée à la Haye, le 20 mars 1602, par
la fusion de nombreuses associations particulières,
de marchands de Zélande, de Rotterdam, d'Amster-
dam, etc.

La première charte anglaise pour le commerce des
Indes Orientales fut donnée le 31 décembre 1600 à
la compagnie qui porta le nom de *The Governor
and Company of Merchants of London trading to
the East Indies*. Une première expédition anglaise,
qui avait été organisée aux frais de sir Robert Dud-
ley en 1596, périt en route, mais en réalité leur premier effort commercial en Chine date du voyage à
Canton du capitaine Weddell en 1634. D'ailleurs
leurs différentes compagnies de commerce, réunies
en une seule dans les années 1702-1708-1709, allaient

devenir la plus importante de toutes sous le nom populaire d'*East India Company*.

Les Danois créèrent des compagnies en 1612 et en 1670 ; leurs comptoirs de Tranquebar et de Serampore furent cédés par eux à l'Angleterre en 1845.

Les Espagnols avaient transporté presque toute leur activité aux Philippines, où une première Compagnie royale avait été créée le 29 mars 1733 ; une autre porta le nom de Compagnie du Rosaire ; enfin une dernière Compagnie des Philippines, établie le 10 mars 1785, par Charles III, dura jusqu'en 1830. Ce fut à Amoy, dans le Fou-Kien, plutôt qu'à Canton, qu'ils témoignèrent d'une velléité de commerce en Chine qui périclita jusqu'au jour où l'émigration des coolies donna de l'importance au mouvement des passagers de l'Extrême-Orient à l'île de Cuba.

La Suède avait également son comptoir qui hérita d'un grand nombre des officiers de la Compagnie d'Ostende. Ce fut le roi Frédéric Ier qui accorda à Stockholm, le 14 juin 1731, une charte à la compagnie fondée par un sieur Henry Konig.

La charte de la Compagnie de Suède, renouvelée quatre fois, ne fut pas continuée après 1814 ; nous ferons remarquer qu'elle rendit les plus grands services à nos agents, et en particulier à La Pérouse. Souvent, pendant nos difficultés avec l'Angleterre, ce fut sur des vaisseaux neutres suédois que nous embarquâmes à Cadix l'argent destiné à notre établissement de Canton[1].

La Prusse, avec sa Compagnie d'Embden, faisait aussi des voyages à Canton ; mais, des puissances

---

1. Henri CORDIER, *Les débuts de la Compagnie royale de Suède en Extrême-Orient au XVIIIe siècle*. 1889, Paris, in-8°.

allemandes, ce fut l'Autriche qui montra le plus
d'activité avec ses deux Compagnies impériales.
Celle d'Ostende, incorporée le 17 décembre 1722,
cessa d'exister en 1793, après différentes péripéties,
dont une faillite en 1784 ; l'autre était celle de
Trieste. C'était à la Compagnie impériale que venait
d'être cédé le comptoir français, lorsque le chevalier d'Entrecasteaux fut chargé de sa mission à
Canton avec l'ordre de faire une enquête sur cette
opération qui avait donné lieu à de fâcheux com-
mentaires.

Les Américains étaient naturellement arrivés les
derniers en Chine, et leur commerce, qui plus tard
devait faire une si rude concurrence à celui de l'Angleterre, s'ouvrit par l'envoi à Canton du vaisseau
Empress of China, commandé par John GREEN, qui
mit à la voile de New-York le 22 février 1784, c'est
à dire huit ans après la déclaration de l'Indépen-
dance des États-Unis. Le major Samuel SHAW fut le
premier consul américain à Canton. Les Américains
y furent extrêmement bien reçus par nos compatriotes, et je trouve, dans la Correspondance des
Affaires étrangères, des lettres de Thomas JEFFERSON
remerciant le Cabinet de Versailles pour le bon
accueil fait par les autorités françaises de Canton à
ses nationaux[1].

Les étrangers ne pouvaient résider d'une manière
permanente à Canton ; leur séjour était limité à la
durée de leurs opérations commerciales ; ils ne pouvaient amener leur famille avec eux ; il leur était
interdit de franchir les limites du quartier des fac-

---

1. Henri CORDIER, *Américains et Français à Canton au XVIII⁰ siècle*,
Paris, 1898, pièce in-4⁰.

toreries, c'est à dire de pénétrer dans la ville ou les faubourgs indigènes; il était défendu de leur enseigner la langue chinoise, etc. Après chaque expédition, les étrangers retournaient à Macao, qui se trouvait être ainsi le port d'attente de Canton.

Il y avait donc en quelque sorte vie double et, par suite, dépenses doubles, pour un agent étranger en Chine. Dès que l'expédition des navires était terminée à Canton, il était obligé par les Chinois de descendre à Macao. On peut dire qu'il passait la moitié de l'année à Canton et l'autre moitié à Macao; d'où nécessité d'une maison à Canton, d'une autre à Macao; par suite, obligation d'avoir deux gardiens. Il fallait tenir compte du double voyage annuel de Canton à Macao et de Macao à Canton. Avec les frais de nourriture, etc., on arrivait facilement à un chiffre de 15.000 livres tournois.

Examinons maintenant quelle était la situation de la colonie et du commerce français à Canton.

Lorsque la Compagnie des Indes fut dissoute le 6 avril 1770, la création d'un consulat à Canton fut décidée; une ordonnance royale du 3 février 1776 fut rendue en conséquence: le sieur VAUQUELIN fut nommé consul, et le sieur Philippe VIEILLARD, chancelier; Vauquelin étant mort le 23 septembre 1782, Vieillard devint vice-consul[1].

Malgré des circonstances souvent adverses, une direction parfois ignorante et négligente à Paris, des agents médiocres, pour ne pas dire plus, à Canton, le commerce de l'ancienne Compagnie des Indes fut toujours fructueux en Chine.

La guerre d'Amérique avait porté un coup funeste

1. *Le Consulat de France à Canton au XVIIIe siècle*, par Henri CORDIER. Leide, 1908, in-8°.

à notre commerce en Chine ; les autres nations avaient pris notre place dans les rares marchés d'Europe que nous laissait comme un os à ronger l'Angleterre, pour y porter des produits de Chine : par exemple, la Flandre, à laquelle nous fournissions le thé, où les Impériaux s'étaient substitués à nous.

En Chine, les glaces, les draps et lainages venus de France avaient augmenté considérablement de prix ; la guerre avait fait le bénéfice des Portugais ainsi que de la Compagnie suédoise, mais les droits prélevés par la Couronne de Portugal étaient si considérables qu'ils ne pouvaient lutter avec leurs concurrents.

Immédiatement après la signature du traité de Versailles en 1783, le roi de France chercha à renouveler son commerce de Chine, dont il avait accordé le privilège, par arrêt du Conseil d'État, au sieur GRAND CLOS MESLÉ ; voici d'ailleurs le projet de cet arrêt[1] :

Le ROI s'étant fait représenter l'arrêt de son Conseil, du deux février dernier, qui a autorisé le sieur GRAND CLOS MESLÉ à emprunter, pour le compte de Sa Majesté, soit à la grosse, soit de toute autre manière convenable, jusqu'à concurrence d'une somme de trois millions, pour être employée à faire le fond d'une expédition de commerce pour la Chine : SA MAJESTÉ a reconnu que cette première expédition, dont elle a confié la direction audit sieur Grand Clos Meslé, ne remplissoit qu'imparfaitement ses vues et que, si elle laissoit la liberté indéfinie d'expédier des navires pour la Chine, les armateurs se ruineroient réciproquement par une concurrence sans bornes. Néanmoins, dans l'intention où est SA MAJESTÉ de laisser à ses sujets tous les avantages qu'ils pourroient trouver dans cette branche de commerce, elle a

1. Collection H. C.

pensé qu'en chargeant un armateur de la Direction des nouveaux armemens et en permettant aux particuliers de s'y intéresser, elle concilieroit la protection qu'elle doit à ses sujets avec les précautions qu'elle a cru nécessaires pour assurer les approvisionnemens en cette partie. Et Sa Majesté ayant lieu d'être satisfaite du choix qu'elle a déjà fait du sieur Grand Clos Meslé, elle a jugé à propos de lui confier encore la Direction des nouvelles opérations qu'elle a résolues, à quoi voulant pourvoir, ouï le rapport du sieur Lefevre d'Ormesson, conseiller d'État ordinaire, et au Conseil Royal, Contrôleur Général des finances. Le Roi, étant en son Conseil, a ordonné et ordonne ce qui suit.

Article premier.

Le Roi a accordé et accorde, pour l'avenir, au sieur Grand Clos Meslé, le privilège des expéditions et retours du Commerce de la Chine ; veut neanmoins Sa Majesté que ceux de ses sujets qui voudront participer aux bénéfices de ce commerce puissent s'y interresser soit par actions, soit à la grosse, ou autrement.

II

Sa Majesté autorise ledit sieur Grand Clos Meslé à acheter ou à faire construire dès à présent les batimens convenables pour chaque Expédition ; l'autorise de même à acheter ou à faire fabriquer dès à présent les marchandises qui doivent former les cargaisons.

III

Le produit des cargaisons de retour, ensemble les Bâtimens, agrès et apparaux demeureront spécialement affectés aux remboursemens des capitaux et des bénéfices apartenant aux intéressés.

IV

En conséquence des dispositions portées au présent arrêt et jusqu'à ce qu'il en ait été autrement ordonné par Sa Majesté, il sera sursis à la délivrance des permissions qui pourroient être demandées pour le commerce de la Chine, par des armateurs particuliers, soit en France, soit aux Isles de France et de Bourbon.

Fait au Conseil d'État du Roi, Sa Majesté y étant, tenu à Versailles le..... 1783.

On put craindre dès 1785 que la paix de l'Europe ne fût de nouveau troublée; l'empereur Joseph II était en difficultés avec la Hollande; une guerre générale pouvait en résulter. L'Angleterre, en prévision d'une lutte qui lui fermerait les marchés de l'Extrême-Orient, à la grande inquiétude de la France, forçait ses approvisionnements de thé et laissait entrevoir d'alarmantes visées politiques. Sur 48 vaisseaux venus d'Europe en 1786, 29 étaient anglais, un seul français; ces navires descendaient le Tigre, lorsque d'Entrecasteaux arrivait à l'embouchure de ce fleuve. Voici ce qu'était alors la valeur de ce commerce anglais comparé au nôtre :

Un tableau de balance fait monter l'importation des marchandises anglaises en 1786, sur 29 vaisseaux tant d'Europe que de la côte à 30,500,000 ll.

Il a été exporté sur ces mêmes vaisseaux des marchandises de la Chine pour 49,612,500 ll, d'où il résulte que la Compagnie anglaise est redevable aux marchands chinois de 19.102,560 ll.

La Compagnie française n'a importé que pour 941,835 ll de marchandises sur un seul vaisseau. Sur 92 vaisseaux tant d'Europe que de côte qui ont paru en Chine, il y en a 52 anglais.

Avec une légèreté inconcevable, avant même que la liquidation de la Compagnie des Indes fût terminée, M. de Calonne fondait une nouvelle Compagnie le 14 avril 1785. Au dire de d'Entrecasteaux, une nouvelle Compagnie était créée « dans la vue de prévenir les abus qu'une liberté trop indéfinie dans le commerce pourrait occasionner ». C'était l'établissement de cette nouvelle compagnie, plus encore que le départ de notre représentant Vieillard, qui devait amener la transformation du consulat de Canton en simple agence du roi. Un traité de commerce et de navigation signé le 26 septembre 1786 entre la France et l'Angleterre, plus favorable aux Anglais qu'aux Français, n'améliorait pas notre situation commerciale.

D'Entrecasteaux ne me paraît pas autrement confiant dans notre commerce avec la Chine ; nos articles d'exportation ne peuvent entrer en balance avec les marchandises que nous venons chercher à Canton ; le nombre restreint de nos navires augmente les frais, l'inondation des produits anglais fait diminuer les prix ; il faudrait déplacer notre commerce de Canton plus au Nord ; on ne songe pas encore à la vallée du Kiang, mais déjà Amoy, sur la côte du Fou-Kien, a permis aux Espagnols de faire un commerce relativement indépendant. Les Anglais qui, après les Portugais, se sont rendus maîtres du commerce de Canton, de façon à l'empêcher de se répandre dans l'intérieur, ne montrent aucune influence dans les autres points maritimes ; par suite, il était possible, soit par Amoy, soit par un autre point, de déplacer un centre commercial trop particulier.

La colonie française de Canton avait à sa tête le vice-consul Philippe Vieillard, fils d'un médecin de la Faculté de Paris, alors âgé de 42 ans. Il vivait avec une Portugaise, dont il avait cinq enfants et qu'il abandonna avec la plus grande désinvolture, sans avoir tenu un engagement de lui payer 2,000

piastres[1]. On le retrouvera jouant un rôle comme
électeur à Paris pendant la Révolution. Paul-
François Costar, second de Vieillard, était d'un an
plus âgé que lui : il était fils d'un secrétaire général
de la Compagnie des Indes ; il avait reçu l'ordre de
remettre tous les papiers de la Chancellerie à
de Guignes, qui était tenu d'en faire un inventaire
avant de les recevoir. On avait eu d'abord l'idée
d'embarquer Costar sur la *Subtile* pour le ramener
en Europe, mais il avait des intérêts à Macao, et
on laissa une lettre à M. de Montigny pour prier ce
dernier de laisser monter le chancelier sur le premier bateau à destination de France. L'interprète,
Jean-Charles-François Galbert, avait 30 ans ; fils
d'un ancien subrécargue de la compagnie, il paraît
un peu moins fou que ses compagnons. Le jeune
de Guignes, âgé de 28 ans, fils d'un homme célèbre,
membre de l'Académie des Inscriptions et Belles-
Lettres, arrivait trop récemment pour être d'une
utilité sérieuse ; cependant, faute de pouvoir nommer deux autres Français de Canton, Sébire et
Bourgogne, qui auraient été de meilleur choix,
quoiqu'ils fussent criblés de dettes, d'Entrecasteaux
nomma agent du roi de Guignes, qui, probablement
fort surpris de la chose, demanda confirmation de
son mandat au Ministre, par lettre datée de Canton,
le 1er mars 1787 ; il est vrai que d'Entrecasteaux
ignorait à ce moment que La Pérouse avait eu à se
plaindre de De Guignes à Macao, et le grand navigateur ne manqua pas de manifester son étonnement d'un choix semblable. Plus tard, on songea à
réduire les attributions de De Guignes en lui laissant

1. Lettre écrite par Costar à d'Entrecasteaux ; Macao, 19 février
1787.

son simple rang d'interprète et en confiant le rôle
d'agent du roi aux agents mêmes de la Compagnie,
c'est à dire aux premiers subrécargues, mieux placés
pour avoir des renseignements.

D'autres Français se trouvaient à Canton, d'abord
les deux subrécargues de la Compagnie, mais, nous
dit La Pérouse : « Ils sont fous. Le premier, M. Thé-
rieu, s'est brûlé la cervelle; et M. Desmoulins, le
second, a fait plusieurs actes de folie qui, en Europe,
l'auraient fait renfermer; néanmoins il reste chargé
d'assez grands intérêts, parce que personne ne s'est
cru suffisamment autorisé pour le destituer. » D'Entrecasteaux ne paraît pas avoir partagé l'opinion de
La Pérouse au sujet de Desmoulins.

Bourgogne, autre Français, âgé de 37 ans, était
passé subrécargue au service des Impériaux; il
émettait d'ailleurs des prétentions de propriétaire
de la factorerie française.

Laissons de côté deux ou trois domestiques, et
nous aurons la liste à peu près complète de la colonie française à l'époque. C'était médiocre, et il était
impossible à M. d'Entrecasteaux, en moins d'un
mois, de rendre à cette colonie le prestige qui lui
manquait totalement. Je laisse naturellement de
côté les missionnaires. Je comprends donc fort bien
que La Pérouse n'ait pas été enchanté de la réception des agents français, de Vieillard qui préparait
son départ et de De Guignes qui restait à Macao,
sans maison montée et presque sans argent. D'ailleurs, au moment de l'arrivée de d'Entrecasteaux, la
colonie française était complètement désorganisée.
Vieillard, malade ou se disant malade, avait demandé
son rappel par la lettre suivante :

Consulat de Chine.
Le Vice-Consul demande
    son rapel.
     N° 18.   Canton, 5 janvier 1785.

MONSEIGNEUR,

Ma santé est considérablement altérée par un séjour de seize années consécutives dans ces climats brûlants, elle ne me permet pas de prolonger ma résidence plus longtems, sans courir les risques d'une ruine totale; je pourrais encore alléguer à Monseigneur que mes affaires de famille nécessitent ma présence en Europe. Ces motifs que j'ai l'honneur de remettre sous vos yeux me sont un sûr garant que Monseigneur voudra bien m'accorder mon rappel. Je ferai tout ce qui dépendra de moi pour prolonger mon séjour jusqu'au moment où je dois esperer que Monseigneur voudra bien m'accorder la grâce que je prends la liberté de lui demander; mais si, contre mon attente, ma santé ne me permettait pas de prolonger mon séjour encore deux années, j'ai l'honneur de vous donner avis, Monseigneur, que dans la supposition de mon départ pour l'Europe, la saison prochaine, pour consolider les affaires du Consulat de Canton, je me propose d'adjoindre M. Sébire l'aîné fils, l'exemple de M. le Chevalier de Robien qui a mérité le suffrage de Monseigneur de Sartine dans une nomination de cette nature, m'est un sûr garant que je ne suivrais en me conduisant de la même manière les règles de la prudence, et les qualités personnelles du sieur Sébire, son âge et son expérience me persuadent que je ne peux faire un meilleur choix et que ma conduite méritera l'approbation de Votre Excellence.

Je suis avec respect, Monseigneur, votre très-humble et très-obéissant serviteur.

VIEILLARD.

Monseigneur le Maréchal de CASTRIES.

Vieillard avait dû partir de Macao avant même l'arrivée de La Pérouse pour se rendre à Canton où

il devait s'embarquer à bord du navire anglais, le
Vansittart, cap. Lewin, le 15 février. L'arrivée de
La Pérouse l'obligea de remonter à Canton avec son
chancelier Costar qui l'avait accompagné. Vieillard
craignait beaucoup l'impression que pouvait produire son retour soudain à Canton; il vit d'Entrecasteaux à bord de son vaisseau. De Guignes était
resté à Macao avec les papiers de la chancellerie du
consulat. Et, au milieu de ce désarroi, le principal
agent de la compagnie à Canton, M. DE MONTIGNY,
n'était pas en Chine. D'Entrecasteaux avait d'ailleurs
écrit à Vieillard, à Canton, pour lui annoncer que
M. HAUMONT DU TERTRE se rendait auprès de lui pour
obtenir le remboursement des sommes dues aux
Français; le chevalier remarque qu'il n'a qu'un
court séjour à faire en Chine, que l'affaire doit être
brusquée, et que, malgré cette précipitation, le pavillon du Roi ne doit pas être compromis; l'établissement d'une nouvelle Compagnie n'exige plus la présence d'un consul; Vieillard pourra donc, ainsi que
les officiers de sa chancellerie, rentrer en France;
Vieillard n'avait pas attendu la permission de d'Entrecasteaux pour quitter son poste. Il prendra même
à son bord ses agents jusqu'à Pondichéry; il ne res-
tera plus à Canton qu'un agent et son interprète.
Quel agent? Quel interprète? Que le vice-roi ne
s'étonne pas de le voir entrer dans la rivière avant
d'en avoir obtenu la permission : eau et vivres leur
manquant, il leur était nécessaire de ne pas attendre.
La hâte de d'Entrecasteaux ne lui permettait pas,
pour monter de Macao jusqu'à la rivière de Canton,
de discuter pour obtenir des pilotes; aussi fit-il passer son bateau, la *Résolution*, pour la *Reine*, bateau
attendu à cette époque de l'île de France, et la

Subtile fut baptisée *Sainte-Anne* : le stratagème
était plus habile que digne.

Mais le but principal de la mission de d'Entrecasteaux était d'obtenir le règlement des sommes considérables dues par les Chinois aux négociants français, d'examiner les griefs nombreux du commerce
étranger et, d'une manière générale, de recueillir
tous les renseignements utiles à la France et de faire
tout ce qui était en son pouvoir au mieux des intérêts de notre pays, suivant les circonstances. Les
instructions, datées de Versailles, le 17 février 1786,
furent envoyées à d'Entrecasteaux, à Pondichéry.
D'ailleurs il devait être considéré par le consul de
Canton comme commissaire du roi. Il est certain que
d'Entrecasteaux n'avait pas le temps nécessaire d'examiner le bien fondé des créances françaises, pas plus
qu'il ne pouvait, sans avoir recours à la force, c'est-
à-dire sans engager le pavillon du roi, exiger des
Chinois le règlement de leurs dettes.

Dans une lettre, écrite de Canton, le 31 décembre
1782, par Vieillard, qui faisait fonction de consul,
à M. de la Croix de Castries, notre agent marquait
la décadence du commerce et le peu de crédit des
hanistes :

Monseigneur,

Je ne dois pas vous laisser ignorer les différentes révolutions que le commerce de ce pays a éprouvées depuis plusieurs
années, sa décadence, son peu de sûreté depuis 1779. Jusqu'à
ce moment, la guerre a occasionné des révolutions qui ont
contribué à porter le coup mortel à plusieurs marchands
hannistes de façon que le nombre de ces marchands privilégiés par le Gouvernement, pour traiter avec les Européens,
étoit réduit à cinq, dont deux d'une faiblesse si grande qu'il
y avoit tout lieu de craindre une banqueroute totale. Les

principaux mandarins, pour pallier le mal, ont augmenté le
nombre de ces hannistes jusqu'à dix; ils ont eu attention de
choisir cinq nouveaux sujets dont la pluspart sont plus connûs
par leur richesse que par leur intelligence. Le commerce se
fait donc avec plus de sûreté, plus de promptitude que les
années antécédentes, mais Monseigneur, les Mandarins n'ayant
pas renoncé aux extorsions pour lesquelles ils ont un goût
aussi difficile à décrire qu'à éteindre, ce remède n'est que
momentané, et il y a tout lieu de craindre pour les suittes les
mêmes révolutions que le commerce a déjà éprouvées, l'avarice insatiable des mandarins qui exigent des marchands les
mêmes droits sur quatorze vaisseaux que sur trente, qui
arrachent des sommes d'argent pour les offrir à l'empereur,
pour enrichir leur famille, pour achetter leur innocence, la
Cour ne manquant pas de les trouver coupables s'ils sont
riches, telle a été jusqu'à ce moment la cause des désastres
que le commerce de la Chine a éprouvés, et la cause ne ces-
sant pas il y a tout à craindre que les effets ne se fassent
ressentir avant peu, surtout si les vaisseaux n'abordent pas
plus par les suites que cette année et l'an dernier pour avoir
toujours les mêmes sommes à offrir à l'Empereur. Le hopou
ou intendant des Douannes de Canton a exigé des marchands
hannistes une somme de six mille piastres par chacun d'eux
et a doublé les droits d'entrée et de sortie sur les marchandises importées et exportées par les Européens. De toutes les
nations commerçantes à la Chine, les Danois sont ceux qui
ont tiré le party le plus avantageux des circonstances actuelles.
Les Directeurs de cette Compagnie ont donné plein pouvoir
aux premiers supercargues qu'ils envoyent sur leurs vaisseaux pour seconder ceux de résidence à Canton de traitter
les affaires de leurs vaisseaux au plus grand avantage de leur
Compagnie, de faire dans les mers des Indes toute opération
qu'ils jugeraient avantageuse. Cette confiance s'étend sur les
résidens à Canton, et a produit les meilleurs effets. Deux
vaisseaux danois destinés pour Chine passant par Tranquebar ont été détenûs au Cap par l'escadre françoise, un a
vendu toute sa cargaison à un prix fort avantageux, l'autre
instruit que la Compagnie hollandoise avoit interrompu tout
commerce avec les Chinois, est allé à Batavia, et est arrivé
à Canton immensément riche en calain, poivre, cloux de

gerofle, muscades, ailerons de requain, nids d'oiseaux, Bitchos
de mare, or et argent. Les résidents danois ayant vû, dez l'an
dernier, que les matières d'argent étoient extrêmement rares
ont de leur côté fait une souscription de cinq cent mille piastres
à Bombay payables en Europe en lettres de change, au change
de cinq shillings 8. pennys, et les Anglois ont rempli cette
souscription partie par les remises qu'ils ont faites en or,
argent et marchandises par les vaisseaux de Macao, et par le
reversement en partie dans la caisse danoise du produit de
la cargaison des deux vaisseaux particuliers venus cette année
de Bombay.

Voici d'ailleurs l'état du commerce des autres
nations :

Le commerce suédois auroit été plus avantageux pour la
Compagnie si elle n'étoit pas débitrice d'une somme de deux
cent cinquante mille piastres qu'il a fallû solder cette année
avec six cent mille piastres venûes partie de Suède, partie de
Hollande, pour former la cargaison de trois énormes vaisseaux, vû que d'ordinaire chaque cargaison sortant de Chine
est estimée année commune de 250 à 280 mille piastres. Les
emprunts en lettres de change n'ayant pas pû couvrir le def-
ficit de fonds, la Compagnie suédoise a été encore forcée de
recourir aux Chinois, mais si cette Compagnie suit ce même
sistème plusieurs années, elle traitera necessairement avec
un desavantage si marqué qu'il y a tout lieu de craindre
qu'elle ne soit forcée de restreindre ses armemens pour
Chine. La Compagnie angloise jusqu'à cette époque n'a
expédié aucun vaisseau pour Chine en droiture, ou du moins
aucun n'est arrivé, et nous n'avons pas de connoissance de
leur départ d'Europe. Quatre sont arrivés de la côte de Mala-
barre, le *Loko*, capitaine Lawson, l'*Essex*, capitaine Arower,
l'*Asia*, capitaine Maw, l'*Orteley*, capitaine Rogers. Ces cinq
vaisseaux ont passé par le détroit de Mala, ont essuyé le feu
de la frégatte *La Pourvoyeuse*, et ont eu le bonheur d'échaper,
ils sont arrivés à Wampou, et sont sur le point de partir. Ces
vaisseaux étoient extremement riches, ils ont versé au trezor
de la Compagnie angloise la valeur de dix-huit cent mille
piastres. Leurs cargaisons étoient faites et dans les magazins

de la Compagnie à Canton dez l'année dernière et ils ont
encore onze cargaisons en thé Bouy Camphou, Songlo et
Tunkaie, suivant les ordres que le Conseil a reçus l'an dernier
des directeurs de la Compagnie angloise.

Les Hollandois ont cessé leur commerce avec la Chine
depuis la nouvelle des hostilités entre l'Angleterre et la République. Les Impériaux ont expédié deux vaisseaux pour
Chine, les supercargues chargés de l'expédition de ces vaisseaux ont reçu une lettre dattée de la latitude de Palosapate
par un vaisseau danois venû en compagnie avec ces mêmes
Impériaux, par laquelle le Commandant annonce qu'il reban-
quera probablement vers Malac s'il ne peut acoster la Chine,
et jusqu'à ce moment comme ils n'ont pas parû il y a tout à
presumer qu'ils auront pris ce dernier party.

Le Cte. Pierre de Proli a équipé à l'Isle de France un vaisseau pour Chine et fretté conjointement avec M. Darifat deux
vaisseaux portugais également pour Chine, ces deux derniers
vaisseaux passant par Manille. Le premier est arrivé après
avoir entamé une opération des plus malheureuses, le second
est attendû, et, si les apparences ne me trompent pas, cette
opération doit être mise au rang de celles mal concertées et
conséquemment très peu fructueuses, pour ne pas dire rui-
neuses.

L'interruption du commerce françois doit nécessairement
influer sur les opérations futures ; il est donc de mon devoir,
Monseigneur, de vous prévenir que les draps et autres lainages fabrique françoise sont à très haut prix à la Chine, les
glaces sont montées à un prix exorbitant, et au retour de la
paix, ces marchandises étant de bonne qualité, les négociants
qui spéculeront sur ces objets feront le double bénéfice de
procurer une exportation et plus grande pour les manufactures, et plus lucrative pour les acheteurs, ayant soin toutefois de n'importer que des lainages d'une bonne qualité chacun
dans leur genre.

Les Portugais profitent des circonstances de la guerre pour
forcer le commerce de Chine, mais les négociants sont assujettis à payer en Portugal des droits si énormes qu'il n'est pas
probable qu'ils puissent continuer à pousser leurs opérations
avec la même vigueur que les Compagnies du Nord. En tems
de paix les Portugais expédient un vaisseau d'Europe, quel-

quefois deux, et très souvent point du tout ; des sept vaisseaux actuellement à Macao, trois seulement ont été expédiés d'Europe, un freté par les François et trois autres sont expédiés par les Anglois qui ont fourni les fonds partie à la grosse, partie à fret, et partie en action d'intérêt, le huitième attendû de Manille est fretté par les François.

D'ailleurs la situation des Français à Canton, fonctionnaires ou marchands, n'était rien moins que claire ; la factorerie française avait été cédée à la Compagnie impériale (autrichienne) par notre vice-consul Vieillard, qui n'en était nullement dépositaire et me paraît avoir été un fort vilain monsieur. D'Entrecasteaux constata qu'il ne restait rien dans la caisse du consulat de Canton. Vieillard déclarait, au 15 janvier 1787, qu'il était « créancier pour ses dépenses jusqu'au 15 février d'une somme de dix-sept cent quarante-quatre livres 16 sous 9 deniers ». Notre consul s'entendait secrètement avec Pan Ke Koua, et l'absence seule de preuves authentiques empêcha d'Entrecasteaux de porter plainte contre cet agent. D'Entrecasteaux avait dû se renseigner sur le prix de deux glaces arrivées sur la *Dryade* et vendues aux mandarins pour être envoyées en présent à la Cour de Pe-King. Or il semblerait que Pan Ke Koua aurait mis d'Entrecasteaux au courant de certains agissements de Vieillard. Il serait parvenu à sa connaissance que les deux glaces envoyées de France en 1783 et qui sont portées sur le compte de 1784 pour 11,416[ll] ont été payées en Chine 81,000[ll]. Sur le même compte, il est porté 44,012[ll], 14[s] comme remboursement au Cohang pour avoir été reçu de trop sur le prix des gravures représentant les Victoires de l'Empereur. M. d'Entrecasteaux a des raisons de croire que ce remboursement n'a pas eu lieu ;

il a laissé des ordres pour que l'on prenne à cet égard
des renseignements de Pan Ke Koua, et il les trans-
mettra au Ministre dès qu'il les aura reçus. Il a également entrevu des manœuvres de la part du Sr Vieillard dans la cession qui a été faite de la Compagnie
impériale du Hong ou factorerie française.

Un autre Français, Bourgogne, émettait la prétention d'être propriétaire du local ; la Compagnie
impériale venant de faire faillite, il eût été facile à
notre propre Compagnie d'en faire le rachat. En
tous les cas, pour garder nos droits sur la factorerie,
d'Entrecasteaux écrivait au P. de Grammont de prier
le vice-roi de Canton d'en suspendre la cession à qui
que ce soit jusqu'à l'arrivée de M. de Montigny, qui
la réclamera s'il le juge à propos. La vérité est que,
lorsque le privilège de la Compagnie des Indes avait
été suspendu en 1769, le roi s'engagea à payer toutes
ses dettes : les établissements, les objets mobi-
liers, etc., étant cédés. Le hong français appartenait
donc au roi qui désirait le réserver pour la résidence
des agents du commerce français. Par suite du
manque d'installation à Canton, notre consul dut y
demeurer, mais c'était bien propriété royale, et pas
plus notre consul que toute autre personne n'avait
le droit d'en disposer en faveur d'un tiers, que ce
tiers fût même une nation amie ou neutre : le hong
français aurait dû être cédé par Vieillard aux agents
de Grand Clos Mélé, lors de l'expédition de 1783.
Notre consul prétendait avoir occupé le local avec
plusieurs négociants, et ensuite pour son compte
personnel, jusqu'en 1782. S'étant trouvé ensuite à
court d'argent, il avait, disait-il, cédé *sa* propriété
aux Agents de la Compagnie impériale.

L'un des objets de la mission de d'Entrecasteaux

était de régler la question du consulat de Canton. Le départ de Vieillard et de Galbert ne laissait plus au consulat que le chancelier Costar et le second interprète de Guignes, qui touchaient l'un 2.000 livres, l'autre 1.000 livres. L'établissement d'une nouvelle Compagnie des Indes ayant le privilège exclusif du commerce à la Chine, on décida que l'on ne conserverait plus à Canton qu'un agent et un interprète tout à fait indépendants de la Compagnie. D'Entrecasteaux était chargé du choix de l'agent, dont le traitement ne pouvait dépasser 4.000 livres et l'interprète 2.000 livres. D'Entrecasteaux était autorisé à prendre de Guignes pour cette dernière position, s'il n'y voyait pas d'inconvénient. D'ailleurs, l'agent du roi ne devant avoir aucun point commun avec la Compagnie des Indes et n'ayant aucune action à exercer sur elle, son rôle devait se borner à renseigner le Gouvernement sur les agissements des subrécargues et officiers de cette Compagnie.

Parmi les choses secondaires sur lesquelles on attirait l'attention de d'Entrecasteaux étaient l'incident de la *Lady Hughes*[1], les affaires religieuses, et enfin l'ordre déjà rappelé du gouvernement de Macao, interdisant le séjour dans cette ville à d'autres agents français que ceux du consulat.

D'Entrecasteaux s'adressait à trop de personnes à la fois officiellement et officieusement : Vieillard, Haumont, de Guignes, Desmoulins, le P. de Grammont, Pan Ke Koua ; il s'adressait, pour agir auprès du vice-roi de Canton, à des gens sans situation offi-

---

1. Un canonier de ce navire anglais, ayant été la cause involontaire de la mort d'un Chinois, fut remis par ses chefs aux Chinois qui l'exécutèrent (1784).

cielle, c'est comme si un ambassadeur étranger en France, cherchant à se mettre en rapports avec un ministre, s'abouchait avec un chef de bureau ou le président de la chambre de commerce du port auquel il accoste. L'erreur de d'Entrecasteaux fut d'ailleurs celle de ses prédécesseurs ; on pourrait croire qu'il y a habileté à traiter avec des fonctionnaires subalternes plutôt qu'avec de hauts dignitaires pour arriver à un résultat pratique et ne pas être arrêté par de vaines démonstrations courtoises. L'expérience a démontré, en Chine comme en Orient, que pour frapper juste il fallait frapper à la tête. En 1842, à Nanking, les Anglais ; en 1860, à Péking, les Anglais et les Français, arrachèrent à la Chine ce que n'avaient pu obtenir des siècles de négociations et de patience. Aucun Européen n'est de taille à lutter avec un Asiatique en discours et en ténacité : l'Oriental le sait fort bien, il compte sur le temps, les drogmans et les belles paroles pour obtenir ce que la force ne pourrait lui donner. Il ne me coûte rien de dire que c'est par le canon seul que l'on fait entendre d'une façon efficace sa voix dans l'Extrême-Orient.

Quel avait été le résultat de la mission de d'Entrecasteaux? Tout avait concouru à en abréger la durée à Canton : le changement prochain de mousson, le rendez-vous donné à Pondichéry en avril à tous les vaisseaux de sa station, l'absence du gouverneur général et du gouverneur de Canton, par suite l'impossibilité de traiter avec un fonctionnaire d'un rang suffisamment élevé. Le chevalier était donc obligé de remettre en d'autres mains les intérêts qu'il était obligé de représenter : au missionnaire Jean de Grammont il confiait le soin de faire connaître à Pe-King

ses renseignements sur les agissements supposés des
Anglais, et de surveiller le règlement des créances
des négociants français ; au jeune M. de Guignes il
laissait l'honneur et les difficultés du double poste
d'agent et d'interprète du roi que la création d'une
nouvelle Compagnie des Indes ainsi que le départ
du vice-consul Vieillard et du chancelier Costar per-
mettaient de remettre entre les mains d'un seul
homme. Le commandant de la *Subtile*, le vicomte de
la Croix de Castries, laissé par d'Entrecasteaux,
devait présenter au gouverneur de Macao M. de
Guignes comme agent du roi.

En quittant Canton, d'Entrecasteaux se promettait d'ailleurs d'envoyer une frégate à Canton à la
prochaine mousson, pour savoir auprès de M. Desmoulins, agent de la Compagnie française, si toutes
les questions en suspens étaient liquidées. Il recommandait au P. de Grammont de conserver le secret
de toute cette affaire : « Pas un mot aux Portugais,
aux Propagandistes, qui pourraient par leurs lettres
la divulguer à Macao et à Canton. »

Le vicomte de Saint-Riveul restait commandant
en chef de la station après d'Entrecasteaux.

APPENDICE

I

8 février 1787. Duplicata n° 1er.

Devant Macao, le lendemain de notre arrivée, après
68 jours de traversée depuis notre départ de Batavia[1].

Monseigneur,

Je m'empresse de vous envoyer la carte que j'ai fait dresser sous mes yeux de la route de la *Résolution* par les
détroits de Macassar, Gilolo et Pitt. La seconde partie, où
doit se trouver le reste de notre route jusques en Chine, et
qui est également intéressante, parce que cette étendue de
mers est peu connue, n'est pas terminée encore; dès qu'elle
sera finie, j'aurai l'honneur de vous l'adresser avec le journal
nautique de cette traversée, et j'y joindrai une instruction
sur la manière de naviguer le long de la côte de Bornéo.

Je crois pouvoir assurer, Monseigneur, que ceux qui voudront suivre désormais la même route auront, avec ces différentes instructions, beaucoup plus de facilités que je n'en ai
eu moi-même : sans cartes (car celles des Hollandais que
j'aurai l'honneur de vous adresser, sont plus mauvaises qu'il
n'est possible même de le supposer); sans cartes, dis-je, et
sans renseignements, cette campagne a été très épineuse ; je
me suis trouvé dans des situations véritablement embarras-
santes : environné d'écueils de toutes parts, au milieu desquels j'étois parvenu pendant une brume très épaisse, j'ai été
pendant deux fois vingt-quatre heures cherchant un passage,
et le seul que je pouvois espérer de rencontrer étoit précisément celui d'ou venoit le vent; enfin j'ai eu le bonheur d'en
sortir. Arrivé jusques au Nord de Celebes, après avoir éprouvé
des contrariétés étonnantes dans le détroit de Macassar, et

1. Archives du département des Affaires étrangères : *Indes Orientales, Chine, Cochinchine*, vol. V. Pièce 8.

n'ayant plus que 20 lieues pour m'élever à la hauteur de Gilolo, la mousson du N. E. s'est déclarée avec une violence qui ne me laissoit plus l'espoir de pouvoir passer au Nord de cette isle; dans cette position j'ai pris le parti (et il m'a parfaitement bien réussi) de redescendre par le détroit de Gilolo, de traverser les Moluques, et d'entrer dans la mer du Sud par le détroit de Pitt; de là courant à l'E. 1/4 N. E., j'ai rencontré très inopinément, et par un vent impétueux, de nouvelles isles sur lesquelles une heure de nuit de plus nous aurait fait faire naufrage infailliblement, le désir, ou plutôt la nécessité de parvenir promptement à ma destination, ne me permettoient pas de prendre les précautions auxquelles n'ont pas manqué de se conformer ceux qui ont fait une route à peu près pareille. Jusques à la hauteur des Isles Mariannes, cette étendue de mers est semée d'isles et d'écueils au travers desquels il est peu prudent de naviguer la nuit, mais il falloit arriver, et par conséquent fermer un peu les yeux sur les inconvénients d'une trop grande précipitation.

Nous voilà cependant enfin heureusement arrivés à Macao, je désire à présent, plus que je n'espère, le succès de l'objet pour lequel j'y suis envoyé. J'ai l'honneur de vous adresser copie des deux lettres que j'avois préparées d'avance pour le Consul et pour le Vice roi. M. Vieillard, qui est embarqué déjà, et prêt à mettre à la voile, est venu à mon bord; j'ai conféré avec lui quelques instans sur l'objet de ma mission; il m'a annoncé d'avance que la lenteur des Chinois dans des affaires de cette nature devoit, ainsi que je m'en doutois, me faire perdre toute espérance de terminer, et peut-être même d'entamer cette affaire dans le peu de tems que j'avois à demeurer en Chine; mais il pense que la présence de deux bâtiments de guerre ne peut, dans tout état de cause, que produire un bon effet. Il croit aussi qu'il est nécessaire d'envoyer l'année prochaine de nouveaux bâtiments, et que cette annonce seroit le plus sûr, ou du moins le seul moyen d'obtenir quelque satisfaction. Je viens d'écrire à Mrs Costar, De Guignes et Bourgogne, qui sont actuellement à Macao, et d'où ils n'obtiendroient pas l'agrément de retourner à Canton, de venir à mon bord pour remonter la rivière avec moi. C'est par le conseil de Mr Vieillard que j'ai pris le parti de leur mander de se rendre à bord, parce qu'il n'y a actuellement

d'autre moyen pour eux d'aller à Canton, et que, parmi les
Français qui y sont encore, il n'y en a point qui pût m'être
d'aucun secours.

J'attens avec impatience les pilotes qui doivent nous entrer
dans la rivière. Ils sont tous actuellement occupés à redescendre les v^{aux} anglais, dont le nombre a été de 29 cette
année : il en reste 10 encore qui sont au moment de partir.
Notre commerce est bien misérable auprès du leur, et la considération nationale s'en ressent : tout ce que j'ai appris jusques à ce moment des opérations de la nouvelle compagnie,
et de la conduite de ses employés, n'est guères propre à
l'augmenter. Il est fâcheux à tous égards que le vaisseau *la
Reine* ait manqué son voyage, et que M. de Montigny, le
principal agent, ne soit pas en Chine. Je tâcherai, s'il est
possible, de faire renaître cette considération, que les événements dont M. Vieillard vous a sans doute rendu compte ne
peuvent manquer de lui avoir fait perdre.

Je tiens de ce vice-consul que le bruit public est que les
Anglais doivent envoyer l'année prochaine un ambassadeur
à Pekin. C'est, je crois, la seule manière de faire parvenir à
l'empereur tous les sujets de plainte que l'on a à à former
contre ceux de ses sujets avec qui les Européens ont à
traiter.

P. S.

C'est M. de S^{t}. Aignan qui a fait la carte cy-jointe; il y a
travaillé avec une assiduité et une intelligence qui méritent
infiniment d'éloges; je ne dois pas laisser échapper cette
occasion de vous rendre de ce jeune homme les comptes les
plus avantageux; c'est véritablement un sujet dont les excellentes qualités ne laissent rien à désirer; je lui ai reproché un
peu d'inapplication dans le commencement de la campagne;
mais depuis bien longtems il est entièrement livré à l'étude
de tout ce qui est relatif à son métier. M. Esmangard travaille
également à cette même carte; lui et M. de S^{t}. Aignan ont
pris les vues des différentes cotes et isles que nous avons par-
courues, et j'aurai l'honneur de vous les adresser avec la
seconde partie de la carte : je dois encore saisir cette occasion de vous faire les rapports les plus favorables de M. Esmangard, et vous renouveller tout ce que j'ai eu l'honneur de

vous mander d'avantageux sur le compte du détachement des gardes de la marine, et particulièrement sur M. de Rossel, qui en est le commandant.

J'ai l'honneur d'être, &a.

ENTRECASTEAUX.

II

9 février 1787 [1].

Cejourd'hui neuf février 1787, nous soussignés, à la requête de M. le Ch^{er} d'ENTRECASTEAUX, avons statué que pour parvenir à remplir l'objet de la mission dont il est chargé de présenter au gouvernement de Canton les représentations consignées dans la lettre qu'il a adressée au Tsomptou de Canton sous la datte du 12. fev^{er} 1787, il fallait aller mouiller à la tour du Lion et manifester à cette époque le sujet de sa mission. Monter à Canton et intimer au nommé Panqueyua chef du Co-hang que M^r. le Ch^{er}. d'Entrecasteaux a ordre de la part de l'Empereur de France de faire les représentations consignées dans sa lettre, que l'intention de l'Empereur est que cette lettre parvienne à son adresse, qu'elle soit traduite fidèlement et que le Tsomptou y fasse reponse définitive; à cet effet requere M. le Ch^{er}. d'Entrecasteaux que le ministere des Interprètes soit rejeté comme gens ignorans la langue française et la langue chinoise, demande que Mr de Gramont versé dans les deux langues soit ordonné pour Interprete, que sa traduction soit écrite à mi-marge signée de lui fidele et transcrite par quatriplicata pour justiffier dans tous les cas que les intentions de paix et de justice de S. M. l'Empereur de France ont été exécutées avec toute la bonne foi et la fidélité que M. le Ch^{er}. d'Entrecasteaux Commissaire de S. M. l'Empereur de France a droit d'attendre d'une personne qui est née son sujet, et qui s'est rendue à la Cour de Pekin avec l'agrément de son Prince pour contribuer aux progrès des arts et des sciences à la Chine.

M^r. d'Entrecasteaux doit représenter que la saison étant

----

1. Archives du Département des Affaires étrangères : *Indes Orientales, Chine, Cochinchine*, vol. V. Pièce 9.

avancée il a peu de tems à rester à la Chine, — conséquement qu'il demande une réponse prompte et définitive pour pouvoir profiter de la voie de la frégate sous ses ordres qui est destinée à porter à la Cour de France la réponse du vice-Roi.

Il demandera qu'il lui soit fourni des vivres le plus promptement possible et sur le même pied que les autres nations européennes sont fournies par les Chinois.

Finalement dans le cas où la réponse ne se ferait pas à la lettre de M. le Ch^{er}. d'Entrecasteaux, il doit protester contre le silence des Chinois, en prendre acte signé de l'État-major des deux v^{aux}. sous ses ordres, intimer ce protêt aux hanistes notamment au S^{r}. Panqueyua, écrire une seconde lettre au Tsomptou pour lui annoncer son départ, et notifier à ce Vice Roi que la saison prochaine S. M. l'Empereur enverra d'autres v^{aux}. prendre la reponse aux deux lettres que son commissaire a ecrites au Tsomptou et qu'il espère que six mois de reflexion seront suffisans pour faire sortir tout leur effet aux representations consignées dans ses deux lettres, et que s'il en étoit autrement, S. M. l'Empereur de France ne pourrait s'empêcher de prendre le silence du Tsomptou pour un déni de justice formel et que le Tsomptou se rendrait personellement responsable des consequences qu'il pourrait entraîner.

VIEILLARD,   BOURGOGNE,
DE GUIGNES.   HAUMONT.

III

A bord de la *Résolution,* le 12 fév^{er} 1787, Vice-Roy de Canton [1]

MONSIEUR,

J'ai l'honneur de prévenir Votre Excellence de mon arrivée à l'entrée de la Rivière du Tigre, avec deux des vaisseaux de l'Escadre dont Sa Majesté l'Empereur de France m'a confié le commandement, et qu'elle entretient dans les mers de l'Inde.

L'intention de l'Empereur mon maître est que son Pavillon paroisse dans les lieux ou s'étend le commerce de ses sujets, pour faire connoitre aux Princes chez qui ils sont admis le

---

1. Archives du Département des Affaires étrangères : *Indes Orientales, Chine, Cochinchine,* vol. V, pièce 10,

désir sincère qu'a Sa Majesté d'entretenir la bonne intelligence qui règne entr'elle et eux, et prouver en même tems a
toutes les nations la ferme resolution où elle est d'accorder à
ce même commerce la protection la plus efficace dans toutes
les parties de la terre.

Dans la vue de prévenir les abus qu'une liberté trop indéfinie dans le commerce pourroit occasionner, Sa Majesté a
jugé ne devoir pas permettre à tous ses sujets indistinctement
de faire celui de la Chine, et elle l'a confié exclusivement à
une compagnie nouvelle dont la considération écartera tout
soupçon de mauvaise foy. Sa Majesté, assurée de trouver les
mêmes principes d'équité dans tous les États où ses sujets
sont établis, et plus encore dans l'Empire de la Chine si
renommée par la sagesse de ses loix, ne doute pas que ceux
de ses sujets qui ont fait jusqu'à présent le commerce, n'obtiennent sans difficulté la liquidation de leurs dettes respectives avec les Chinois. Rien ne paroissant plus juste, je pense
n'avoir qu'à en faire la proposition à Votre Excellence pour
être assuré qu'elle voudra bien l'ordonner de la part des Chinois, comme je la ferai exécuter de la part des Français. J'espère également que Votre Excellence voudra bien me fixer
un jour pour avoir l'honneur d'aller lui rendre mes devoirs et
la remercier de la justice qu'elle aura fait rendre aux sujets
de l'Empereur mon maître. Je sais que je n'ai qu'à invoquer
auprès de Votre Excellence les principes d'équité; auprès de
tout autre, je n'aurois pas manqué de faire observer que la
même liquidation que je sollicite ayant été accordée aux
sujets de Sa Majesté Britannique, et à ceux de la Compagnie
de Hollande, l'Empereur de France a droit d'attendre que
ses sujets ne soient pas traités d'une manière moins favorable,
mais une pareille considération est superflue, et n'a pas
besoin d'être mise en avant dans un Empire aussi sagement
gouverné que celui de Chine.

J'ai l'honneur de vous renouveller, Monsieur, l'assurance
de mon empressement à aller vous faire ma Cour, et celle de
la haute considération avec laquelle j'ai l'honneur d'être

De Votre Excellence, Le très-humble etc.

Signé : Le Ch^{er}. d'Entrecasteaux,

Commandant les forces navales de l'Empereur de France
dans les mers d'Asie.

VOYAGES DE PIERRE POIVRE

DE 1748 JUSQU'A 1757 [1]

Mon intention est non pas de retracer d'une manière complète la carrière de ce grand voyageur, l'un des plus remarquables que la France ait envoyé en Asie au xviiie siècle, mais de publier quelques pages inédites de lui qui feront connaître une des périodes les plus fécondes de son existence, celle qui s'étend de 1748 à 1757, alors qu'il était en pleine possession de son activité. Le manuscrit en est conservé à la Bibliothèque du Muséum d'Histoire naturelle sous la cote 319; il forme un cahier cartonné de 82 pages de papier in-folio ; il y en a une autre copie sous le numéro 575 [2]. J'ai déjà publié quelques mémoires de Poivre [3], l'un en particulier, le Voyage du *Machault* [4], tiré des Archives des Colonies, dont le manuscrit d'aujourd'hui peut servir de suite. Il est fort curieux que Poivre, qui a laissé une quantité formidable de papiers, n'a jamais rien publié : on a imprimé sous son nom et sans le consulter un petit ouvrage intitulé *Voyages d'un Philosophe* formé de pages tirées de ses manuscrits; ce livre a eu plusieurs éditions dont j'ai donné la bibliographie [5]. J'ai inséré

---

1. Extrait de la *Revue de l'Histoire des Colonies françaises*, 1er trimestre de 1918.

2. Voir pages 63 et 103 : *Manuscrits de la Bibliothèque du Muséum d'Histoire naturelle,* par M. Amédée BOINET, en tête du *Catalogue général des Manuscrits des Bibliothèques publiques de France*, Paris, t. II, 1914.

3. *Revue de l'Extrême-Orient*, II, juillet-septembre 1884, pp. 305-398.

4. *Voyage de Pierre Poivre en Cochinchine. Description de la Cochinchine* (1749-1750), *Voyage du vaisseau de la Compagnie « le Machault » à la Cochinchine*, en 1749 et 1750. (*Revue de l'Ext.-Orient*, III, 1885, pp. 81-121, 364-510.)

5. *Bibliotheca Indosinica*, IV, col. 2494-2496.

dix-huit lettres de Poivre (1764-1779), tirées de la Bibliothèque de l'Institut, dans le *T'oung Pao*[1].

*
* *

Je me contenterai de rappeler que Pierre POIVRE, né à Lyon, le 23 août 1719, mourut d'une hydropisie de poitrine le 6 janvier 1786 dans sa propriété de la Freta, sur les bords de la Saône, à deux lieues de sa ville natale; il laissait trois filles; sa veuve épousa en 1795, l'économiste DUPONT DE NEMOURS qui a écrit sa bibliographie[2]. Le 4 septembre 1754, il avait été élu correspondant de l'Académie des Sciences et, plus tard, nommé Cordon de Saint-Michel.

*
* *

Nous avons dressé l'itinéraire suivant qui pourra faciliter la lecture du Mémoire de Poivre :

1748, 23 octobre. Départ de Poivre de Lorient sur le *Montaran*.

1749, 13 mars. Arrivée à l'Ile de France.
— 16 avril. Quitte l'Ile de France sur le *Sumatra*.
— 20 juin. Le *Sumatra* arrive à Pondichéry.
— 7 juillet. Départ de Pondichéry sur le *Machault*.
— 29 août. Arrivée du *Machault* à Faïfo.

1750, 11 février. Départ de Faïfo.
— 10 avril. Arrivée à l'Ile de France.
— 2 juin. Quitte l'Ile de France sur le *Mascarin*.
— 14 août. Arrive à Canton.

1751, 25 avril. Quitte Macao sur la *Santa Rita*.
— 25 mai. Arrive à Manille.

1753, 21 février. Quitte Manille sur le *Cheval Marin*.
— 7 avril. Arrive à Pondichéry.

---

1. Juillet 1914, pp. 307-338.
2. *Notice sur la Vie de M. Poivre, Chevalier de l'Ordre du Roi, ancien Intendant des Isles de France & de Bourbon...* Philadelphie, Et se trouve à Paris chez Moutard, Imprimeur-Libraire de la Reine, de Madame et de Madame Comtesse d'Artois, rue des Mathurins, Hôtel de Cluni. M.DCC.LXXXVI, in-8, pp. 78 + 1 p. n. ch. er.
Cette notice a été réimprimée en tête de la troisième édition (Paris, An II) des *Voyages d'un Philosophe*.

1753, 20 octobre. S'embarque à Pondichéry sur le *Rouillé*,
en compagnie du *Lys*.
— 2 décembre. Arrive à l'Ile de France.
1754, 1er mai. Quitte l'Ile de France sur la frégate la
Colombe.
— septembre. Arrivée à Manille.
1755, 2 janvier. Quitte Manille pour Mindanao (Caldeira).
Passe à Sambuangan.
— 11 février. Détroit de Basilan.
— 26 — Détroit de Xulla. — Celebes. — Boeton.
— Solor.
— 19 mars. Détroit de Laurentone.
— 29 mars. Détroit de Lamaker.
— 10 avril. Lifao (Timor).
— 2 mai. Quitte Lifao.
— 8 juin. Arrive à l'Ile de France.
1756, 26 avril. Quitte l'Ile de France.
— 4 mai. Arrive à Madagascar.
— 6 septembre. Quitte Madagascar.
— 23 décembre. Capturé par les Anglais et conduit à
Cork.
1757, 22 avril. Rentre en France.

Henri Cordier.

RELATION ABRÉGÉE

DES VOYAGES FAITS PAR LE SIEUR [POIVRE]

Pour le Service de la Compagnie des Indes,
Depuis 1748, jusqu'en 1757.

En l'année 1741, je m'étais embarqué au Port-
Louis sur le Vaisseau le *Mars*, dans le dessein d'aller
à la Chine y apprendre la langue du pays, en attendant que j'eusse atteint l'âge de recevoir les ordres,
pour pouvoir me consacrer aux Missions; outre ce
premier objet de mon voyage, j'avais encore celui
d'aller dans ces Pays éloignés y faire des recherches
sur ce que les Productions de la Nature et l'indus-

trie des habitans pourraient m'y présenter de
curieux ou d'utile qui fut propre à enrichir ma
Patrie. Pour remplir ces deux objets j'avais fait d'assez bonnes études[1] et depuis mon Cours de Théologie, fini à l'âge de seize ans, j'avais employé les
quatre années suivantes à l'Étude de la Botanique,
de l'Histoire Naturelle et de l'Agriculture, à celle de
nos Fabriques, au Dessin et à la Peinture. Je joi-
gnais à ces Connaissances, encore faibles, une
ardeur extrême de les perfectionner et d'en acquérir
de nouvelles qui pussent me rendre utile à la
Société.

Ma Famille, établie à Lyon depuis environ 300 ans,
et connue depuis ce tems là dans le Commerce de la
Soyerie en Gros, qu'elle continue encore avec succés,
avait fourni abondamment à toutes les dépenses
d'une éducation proportionnée à l'aisance honnête
dont elle jouissait. Elle avait eu sur moy d'autres
vues que celles que je suivis alors ; mais je m'écha-
pai à ses recherches, pour me livrer à ce que je
croyais être ma vocation, et qui n'était peut-être que
mon goût pour les Voyages, ou mon ardeur pour les
nouvelles découvertes.

J'arrivai en Chine[2], d'où je passai à la Cochinchine sur un batiment chinois : j'y appris la langue
du Pays : j'y fis des Observations sur le commerce
de ce Royaume, que nous ne connaissons pas encore;

---

1. Poivre qui se destinait aux Missions commença, après de bonnes
études, un cours de théologie à la communauté des Missionnaires de
Saint-Joseph, à Lyon, puis passa au Séminaire des Missions étrangères de Paris d'où il fut envoyé en Chine et en Cochinchine.
2. Arrivé à Canton, il fut jeté en prison sur une dénonciation calom-
nieuse, mais il réussit à gagner les bonnes grâces du Gouverneur
général et il resta deux ans dans cette ville d'où, avec des missionnaires, il passa en Cochinchine où il resta deux ans,

j'en étudiai l'histoire naturelle qui me fournit une grande Collection; mais n'y trouvant pas d'Évêque, non plus qu'à la Chine, où je retournai en 1743, je me déterminai à repasser en France pour y aller recevoir les Ordres, et suivre l'État ecclésiastique que j'avais embrassé, comme plus conforme à mes inclinations et plus convenable à mon goût décidé pour l'Etude.

En l'année 1745, je m'embarquai à Canton sur le vaisseau le *Dauphin* 1 qui revenait en France. J'eus le malheur d'être pris, dans le Détroit de Banca, par les Vaisseaux de Guerre Anglais de l'Escadre du Commandeur BARNETT 2, je perdis un bras dans le combat inégal que nous soutinmes contre l'ennemi, et je fus conduit à Batavia avec les Prisonniers de trois vaisseaux de la Compagnie, revenant tous de la Chine et pris dans la même Affaire L'accident que je venais d'essuyer, me fut un signe non suspect que la Providence ne me destinait pas à l'état que j'avais d'abord embrassé; décidé de ce côté-là, je tournai toutes mes vues vers le second objet de mes voyages; je ne pensai plus qu'à servir ma Patrie.

Pendant cinq mois de séjour à Batavia j'observai la conduite des Hollandais dans cette capitale de leurs Établissements. Je m'empressai de connaître et d'étudier dans sa source le système de ce grand commerce sans lequel la Hollande n'eut jamais été

---

1. Le *Dauphin* armé à Lorient le 5 octobre 1744, fut pris le 5 février 1745 avec le *Jason*, armé le 12 décembre 1743, et l'*Hercule*, armé le 9 janvier 1744

2. Le Commodore Curtis BARNETT, montait le *Deptford*: il mourut l'année suivante, le 2 mai 1746, au fort St.-David. Les trois bâtiments français qu'il prit dans sa croisière de 1744-5 dans le détroit de Banca furent achetés 92.000 livres sterling comptant par le gouverneur de Batavia.

une Puissance. Je remarquai que la richesse de la
Compagnie Hollandaise était principalement fondée
sur la possession, dont elle jouit seule, des Isles qui
produisent les Epiceries fines. J'eus occasion d'apprendre que ce seul objet de commerce lui fournissait un bénéfice annuel de plus de 50 millions et la
soutenait au milieu des frais immenses qu'elle est
obligée de faire, tant pour la multitude de ses différents Comptoirs en Asie, que pour la paye d'environ 80 à 90 mille hommes que cette Compagnie
entretient à son service, en y comprenant tous ses
Gouverneurs, Employés, Officiers de terre et de mer,
soldats, matelots et Ouvriers.

Cette première découverte me conduisit à de nouvelles recherches sur l'histoire de ces Isles qui produisent les épiceries ; sur le Gouvernement que les
Hollandais y ont établi ; sur les forces qu'ils y
entretiennent ; sur les précautions qu'ils prennent
pour s'en assurer la possession exclusive et sur la
manière dont ils cultivent et recueillent les précieuses denrées qui leur procurent annuellement des
richesses si immenses.

J'appris que les Hollandais ont des forces très
médiocres dans les Isles Molucques, qu'ils tirent les
deux Épiceries fines des seules Isles d'Amboine et de
Banda ; qu'Amboine produit seule la quantité de
Géroffle dont les Hollandais ont besoin pour en fournir les Magazins de toutes les nations, et que la
petite Isle de Poulo-aï, dans un terrain d'environ
deux lieues de circonférence, produit autant de Noix-
muscades que l'Univers entier en consomme.

Je découvris en même tems qu'il y a plus de cinquante autres Isles qui produisent le Géroffle et la
Noix-muscade : que plusieurs de ces Isles sont

désertes : que dans quelques-unes de celles qui sont
peuplées, il n'y a point d'Hollandais ; qu'il est facile
de les aborder sans risque avec un bon Vaisseau,
pour y enlever de ces précieux plants dont les Hollandais sont, avec raison, si jaloux, et les transplanter dans les colonies que nous possédons en divers
endroits de la Zone Torride.

J'appris enfin que cette riche possession des épiceries, qui est la baze de la Puissance hollandaise
aux Indes, avait pour principal appuy l'ignorance et
la lacheté des autres nations commerçantes de l'Europe, et que pour partager avec les Hollandais cette
source intarissable de richesses qu'ils possèdent en
secret dans un coin du monde, il suffisait de la connaître et d'oser vouloir la partager avec eux.

Je sortis de Batavia avec toutes les connaissances
que je pouvais désirer sur cet article dont le détail
ne peut entrer dans cet abrégé. Divers accidens
survenus dans mon voyage me firent voir une partie
du Royaume de Siam[1] d'où je me rendis à Pondicheri
en 1746[2] et de là je passai à notre Isle de France à la
fin de la même année.

La situation avantageuse de ces deux excellens
Ports de cette Isle avait engagé la Compagnie à y
faire un Établissement, afin d'y procurer à ses vaisseaux une relâche assurée. Dans cette vue elle avait
peuplé son Isle et en avait exigé de ses nouveaux
Colons qu'ils s'appliquassent uniquement à élever

---

1. Parti avec le reste des Français, Poivre alla hiverner à Mergui,
puis se rendit à Siam.

2. Poivre arriva à Pondichéry au moment de l'expédition de Madras
et des querelles de Dupleix et de La Bourdonnais ; il suivit ce dernier
à l'Isle de France ; François Bertrand MAHÉ DE LA BOURDONNAIS, né à
Saint-Malo en 1699, mourut à Paris en 1751 ; il avait fait capituler
Madras le 10 novembre 1746 ; il avait été gouverneur de l'Ile de France
pour la première fois en 1735.

des bestiaux, à cultiver des grains, en un mot, à préparer toutes sortes d'avituaillements à sa marine.

Un homme de génie, chargé du Gouvernement de la nouvelle peuplade, avait répondu, en citoyen habile, aux vues de la Compagnie. Dans l'espace de dix années le célèbre La Bourdonnaye avait fondé et fait fleurir la colonie de l'Isle de France.

Par ses travaux un port, auparavant désert, était deffendu par plusieurs batteries : on y voyait les attelliers les plus nécessaires pour les travaux de la marine : des Magazins et des Batiments de toute espèce étaient élevés à la place des forêts abbattues au bord de la mer ; la terre, qui n'avait jamais porté que des arbres sauvages, commençait à être cultivée avec succès et à fournir le paturage à des troupeaux nombreux transportés de Madagascar ; les campagnes, nouvellement deffrichées se couvraient tous les ans d'une double moisson de froment, de riz, et de Mahis. Déjà l'Isle fournissait toute sorte de Raffraichissemens aux Gens de mer, sa fertilité donnait lieu d'espérer qu'elle se suffirait bientôt à elle-même et il n'y avait pas encore la vingtième partie de son terrain mise en valeur.

Je parcourus cette Isle ; j'examinai ses productions, j'en reconnus une grande partie pour être les mêmes que celles qui se trouvent aux Molucques, suivant les relations hollandaises, et parmy ces productions je vis beaucoup de plantes aromatiques. J'y observai le canellier et le ravendsara [1] qui y

1. *Voarendsara* [*Voaravintsara*], c'est le fruit de l'arbre nommé *ravendsara* [*ravinisara*]. L'arbre vient haut et grand, comme fait le laurier en France, et plus haut; la famille est ainsi que celle du laurier, mais plus petite; le fruit est comme une noix verte dont l'écorce et le dedans ont goût de girofle, ainsi que l'écorce des rinceaux [des branchages] et les feuilles aussi : c'est une des meilleures épices qui

avaient été transplantés, le premier de l'Isle de
Ceilon, et l'autre de Madagascar. Ces arbres, quoique
négligés et sans culture, n'avaient rien perdu dans
le sol de l'Isle de France de cet aromate précieux
qui fait leur caractère et leur mérite. J'en conclus
aussitôt qu'il ne manquait à notre Isle que les germes
des autres épiceries fines.

Je voyais une Isle dont la vingtième partie deffrichée et mise en valeur suffisait pour remplir l'objet
de la Compagnie, en fournissant à sa marine les avi-
tuaillemens nécessaires. Des 19 parties du terrain
qui restoient en friche, une seule, ou deux, pouvait
suffire à la culture d'autant de muscadiers et de géroffliers qu'il en faudrait pour produire annuellement
la moitié des épiceries que l'Univers consomme, et
nous faire partager avec les Hollandais les profits
immenses de ce commerce qu'ils possèdent seuls
jusqu'à présent.

Je joignis à ces observations les connaissances
que j'avais acquises à Batavia sur la facilité qu'il y
aurait à se procurer aux Molucques même des plants
et des graines fraiches des deux épiceries pour
les transplanter dans nos Isles de France et de Bourbon ; de toutes ces idées rapprochées, je formai le
projet d'enrichir notre Compagnie des Indes, en
lui faisant partager avec les Hollandais la possession
et le commerce des épiceries.

---

soit en ce pays. L'arbre ne fructifie que de trois en trois ans et, ce
qui le rend rare, c'est que les habitants de ce pays, pour n'avoir pas
la peine de monter dans l'arbre, le coupent par le pied pour en avoir
le fruit et les feuilles, afin de les mettre cuire avec du gingembre et
de la feuille d'ail avec le poisson. Il y a le mâle et la femelle; la fleur
ressemble au girofle et en a le goût, l'odeur et la force. Il croît sur le
haut des montagnes (FLACOURT, *Madagascar*, éd. Grandidier, première
partie, 1913, pp. 170-180).

Je fis part de mon projet à M. David[1], successeur
de Mr. de la Bourdonnaye au Gouvernement de l'Isle
de France. Ce gouverneur qui, par sa capacité et des
services essentiels rendus à notre commerce d'Afrique, avait mérité la confiance de la Compagnie,
sentit toute l'importance de ce que je lui proposais.
Il m'avoua que le succès d'une telle entreprise pouvait seul dédommager la Compagnie des frais
immenses que lui coûtait déjà et que lui coûterait
par la suite une Isle dont la conservation était de
nécessité absolue pour sa marine, et qui ne produisait, par elle-même, aucun objet de commerce. Il
était persuadé que pour rendre la Colonie florissante,
il fallait l'enrichir de quelque culture dont le produit
et l'exportation pussent compenser, par des profits
annuels, les dépenses énormes faites et à faire sans
retour dans la seule vue de posséder sûrement une
Isle jugée nécessaire par la situation avantageuse
de ses ports.

Dans cette persuasion il méditait de faire des
Essays sur le coton et l'indigo, que son prédécesseur avait déjà tentés faiblement et sans succès. Ces
cultures présentaient une utilité réelle : celle du
coton surtout convenait parfaitement à certains
quartiers de l'Isle, comme la réussite l'a fait voir,
mais il n'y avait encore aucune comparaison à faire
avec l'objet que je proposais : car il n'y a pas de pro-
portion entre le produit de Mil pieds de cotonniers

---

1. B. David fut nommé en 1746; D. de Saint-Martin avait fait l'intérim après le départ de La Bourdonnais : David eut pour successeur
Bouvet de Lozier en 1753.

Les Hollandais achevèrent d'évacuer Maurice en 1710. Du Fresne,
capitaine du *Chasseur* de Saint-Malo prit possession de Maurice, le
20 septembre 1715 et lui donna, suivant les ordres ministériels, le
nom d'Ile de France.

et celui d'un seul Gérofflier, qui, en plein rapport, porte souvent jusqu'à plusieurs quintaux d'épicerie par année.

Le Gouverneur approuva donc mon projet; m'exhorta à en faire part à la Compagnie, et pour plus grande facilité, il m'adressa à M. son Père qui était un de ses Directeurs : il eut même la bonté de lui écrire à mon sujet la lettre la plus favorable dans laquelle il lui rendait compte de quelques mémoires que je lui avais présentés sur la culture du Poivrier, sur celle du Canellier et du Bambou, qui avaient été tentées par M. de La Bourdonnaye, et qui, n'ayant pas réussi dès la première année, avaient été abandonnées par la légèreté et défaut de connaissances.

Avant de quitter l'Isle de France pour revenir en Europe je rédigeai, par écrit, toutes mes observations en forme de Mémoire; j'en fis un paquet que je remis, cacheté, à M. David, avec permission de l'ouvrir au cas qu'il m'arrivât de succomber à quelqu'accident dans le cours de mon voyage. J'étais si fortement persuadé de l'importance de mon projet que je pensai alors devoir, par cette précaution, être utile à ma Patrie, au moins après ma mort, si je périssais avant d'avoir pu la servir.

Je m'embarquai en mars, 1747, avec M. de La Bourdonnaye, et je n'arrivai en France qu'au mois de juin 1748[1]. Je m'adressai à Paris à M. David, que je trouvai prévenu par la lettre de M. son Fils sur

---

1. « Il gagna, dans un canot, l'Isle de Saint-Eustache, où il s'embarqua pour l'Europe sur un senau hollandais. Il fut pris, à l'entrée de la Manche, par un corsaire de Saint-Malo, repris quatre jours après par une frégate anglaise, conduit à Guernesey, et rendu au bout de huit jours, sur la signature de la paix. » (DUPONT DE NEMOURS.) Il parlait chinois, annamite et malais.

ce que j'avais à proposer à la Compagnie. Ce Directeur sentit tous les avantages d'un plan qui avait pour objet de mettre la France en possession du commerce des épiceries. Il me présenta à MM. ROUILLÉ et DE MONTARAN, qui étaient alors Commissaires du Roi à la Compagnie des Indes.

J'exposai à ces Messieurs le résultat des observations que j'avais faites dans mes voyages relativement aux intérêts de notre Compagnie. Je proposai deux projets: l'un regardait l'ouverture d'une nouvelle branche de commerce à la Cochinchine et l'établissement d'un comptoir dans ce Royaume. L'autre avait pour objet l'acquisition des plants d'épiceries fines pour les transporter dans nos Isles de France et de Bourbon. Mes propositions furent accompagnées de Mémoires qui en faisaient voir les avantages et indiquaient les moyens de les exécuter.

Ces Mémoires furent examinés par la Compagnie qui convint que, depuis M. DE COLBERT, on n'avait rien proposé d'aussi important pour l'augmentation de notre commerce aux Indes. Elle agréa les deux projets et me témoigna qu'elle souhaitait de m'en confier l'exécution.

La longueur de mon dernier voyage et les accidents que j'y avais éprouvés, m'avaient dégouté de la navigation. Je remerciai la Compagnie de la confiance qu'elle voulait bien m'accorder et je la priai de jetter les yeux sur quelqu'autre qui fût capable d'exécuter les Plans que je lui avais proposés. Je lui indiquai même un de mes amis, employé depuis long-tems à son service, auquel je promettais de donner toutes les connaissances dont il pourrait avoir besoin pour remplir sa mission avec succès.

La Compagnie insista; je fus appellé à une

Assemblée qui se tenait chez M. Rouillé ; là, ce Commissaire du Roi me déclara au nom de la Compagnie que ce n'était pas assez d'avoir donné des projets aussi importants pour l'augmentation de notre commerce national : que je devais encore à la *Patrie* l'exécution de ces mêmes projets. A ce nom de *Patrie*, qui ne signifie plus rien aujourd'hui, que pour un très petit nombre de vrais citoyens, je sentis s'évanouir tout le plan que je m'étais formé pour le reste de mes jours d'une vie sédentaire et tranquille, étayée d'une aisance honnête et libre de toute ambition. Je répondis, en hésitant, que je passerais encore les mers si l'on jugeait mes services nécessaires. Je fus pris au mot : MM. DE MONTARAN, COLABEAU et DAVID restèrent chargés de concerter avec moi les opérations que je devais suivre aux Indes, et de régler les conditions qui me seraient accordées.

Il fut décidé que je partirais avec un certain nombre d'employés sur un des vaisseaux qu'on armait alors à L'Orient pour la Chine : que j'irais en droiture à l'Isle de France où le Gouverneur du Lieu me fournirait un autre Bâtiment pour me porter à la Cochinchine avec les Employés destinés au Comptoir que je devais y établir.

La Compagnie se proposait de faire de ce Comptoir un point d'appuy dans les Mers de Chine tant pour tirer du Pays les objets de commerce qu'il peut fournir, que pour s'y procurer ceux de la Chine même, dans le cas que les difficultés, ou les vexations des Chinois nous obligeassent par quelque événement extraordinaire à ne plus aller chez eux.

Les vues de la Compagnie étaient alors les mêmes que celles qui avaient fait tenter, en 1720, un

Établissement à Poulo-Condor[1], Établissement que
feu M. le Régent avait jugé nécessaire pour la sûreté
et l'extension de notre commerce dans les mers de
la Chine dont la plus grande partie est abandonnée
aux Hollandais qui y font seuls le plus beau commerce des Indes.

Le fameux Cromwell avait eu la même pensée et
les mêmes vues, lorsqu'il avait ordonné à la Compagnie d'Angleterre de s'établir dans l'Isle de
Bintam[2], située à l'Est du Détroit de Malac, dans le
voisinage de Poulo-Condor.

1. Poulo Condor est une île au sud de la Basse Cochinchine qui
relève administrativement de la Province de Tra-vinh. L'agent de la
Compagnie des Indes Véret préconisait l'établissement d'un comptoir
dans cette île; il écrivait dans une lettre de Siam, du 5 novembre 1686 :

« Il y a icy plusieurs isles inhabitées où toutes les épiceries viendront très-bien, et en très-grande abondance.

« Poulo Condoro est l'isle qui serait la plus propre pour cet établissement. Les épiceries y viendraient à merveille. Cette isle est à peu
près par la même latitude nord que Banda est sud, qui est l'isle où
les Hollandais ont leurs épiceries.

« Poulo Condoro a environ six lieues de tour. Elle est située à
l'embouchure de la rivière de Cambodge. Elle a trois bons ports, plusieurs petits ruisseaux et une rivière, une verdure la plus agréable du
monde. Il faut que les vaisseaux de la Chine, Tunquin, Macao,
Manilles, Cochinchine, etc , etc., qui veulent faire le commerce dans
les Indes viennent recognoistre cette isle de fort près, de même que
les vaisseaux des Indes qui veulent aller dans les mers de la Chine,
Anglais et Hollandais, y passent en allant et en revenant, et ce passage là est aussi avantageux que si l'on avait les deux détroits de la
Sonde et de Malacca. De plus, il faut compter le commerce de Cambodge et de Laos comme quelque chose de considérable; car outre
qu'ils ont les mêmes marchandises qu'à Siam, de plus ils ont de l'or,
du benjoin, du musc. des rubis, de l'ivoire, du bois d'aigle, enfin plusieurs marchandises précieuses. »

J'ai fait suivre cette lettre publiée dans la *Revue d'Extrême-Orient*,
1883, pp. 305-306, d'un *Mémoire sur l'Isle de Poulo Condor, surnommée
Isle d'Orléans en Chine*, pp. 306 seq., tiré également des Archives des
Colonies : Cochinchine, 1686-1748, I, joint à une lettre de Renault,
ordonnateur au Port-Louis, du 25 juillet 1723. La conclusion du
Mémoire est que Poulo Condor est « une isle à abandonner plutôt qu'à
occuper. »

2. Bintang, île à l'entrée sud du Détroit de Malacca, séparée de la
Péninsule malaise par un chenal navigable.

Quant aux opérations qui devaient suivre celles de l'ouverture du commerce de la Cochinchine, on me laissait la liberté d'agir suivant les circonstances.

Les affaires ainsy réglées, on me demanda mes conditions : je répondis que je m'en rapportais à la générosité de la Compagnie pour fournir à mes frais et me dédomager du sacrifice que j'allais lui faire de mes années et de mon repos. Je déclarai que je ne ferais qu'un seul traité, celui d'une confiance réciproque. En lui promettant mes services et l'usage de mes connaissances, j'exigeai d'elle, pour toute condition, une promesse de m'accorder tous les secours que je lui demanderais, suivant le besoin, pour la servir avec succès.

On me promit tout : et comme je persistais à ne demander aucune condition, on me proposa 3,600[ll] d'honoraire annuel pendant tout le tems que j'employerais au service de la Compagnie, plus, une pension viagère de 1,200[ll], à mon retour, pour récompense des bénéfices que j'aurais procurés à la Compagnie par l'ouverture du commerce de la Cochinchine. On me proposa encore une somme de 30,000[ll] pour l'acquisition des Plants des deux Épiceries fines que j'aurais transportés sains et vivans à l'Isle de France. Enfin on m'alloua tous mes frais de table dans mes voyages et la dépense d'un domestique dont je ne pouvais me passer.

J'acceptai sans examen ces conditions qui me furent assurées par MM. de Montaran et David au nom de la Compagnie. Je n'exigeai aucune de ces conditions, accordées couramment aux officiers et subrécargues, qui sont beaucoup plus avantageuses que celles que j'acceptai, quoique ma mission fut d'une toute autre importance, et sujette à bien plus de difficultés et de risques qu'il ne s'en trouve dans le service courant de la Compagnie.

Je me rendis donc à L'Orient ; j'y attendis l'acte des conventions que j'avais faites à Paris, et que l'on m'avait promis de me livrer avant mon départ ; on ne me le donna pas, mais on me déclara que je le recevrais à la mer, lorsque je serais arrivé au deuxième degré de l'hémisphère Méridional. Ce petit manque de parole dont je ne concevais aucun motif raisonnable, ne me donna aucune défiance par rapport à mes intérêts particuliers ; mais il me rappella quelques remarques qui ne m'étaient pas échappées pendant ma négociation avec la Compagnie, lesquelles me faisaient craindre que tous les membres de la Direction ne concourussent pas également à tenir les promesses qu'on m'avait faites pour favoriser le succès de mes opérations.

Je voudrais pouvoir passer sous silence les motifs qui, dès avant mon départ, me faisaient craindre que la Compagnie ne fut pas exacte à tenir les engagements qu'elle venait de contracter avec moy ; mais la conduite qu'elle a réellement tenue à mon égard, contre les intérêts de la Nation, pendant neuf années environ que j'ai employées à son service, serait incompréhensible pour quiconque ignorerait quelles étaient les différentes dispositions des esprits et les intérêts divers de ceux qui composaient la direction dans le tems auquel je m'engageai à servir la Compagnie.

Dès les premiers pas que je fis auprès d'elle, je m'aperçus de la division qui régnait parmy MM. les Directeurs. M. Duvelaer[1], seul, fit sur mes proposi-

---

1. Voir dans la *Revue d'Extrême-Orient*, II, 1883, pp. 392-398, *Addition au Mémoire sur le Commerce de la Cochinchine en conséquence des*

tions quelques petites chicanes dans lesquelles je
ne vis que de la mauvaise humeur. Il se rendit
cependant au sentiment de tous ses confrères, après
quelques éclaircissements. Il m'accabla ensuite de
caresses, me reprocha de ne pas m'être adressé à lui
pour faire présenter mes Mémoires à la Compagnie.
Il m'offrit généreusement de me faire accorder de
bonnes conditions ; mais je lui répondis que j'avais
ordre d'en traiter avec MM. de Montaran, Colabeau
et David ; que d'ailleurs je m'en rapporterais à tout
ce que la Compagnie déciderait à cet égard. Je
m'aperçus que ma réponse ne lui plaisait pas ; mais
j'en restai là avec lui.

Je conçus dès lors que si le party de M. Duvelaër
grossissait (car ce party commençait à se former),
si par quelque changement dans le Ministère ou dans
le Commissariat, il venait à avoir le principal crédit,
je me verrais abandonné au milieu de mes opérations. Je prévis que ce Directeur, devenu puissant
dans la Compagnie, ne souffrirait pas qu'une affaire
aussi importante réussît, parce que la gloire du
succès en serait due à un autre qu'à lui.

D'ailleurs je sentais bien qu'un Directeur, origi-
naire d'Hollande, et qui y avait presque toute sa
famille, ne pouvait sincèrement être favorable à un
projet dont l'exécution, mettant la France en possession des épiceries, porterait, dans la paix, un plus
terrible coup à la puissance hollandaise que plusieurs victoires remportées sur elle en tems de
guerre.

J'avais fait quelques représentations à ce sujet
lorsque je donnai mes Mémoires à la Compagnie ; et

<hr>

réflexions de M. Duvelaer et la note sur le Voyage de Poivre (pp. 383
seq.) de Paris, 18 juillet 1748.

j'avais demandé que M. Duvelaër n'eut aucune communication de mon projet sur l'acquisition des épiceries; mais on crut alors qu'il valait mieux le gagner par la confiance.

Avant de m'embarquer, je fis part de mes craintes à M. de Montaran qui ne me rassura pas, en me disant que le Sieur Duvelaër ne serait jamais assez puissant, pour traverser avec succès mes opérations. Les événements qui ont suivi, ont trop prouvé que ce Directeur était plus à craindre qu'on ne pensait alors.

Je partis du port de L'Orient le 23 octobre 1748, sur le vaisseau le *Montaran*[1] destiné pour la Chine. Étant arrivé au Deuxième degré de l'Hémisphère Méridional, je reçus, du capitaine du vaisseau, les paquets de la Compagnie. Je reconnus, dans l'Acte de Conventions qui m'était adressé, en forme de lettre, l'ouvrage du Sr Duvelaër. J'y lus des éloges outrés et les plus grands témoignages de la confiance de la Compagnie qui me donnait une pleine autorité tant sur le commerce que sur la navigation, pour tout ce qui intéressait ma mission; mais quant aux promesses qu'on m'avait faites, l'article de la paye d'un domestique, y était oublié et celui de la pension, qui m'avait été promise en termes positifs et assurés, étaient stipulés en termes équivoques. Au lieu de dire suivant la convention : La Compagnie vous promet à votre retour, une pension de 1200^{ll}, j'y lus : la Compagnie se propose de vous donner à votre retour, une pension de.. etc.

---

1. Le *Montaran*, bâtiment de 900 tonneaux, armé de 22 canons, monté par 181 hommes, commandé par JOLIF DU COLOMBIER, parti de Lorient le 23 octobre 1748 ; désarmé le 17 juillet 1750. Poivre devait être accompagné de LAURENT, DROUET, GRACIAN et MELLIÈRES. Cf. *Rev. Ext.-Orient*, II, 1883, p. 385.

Cependant comme j'étais dans la bonne foy, je crus que ces termes, équivoques par eux-mêmes, était le stile ordinaire des engagements de la Compagnie, et je n'ai reconnu mon erreur que récemment depuis mon retour à Paris.

Il ne sera pas inutile d'observer icy que dans les paquets, que je reçus alors, je trouvai les conditions accordées au commis qui devait me seconder et ces conditions que je devais lui remettre, lorsque je jugerais à propos de lui faire part du secret de ma mission, étaient en termes clairs et positifs beaucoup plus avantageuses que les miennes. Ce Commis était le protégé du Sr Duvelaër.

Je reçus en même tems un témoignage bien flatteur de la confiance de la Compagnie qui me donnait une Commission particulière pour traiter en son nom avec l'amiral BOSCAWEN[1] au cas que cet officier anglais se fût emparé de notre Isle de France.

Nos vaisseaux relâchèrent, suivant les ordres de la Compagnie, au Cap de Bonne Espérance, d'où je transportai heureusement à l'Isle de France des plants de toutes les espèces d'arbres utiles que l'industrie des Hollandais avait réunis de toutes les parties du monde et avait multipliés dans leur belle colonie.

J'arrivai à notre Isle le 13 mars 1749 ; je remis au

1. L'Amiral Edward BOSCAWEN, né le 19 août 1711, † 10 janvier 1761 à Hotchlands Park, Surrey ; en 1747 il fut nommé commandant en chef des forces navales et de terre des Indes orientales. Avec une escadre de 6 vaisseaux de ligne, 4 bâtiments plus petits, et un certain nombre de transports, il mit à la voile de Sainte-Hélène, le 4 novembre 1747, s'arrêta au Cap six semaines, du 29 mars au 8 mai 1748 ; il ne réussit pas à s'emparer par surprise de l'Ile de France, 23-25 juin ; il arriva enfin au fort St. David. Il avait ordre de s'emparer de Pondichéry, mais il échoua également dans cette entreprise ; il avait paru devant cette ville, le 29 juillet 1748 avec une escadre considérable pour venger la capitulation de Madras, mais il fut obligé de lever le siège de la ville défendue par Dupleix.

Gouverneur du lieu des paquets de la Compagnie qui contenaient l'ordre d'y armer exprès un bâtiment pour me porter à la Cochinchine.

Le port de l'Isle de France était dépourvu de vaisseaux propres à mon expédition ; on arma un mauvais petit brigantin, nommé le *Sumatra*, prise anglaise d'environ 160 tonneaux ; on chargea sur ce bâtiment 30.000 Piastres destinées à la tentative du commerce de la Cochinchine, avec quelques drapperies de France pour moy.

PREMIÈRE OPÉRATION

Je m'embarquai sur ce vaisseau avec deux commis, deux enfans de langue et un chirurgien ; toutes personnes destinées par la Compagnie pour l'établissement du Comptoir projetté. Je partais de l'Isle de France le 16 avril 1749 et dirigeai ma route du côté de Pondichéri pour y aller prendre deux Cochinchinois qu'un vaisseau de Macao y avait laissés et les reporter à la Cochinchine pour servir d'interprètes au Comptoir que j'établirais dans le port de Faïfo, tandis que je serais occupé à négocier à la Cour.

Après plus de deux mois de traversée, le *Sumatra*, très mauvais voilier, arriva à Pondichéry, le 20 Juin, dans l'état le plus misérable, coulant bas d'eau. M. Dupleix[1], général des Indes françaises, ordonna la visite du vaisseau qui fut déclaré hors d'état de faire le voyage de la Cochinchine.

Pour ne pas retarder des opérations que la Compagnie avait à cœur, je présentai une requête au

---

1. Joseph-François Dupleix remplaça Dumas à Pondichéry à la fin de 1741, et lui-même eut pour successeur à Chandernagor Dirois, chef de la loge de Mahé.

Conseil de Pondichéry, demandant à la place du *Sumatra* le vaisseau le *Machault*[1] qui dès lors était destiné à hyverner aux Indes, faute de marchandises. Le Conseil me l'accorda ; il fut armé en toute diligence ; on y versa la cargaison du *Sumatra* et le 7 Juillet je partis de la rade de Pondichéry pour le port de Faïfo[2] où j'arrivai le 29 août 1749[3].

Cette longue traversée, à la suite de la première, me fit arriver à la Cochinchine dans la morte-saison, tems auquel les pluyes commencent et les marchands se retirent dans les montagnes pendant 4 à 5 mois qu'elles durent, de sorte qu'il ne s'y fait plus alors

1. Le *Machault* était un bâtiment de 600 tonneaux, armé de 30 canons, monté par 180 hommes, commandé par CHRISTY DE LA PALTIÈRE ; il fut armé à Lorient pour les Indes, le 9 janvier 1748 et fut désarmé le 15 juillet 1751.

2. « Il y a en Cochinchine plusieurs ports. Le plus considérable est celui que les Portugais nomment Faïfo et les Cochinchinois Hué-han. Il est dans la province de Cham, situé par les 16 degrés moins quelques minutes, éloigné de la cour de quelques journées de chemin. Le port est profond. Les vaisseaux y sont en sûreté. Il est extrèmement commode pour les marchands. Les bâtimens viennent mouiller à la porte des factoreries. L'entrée n'en est pas difficile. C'est une grande rivière qui traverse la province de Cham et vient des montagnes de Laos. Faïfo est l'endroit le plus commerçant de la Cochinchine. Il y a toujours près de 6 000 Chinois qui sont les plus gros marchands ; ils sont mariés dans le pays et payent tribut au Roi. Il y a aussi deux églises, une des Pères Jésuites portugais, l'autre des Franciscains espagnols. Le Gouverneur de la province demeure à une lieue de là, dans un endroit nommé Kéta le long de la même rivière. C'est là que les missionnaires français ont une église. On trouve en arrivant à Faïfo des factoreries à louer autant que l'on veut. Les plus grandes coûtent ordinairement 100 piastres pour tout le temps de la mousson. » (*Mémoire sur la Cochinchine*, 1744. — *Revue de l'Ext.-Orient*, II, 1883, pp. 334-5.)

3. En réalité, il arriva dans la baie de Tourane, le 29 août 1749. « L'entrée de la baye est à trois lieües dans le nord de l'isle Chiam appelée communément *Chiam Pelo Verdadeiro*. Dans le fond de la baye presque vis à vis son ouverture git la petite embouchure de la grande rivière de Faïfo : toutes les montagnes qui forment la baye et l'environnent sont bien boisées et présentent un coup d'œil agréable » (*Journal d'un voy. à la Cochinchine [Machault]. Revue d'Ext.-Orient*, III, p. 363).

aucun commerce. D'ailleurs 74 bâtiments chinois avaient déjà enlevé cette année toutes les marchandises du Pays et n'ayant encore ny permission ny connaissance, ny monnoye chez une nation où les Français paraissaient pour la première fois, je ne pus entamer aucune opération de commerce pendant les derniers jours de la belle saison qui s'écoulait.

Je me transportai à la Cour, éloignée du port d'environ trois journées de chemin. Je traitai avec le Roi[1], dont je fus bien reçu et commençai par obtenir de lui la permission de commercer avec ses sujets. Je pensai ensuite à me pourvoir d'une monnoye courante pour faire mes achats.

On ne connaissait à la Cochinchine d'autre monnoye que des deniers de cuivre et quelquefois de toutenague[2]. Ces deniers sont de la forme de nos liards, mais percés dans le milieu, pour la commo-

1. L'Empereur d'Annam était alors Lê-hiên-tông (Lê-duy-dào), 26ᵉ roi de la dynastie de Lê, 1740-1786, mais le pouvoir était exercé par un Nguyên, Vô vu'o'ng (Nguyên-phu'o-c chú), 1737-1765.

2. *Toutenague*, du portugais *tutenaga*, alliage chinois de cuivre, zinc et nickel dont le meilleur vient du Yunnan. Poivre dans son récit du Voyage du *Machault*, *Rev. de l'Ext.-Orient*, III, pp. 108 et seq., donne une longue note : *De la Toutenague*.

« Les Chinois en apportant de la Toutenague à la Cochinchine, ne se proposèrent qu'un essay de commerce, et de sçavoir s'il était possible de tirer parti d'un métal méprisé chez eux et qui n'a par lui-même qu'une valeur intrinsèque. Ils en apportèrent pour la première fois en 1745. Le prix médiocre qu'ils y mirent flatta l'avarice du roy qui règne aujourd'hui. Obligé pour faire sa monnoie d'acheter bien cher le cuivre des Chinois et n'en ayant pas toujours autant qu'il vouloit parce que la sortie de cette matière est défendue en Chine, il crut retirer un avantage considérable en faisant faire des caches de toutenague. Depuis ce tems, les Chinois en ont accepté considérablement et ont acheté avec bénéfice les anciennes caches qui étaient de cuivre, pour les porter chez eux où elles ont cours.

« Le Roy achète toute la toutenague 14 quans le pique de 120 catis, et en le réduisant en monnaie il en tire 48, 49 et souvent 50 quans; ce qui fait un bénéfice immense. »

dité de pouvoir les enfiler. 60 deniers font ce qu’on appelle, dans le pays un *Thiene*[1] et dix *Thienes* ou 600 deniers font ce qu’ils nomment un *Quouane*[2]. L’or ou l’argent, sous quelque forme de monnoye qu’ils se trouvassent, étaient marchandise dont le prix variait suivant la rareté et les besoins.

Je trouvai que la piastre, qui avait toujours valu un *Quouane*, trois *Thienes*, ou 780 deniers, ne valait plus qu’un Quouane, ou 600 deniers.

Comme les piastres devaient être par la suite la matière principale de nos achats à la Cochinchine, il me parut essentiel, dans une première tentative de commerce, d’en bien établir la vraie valeur et d’en fixer le prix pour toujours, afin de savoir sur quoi compter. Je donnai donc tous mes soins à ce premier objet.

Je proposai d’abord au Roi de lui vendre une partie des piastres, que j’avais apportées, à raison de 780 deniers la piastre. Ma proposition fut rejettée; comme je savais que ce prince avait eu précédem-

---

1. Le *Tien*, appelé par les étrangers sapèque, est une pièce de monnaie trouée au milieu; elle forme la 10ᵉ partie de l’once ou lu’o’ng; c’est aussi la réunion de 60 sapèques en zinc.

« Les marchandises une fois vendues se payent en or ou en argent, mais plus souvent et plus communément en *caches* [sapèques] qui sont l’unique monnoye du pays. Ils les enfilent à la façon chinoise. Chaque ligature ou amarrage est composée de 600 caches, laquelle quantité ils nomment un *quam*. Le quam vaut 4 l. 10 sols de notre monnoye. Ce quam se divise en dix *liens* ou *masses* [mace] qui chacune ont soixante caches. Ils n’ont ni sols ni *condorins*. Au dessous du tien, ils comptent par *choué*. Un choué c’est 10 quams ou 6.000 caches. Ainsi le quam ou taël de Cochinchine ne fait que 6 masses de Chine. Par conséquent le taël de Chine fait un quam 6 tiens et 40 caches de Cochinchine. L’or et l’argent ne sont que marchandises. » (*Mém. sur la Cochinchine*, 1744. — *Rev. d’Ext.-Orient*, II, 1883, pp. 332-3.)

Poivre donne dans son *Journal*, III, pp. 467 seq., la *Manière de fondre les caches en Cochinchine*.

2. Un *quan* est une ligature de sapèques composée de 600 pièces de zinc; la ligature est appelée *Môt quan tien*.

ment quelqu'envie d'établir une monnaye d'argent dans son royaume, je lui rappellai ses idées là-dessus et lui en fis voir les avantages, mais ce nouvel expédient, qui tendait à assurer le prix de nos matières d'argent, trouva des difficultés dans l'esprit du Roi.

Je réussis enfin, après deux mois de négotiation, à obtenir de ce prince un édit qui rendait nos piastres même monnaye courante à raison d'un *Quouane*, trois *Thienes* ou 780 deniers. Cet édit R[al] qui fixe à perpétuité le prix des piastres à la Cochinchine, fut publié dans la capitale le 20 novembre 1749, et ensuite dans toute l'étendue du Royaume. La traduction authentique de cet édit est au Dépôt des Indes, à la Compagnie.

Cette première opération, ainsy terminée, je retournai, avec l'agrément du Roi, dans le port de Faïfo, pour y régler les affaires du vaisseau et du comptoir que j'y avais laissé. Les Commis que j'avais chargé de travailler à la cargaison du bâtiment, tandis que je négocierais à la Cour, avaient trouvé de grandes difficultés, malgré les instructions que je leur avais données pour traiter dans un pays dont ils ignoraient la langue et les usages. La négligence et l'infidélité de leurs interprètes, et surtout la mauvaise saison qui s'était déclarée dès le mois de 7bre, les avaient arrêtés dans leurs opérations. J'envoyai dans les montagnes des gens affidés qui m'amenèrent des marchands avec lesquels je traitai; je fis connaître aux commis de notre comptoir les prix des marchandises, la façon de les peser et mesurer; enfin je les instruisis, en fésant des marchés en leur présence, de la façon dont ils devaient traiter avec les Cochinchinois; et pour rendre les interprètes plus attachés à leurs devoirs, je leur promis une récompense proportionnée à leurs services. Après quoy je repartis pour la Cour où il me restait encore des articles essentiels à régler avec le Roi pour l'avantage et la sûreté de notre commerce.

Le Prince m'accorda successivement plusieurs audiances dans lesquelles il m'honora d'une familiarité sans exemple chez les souverains asiatiques. Je profitai de ses bonnes dispositions pour obtenir de lui des Lettres Patentes par lesquelles il accorde aux Français, jusques là inconnus à la Cochinchine, la permission de faire le commerce dans toute l'étendue de son Royaume, avec l'exemption de toutes sortes de droits, moyennant un présent de 4.000 Quouanes par chaque vaisseau, de quelque grandeur qu'il puisse être.

La Nation française est la première qui ait obtenu du Gouvernement Cochinchinois une permission de cette espèce. Les Hollandais n'ont osé la solliciter que quelques années après, en suivant nos traces, et jusqu'icy sont les seuls qui en partagent avec nous le privilège.

Je n'eus pas besoin de demander au Roi la permission de laisser un comptoir dans son pays ; il me pressa lui-même de l'établir et me sollicita de rester à sa Cour, en me promettant, pour l'année suivante, un commerce très avantageux, mais les circonstances ne me parurent pas favorables pour faire alors cet établissement. Le commerce de ce pays était fort dérangé par l'introduction d'une nouvelle monnaye de toutenague qui avait occasionné beaucoup de fraudes, de monopoles et de désordres de toutes espèces qui ne pouvaient subsister longtems, mais dont je ne pouvais pas prévoir le terme.

D'ailleurs pour pouvoir établir avec prudence le

comptoir à la Cochinchine, il me fallait une certitude
raisonnable que l'on pût y renvoyer l'année suivante
un vaisseau de l'Isle de France, et je savais par expérience que le port de notre Isle était dépourvu de
bâtiments, puisque je n'avais pu y trouver que le
Sumatra pour ma première tentative ; ce mauvais
vaisseau m'avait laissé à Pondichéri et celui que
j'avais alors était destiné à retourner en France. Je
jugeai donc qu'il valait beaucoup mieux emmener
tous nos employés et différer d'une année l'établissement du comptoir qu'on pourrait toujours faire
lorsqu'on serait en état de le soutenir. Je résistai
poliment aux sollicitations du Roi, en lui donnant à
espérer que je reviendrais incessamment, dès que
les circonstances seraient plus favorables à notre
commerce ; je fis mes remerciements et mes adieux
à ce Prince, et je retournai à Faïfo disposer toute
chose pour notre retour.

J'emportai avec moi les Patentes que le Roi m'avait
accordées ; et il m'envoya dans le port une lettre
pour le Roi de France, avec un présent. Je fis charger
promptement tous les effets dont j'avais traités dans
la Capitale et ceux que les commis avaient achetés
à Faïfo pendant mon absence.

Je partis du port de Faïfo le 11 f^er 1750. J'arrivai
à l'Isle de France le 10 du mois d'avril suivant. Je
remis dans les Magazins de la Compagnie cinquante
milliers de sucre, et toutes les marchandises de ma
cargaison qui étaient propres au besoin de la colonie ; je chargeai les autres qui convenaient mieux à
notre commerce de France sur le vaisseau le *Dragon*
que je trouvai dans le port, prêt à faire son retour en
Europe. En un mot, je remis, soit à l'Isle de France,
soit en France, de toutes les espèces de marchandises

que la Cochinchine fournit, tant en sucres qu'en soyes crues et fabriquées, en métaux, en cire, en poivre blanc et noir, en drogues pour les teintures, en yvoire et en bois d'aigle. Par ce moyen je mis la Compagnie en état de juger des avantages qu'elle pourrait retirer par la suite du nouveau commerce dont je venais de lui procurer l'ouverture.

Je remis à la caisse de l'Isle de France cinq barres d'or et vingt mille trois cents piastres restantes des trente mille que j'avais portées à la Cochinchine dont les circonstances ne m'avaient pas permis de faire l'employ. Je remis les Patentes du Roi de la Cochinchine au Gouverneur de l'Isle de France ; mais comme il manquait de vaisseaux, ainsy que je l'avais prévu, il envoya ces Patentes à Pondichéri, comme un comptoir de la Compagnie qui avait plus de moyens et se trouvait plus à portée de faire valoir les privilèges que j'avais obtenus pour le commerce de la Cochinchine.

J'envoyai en même tems à Pondichéri une copie du détail de mes opérations à la Cochinchine que j'avais envoyé à la Compagnie, avec un Mémoire qui contenait ce que l'expérience m'avait appris sur la manière de suivre ce nouveau commerce avec avantage.

Le Conseil de Pondichéri voulant profiter des permissions et privilèges que j'avais obtenus et depuis ce tems là envoyer annuellement un vaisseau à la Cochinchine, le premier voyage ne donna que 28 ^{pr} % de bénéfice net sur l'armement ; mais les bénéfices de ces voyages ont augmenté chaque année et les Mémoires envoyés à la Compagnie par les soubrécargues employés dans ce moment, lui assurent un bénéfice annuel de trois cent cinquante mille livres,

tous frais déduits ; enfin dans un compte envoyé
tout récemment à la Compagnie par M. Magon [1],
ce Gouverneur lui annonce un profit de plus de
quatre vingt mille livres sur l'achat, qu'il a fait, de
la pacotille seule des Officiers d'un vaisseau de la
Cochinchine relaché dans son port. Quel profit ne
donnera donc pas la cargaison de ce bâtiment !

Il est constant et reconnu que les marchandises
de la Cochinchine, portées à Surate, y donnent cent
pour cent de gain, tandis qu'il n'y a aujourd'hui
dans toutes les Indes aucun autre commerce qui
donne seulement 40 pr °/₀. Il n'en est donc aucun
aussi lucratif que celui de la Cochinchine, indépendamment des accroissements qu'il peut recevoir et
des avantages que la Compagnie est en état de retirer suivant ses premières vues, d'un comptoir qu'elle
y a déjà établi et qui le sera plus solidement encore,
quand elle le jugera à propos.

Je laisse à décider à tout citoyen raisonnable si le
service que j'ai rendu à la Compagnie par l'ouverture
d'un commerce aussi avantageux, ne mérite pas la
pension de 1200 ll qu'on m'avait promise en termes
positifs, parcequ'à mon insçû et en mon absence on
a eu l'adresse de la stipuler, dans mes conditions,
en termes équivoques.

Outre ce service, que j'ai rendu à la Compagnie,
suivant la teneur de mes engagements, je crois lui
en avoir rendu un autre qui paraîtra moins important à ceux qui ne jugent des services que par l'argent comptant qu'ils rapportent, mais qui aura son
mérite aux yeux des vrais citoyens. J'ai transporté

---

1. Magon remplaça en 1756, Bouvet de Lozier comme gouverneur
de l'Isle de France ; il eut lui-même pour successeur Desforges Bou-
cher en 1759.

de la Cochinchine à l'Isle de France plus de trois
cents plants de tout ce que le Pays produit en arbres
et plantes utiles, telles que le cannelier, le poivrier,
l'Aloué ou bois d'Aigle[1], les arbres qui donnent la

1. Poivre lui-même écrit dans son *Journal d'un Voyage à la Cochinchine*, p. 432 : « J'ay acheté du bois d'aigle de la 3ᵉ sorte qui vaut ordinairement dix-huit à vingt quans le pic. C'est une marchandise à
laquelle il est fort aisé d'être trompé. Les Cochinchinois mêlent adroi-
tement parmi ce bois des morceaux contrefaits peints à l'extérieur et
embaumés à la fumée du vrai, de façon qu'il faut être bon connais-
seur pour n'être pas surpris.

« Il faut sçavoir qu'il y a trois sortes de bois d'aigle, la première
qu'ils nomment *Khi-nam*, c'est le cœur de l'arbre d'aloë qui est si
résineux qu'on peut y enfoncer l'ongle comme dans la cire. Il se vend
fort cher et le Roy a seul le droit de vendre cette marchandise ; c'est
le bois de Calembat.

« La seconde sorte se nomme *llam hieong*, en français Calembouc.
Il paroît presque aussi résineux que l'autre, mais il a plus de bois et
est par conséquent plus léger et plus dur. Cependant lorsqu'on le jette
dans l'eau, il ne surnage point et c'est la marque la plus sûre pour le
connoistre. Il est d'une couleur brune avec beaucoup de petites taches
noires occasionnées par la résine qui rend cette douce et agréable
odeur qui le fait rechercher par les Orientaux pour parfumer leurs
maisons et composer leurs parfums. Cette seconde espèce vaut de
sept masses à un quan jusqu'à un quan et demi la livre. Il y a un
bénéfice considérable à la porter à Suratte, Gedda, Moka, Bassora,
etc.

« La troisième espèce est le bois d'aigle proprement dit. Les gens
du pays le nomment *lhie hieong*. Il est plus blanc, plus léger, moins
résineux que les deux autres espèces. Il se vend de trente à quarante
quans le pic suivant les années. Les trois espèces sont le même arbre
plus ou moins mûrs, plus ou moins résineux.

« On pourroit à ces trois espèces en ajouter quatre autres que les
gens du pays nomment *sin hieong*, c'est-à-dire bois d'aigle verd ; il se
vend dix-huit quans, le pic ; *lao hieong*, douze quans ; *nhil hieong*, dix ;
nhi hieong, trois quans. Ces trois espèces sont un bois blanc sans
presque aucune veine noire. Elles sont du même arbre à la vérité,
mais sans résine et par conséquent sans parfum et sans valeur. Les
Cochinchinois marchands de bois d'aigle ne manquent jamais de
glisser parmi la troisième espèce de grosses bûches de ces dernières
auxquelles ils sçavent donner la couleur comme si elles étaient de la
seconde espèce. Il faut les rebutter, autrement on feroit de mauvais
marchés, parce que les bûches pèsent beaucoup. »

Bois d'aigle, traduction du latin *lignum aquilae*, traduit du malais
agila d'où le portugais *páo de' aguila*. Cf. A. CABATON, *les Chams*, p. 50.
— YULE-CORDIER's *Marco Polo*, II, p. 271 *n.*

bray et les raisines, ceux qui fournissent les huiles et les vernis, ceux qui sont les plus propres à la construction, ceux qui donnent les teintures, les fruitiers de toutes espèces, et surtout une sorte de riz excellent convenable à notre Isle de France, en ce qu'il croit dans les terres sèches et qu'il meurit près de deux mois plus tôt que les autres riz, ce qui est un avantage très considérable dans un pays où les récoltes ne périssent que par les ouragans qui arrivent ordinairement sur la fin de la saison. Ce riz de la Cochinchine, semé à l'Isle de France, y avait bien réussi ; mais les habitants en ayant livré la culture à l'ignorance des nègres, il y est péri aujourd'hui. Les autres plants, transplantés dans les jardins de la Compagnie, y ont presque tous péri aussi, faute de soins ou par l'ignorance de ceux qui ont été chargés de leur culture. L'administration, qui n'avait pas senti la valeur du présent que j'avais fait à la Colonie, en ignore la perte. J'avais cependant remis à l'Isle de France, avec ces plants, un mémoire sur leur utilité et sur la manière de les cultiver. J'avais envoyé à la Compagnie une copie de ce mémoire en lui demandant ses ordres pour en assurer la conservation et la multiplication ; je ne connais plus à l'Isle de France que deux ou trois Canelliers et Rottins qui sont les restes de plus de 300 plants que j'avais apportés de la Cochinchine et il n'en reste guère qu'un pareil nombre de ceux que j'avais apportés du Cap de Bonne-Espérance.

SECONDE OPÉRATION

Après avoir rendu compte à l'Isle de France de ce que j'avais fait à la Cochinchine pour le service

de la Compagnie, je ne pensai plus qu'à l'exécution
de la seconde partie de mes engagements qui avaient
pour objet l'acquisition des plants d'épiceries fines
que je devais transplanter dans nos Isles de France
et de Bourbon.

Il était question de me rendre aux Isles Philippines où j'espérais me procurer, par la voye de
Mindanao, les plants d'épiceries qui croissent dans
les Isles Molucques qui n'ent sont éloignées que
d'environ 60 lieues. Mon espérance était principalement fondée sur la connaissance que j'avais du commerce interloppe, que les Molucquois font, malgré
les Hollandais, avec les Isles des Espagnols.

Le Gouverneur de l'Isle de France, auquel je
m'adressai pour avoir un vaisseau qui me trans-
portât à Manille, n'avait alors dans son port aucun
bâtiment dont il pût se passer pour les besoins
urgents de sa colonie. Ainsy, malgré les promesses
et les engagements de la Compagnie, je me vis
encore cette fois privé du secours dont j'avais besoin
pour la servir.

Dans cette circonstance, je jugeai n'avoir d'autre
parti à prendre que celui de passer à la Chine, pour
me rendre de là à Manille, soit par la voye d'un
vaisseau de Macao, soit par celle d'un bâtiment
espagnol; il y avait alors dans le port de l'Isle de
France deux vaisseaux destinés pour la Chine. Je
demandai mon passage sur un de ces bâtiments
nommé le *Mascarin*[1], et neuf mille piastres que je
devais employer à la Chine en marchandises propres
pour Manille, tant pour défrayer les dépenses de

---

1. Le *Mascarin* était un bâtiment de 644 tonneaux, armé de 20 canons, monté par 136 hommes, commandé par TRUBLET et parti de
Lorient pour la Chine le 17 décembre 1749.

mon voyage, par le bénéfice du commerce que je
ferais dans ce pays, que pour couvrir, par cette
apparence de commerce, le vrai et secret motif de
mon voyage.

Le Gouverneur de l'Isle de France consentit à ma
demande. Je partis de l'Isle de France sur le vaisseau
le *Mascarin* le deux juin 1750, et j'arrivai à Canton
le 14 août de la même année. Je fis fabriquer à la
Chine des soyeries propres au commerce de Manille;
je les chargeai sur un vaisseau de Macao, nommé le
Santa Rita, et partis de Macao, le 25 avril 1751.
J'arrivai à Manille le 25 May suivant.

Malgré la mauvaise situation où je trouvai le commerce de Manille, par la perte d'un de ses galions,
venant d'Acapulco, ce qui rendit les piastres d'une
rareté extrême; je vendis d'abord mes marchandises
de la Chine et autres avec un bénéfice d'environ
33 % et je tournai ensuite toute mon attention vers
l'objet principal de mon voyage, qui était la recherche
des plants d'épiceries fines.

Dès les premières démarches que je fis pour cette
affaire, je rencontrai un obstacle par la publication
du secret de la Compagnie. M. Dupleix instruit, par
je ne sais quelle voye, du projet que j'avais présenté
à la Compagnie en 1748, avait tenté, en 1750, de me
prévenir en donnant commission à un marchand
espagnol, qui retournait de Pondichéri à Manille, de
travailler à la même affaire.

Cet étranger avait été porteur d'une lettre de
M. Dupleix, par laquelle ce Gouverneur promettait
vingt mille Piastres à quiconque remettrait à Manille
vingt cinq plants de chacune des deux épiceries entre
les mains de M. Carvallo, soubrécargue du vaisseau
expédié à Pondichéri. De ces vingt mille piastres,

dix mille doivent être payées comptant, et à cet effet déposées chez les Jésuites de Manille : les dix mille autres devaient être payées en lettres de change sur la Compagnie.

Suivant cette disposition la Compagnie courait tous les risques, soit des erreurs de M. Carvallo, soit du voyage de Manille à Pondichéri et de là à l'Isle de France. Cette lettre rendue publique, avait été jusques là sans succès : mais la publicité du secret qui devait être l'âme d'une affaire de cette nature, et les offres considérables de M. Dupleix rendaient l'exécution du projet beaucoup plus difficile pour moi qui n'en avais pas de semblables à faire.

Mes premiers soins furent de retirer cette lettre de M. Dupleix, d'entre les mains du public ; je la retirai en effet dans le moment où elle allait tomber dans celles d'un zélé Hollandais, capitaine d'un vaisseau de Batavia qui était pour lors à Manille. J'ai laissé à l'Isle de France l'original de cette lettre, dont j'apportai une copie, que j'ai jettée à la mer, lorsque j'ai été pris par les Anglais sur le vaisseau le *Pondichéri*.

Il ne sera pas inutile d'observer icy que le secret de mon voyage, pour lequel j'ai toujours été impénétrable, parce que je le regardais comme d'une nécessité absolue, n'a pas été mieux gardé en France qu'à Pondichéri ; et j'ai des preuves qu'il a été infidèlement divulgué par quelques uns de ceux que leur place semblait obliger à la discrétion.

Après bien des recherches et des informations qui ne me présentaient que des obstacles, il arriva dans la rivière de Manille quelques petits bâtiments revenant de Zébou, de Mindanao et de Bornéo. Comme j'avais été précédemment instruit du commerce interloppe d'épiceries qui se fait dans quelques-unes de ces Isles, je pensai pouvoir tirer des connaissances des gens nouvellement arrivés, et même trouver peut-être dans leurs embarcations quelques épiceries propres à être semées, d'autant que leur traversée avait été fort courte.

J'appris en effet qu'un marchand chinois avait apporté quelques sacs de noix muscades dans un bâtiment malais : je me procurai par lui 300 noix qui étaient toutes fraîches, dans leur coque et quelques-unes avec leurs macis; je les plantai aussitôt dans la meilleure terre que je pus trouver et en peu de tems j'en vis successivement sortir et germer une douzaine.

Le même Chinois m'ayant ensuite procuré plus de 3.000 d'autres noix muscades, également dans leur coque, et en ayant semé les plus fraîches, j'en vis germer plusieurs de sorte que le 12 février 1752, je me trouvai en possession de trente deux plants de muscadiers beaux et vigoureux.

Il ne me manquait plus que des geroffliers, mais je ne pouvais gueres espérer d'en obtenir de la même manière dont j'avais acquis les muscadiers. Le commerce interloppe de l'épicerie, qui se fait entre les Philippines et les Molucques ne pouvait pas me procurer des graines fraîches de l'un comme j'en avais eu de l'autre, parce que le fruit du gérofflier, parvenu à sa maturité, n'étant pas l'épicerie marchande, je ne pouvais en attendre par la voye du commerce, et le géroffle marchand, qui est celui qui se vend partout, ayant été cueilli avant d'être mûr, n'a pas de germe et ne saurait produire.

Dans cette persuasion, je pensais que l'unique moyen d'acquérir les plants de geroffliers était de me servir de quelque embarcation du pays pour aller moi-même, ou envoyer quelqu'un de confiance, à la recherche de ces plants, dans les Isles où ils croissent, à l'insçû des Hollandais, mais tous les petits bâtimens, qui auraient été propres à cette opération, avaient été arrêtés par le gouvernement sous le prétexte d'un armement fait par les Espagnols contre les insulaires d'Ioto, avec lesquels ils étaient en guerre.

Dans cette circonstance je m'adressai au Gouvernement général des Isles Philippines ; je sondai sa façon de penser, et la trouvant favorable je lui confiai par degré le secret de mon entreprise : je le mis dans mes intérêts et l'amenai à faire avec moi une convention relative à l'exécution de mon projet.

Les principaux articles de cette convention furent : 1° que le Gouvernement général donnerait ordre à celui de Sambuangan d'expédier un bateau armé par des Mindanaoniens, exercés dans le commerce interloppe des Molucques, pour aller dans ces Isles chercher au moins 25 plants de chaque épicerie avec la plus grande quantité de graines fraîches qu'ils pourraient recueillir ; 2° que le même gouvernement de Sambuangan aurait ordre de négocier avec le nommé Tamontaca, roi de Mindanao, son ami, pour l'engager à expédier de ses galères à la recherche des mêmes plants ; nous convînmes de plusieurs autres articles qu'il serait trop long de rapporter.

En conséquence de cette convention, des ordres furent expédiés par Sambuangan[1] le 5 août 1751, la réponse, en datte du 15 8bre, arriva de Mindanao le

1. Sambuangan, Zamboanga, à la pointe de Mindanao, en face de l'île de Basilan.

18 9bre, de la même année. Cette réponse, du gouvernement de Sambuangan, fut très favorable ; il disait qu'il avait déjà pensé, de lui-même, à faire cette opération, que des interloppes Molucquois, qui étaient venus cette même année dans son port, lui avaient promis de lui apporter les plants en question, moyennant la promesse qu'il leur avait faîte de quelques pièces de toile ; qu'enfin rien n'était plus facile que de se procurer les plants des deux épiceries dès que la paix serait faite avec les insulaires d'Ioto.

Quelque temps après le Gouvernement général apprit la tentative faite en 1750 par M. Dupleix, et voyant que le secret de cette affaire n'était pas tel qu'il l'avait d'abord cru, puisque la lettre de M. Dupleix avait été publique, il craignit de se brouiller avec les Hollandais, s'il paraissait être pour quelque chose dans un projet dont l'exécution leur eût été si désavantageuse. Les Espagnols soutenaient alors une guerre très ruineuse contre les insulaires d'Ioto ; les Hollandais pouvaient faire un tort infini à la colonie des Philippines en donnant des secours aux ennemis qui avaient déjà recherché leur alliance.

En conséquence de ces craintes le Gouvernement G^al^ écrivit à celui de Sambuangan une seconde lettre par laquelle il rétractait les ordres qu'il lui avait envoyés par la première lettre et lui donnait à entendre que, dans la demande qu'il lui avait faite, il n'avait eu d'autre motif réel que celui de satisfaire sa curiosité. Cependant ce gouverneur me suggéra divers moyens dans lesquels il m'eut aidé sans se compromettre ; mais ces moyens devinrent impraticables par le défaut d'embarcations convenables, dont le pays manquait absolument ; enfin il me proposa de lui-même comme le plus sûr de tous les expédiens, de demander à nos Isles une frégatte, à condition qu'elle ne paraîtrait à Manille que sous un pavillon asiatique, suivant l'usage ; nous convînmes de l'état de cargaison que cette frégatte devait apporter.

J'écrivis en conséquence à M. DAVID, gouverneur des Isles de France et de Bourbon, par la voye d'un vaisseau anglais, qui partit de Manille pour la côte de Coromandel en x^{bre} 1751. J'envoyai à l'Isle de France par la même occasion quelques noix muscades pour y être semées ; j'en envoyai ensuite une plus grande quantité par un vaisseau français, qui partit de Manille pour Pondichéri le 20 f^{er} 1752, et, par la même voye, j'écrivis une seconde lettre à M. David, pour lui apprendre mon commencement de succès par l'acquisition des muscadiers et lui demander avec insistance la frégatte dont j'avais besoin pour achever ma mission ; je lui fis passer en même tems un mémoire sur la manière de former un jardin propre à recevoir les plants que j'avais déjà, et sur la méthode avec laquelle on devrait les cultiver.

J'écrivis par la même occasion à la Compagnie et je joignis à ma lettre une copie du mémoire envoyé à l'Isle de France sur la culture du muscadier ; enfin je fis passer à la Compagnie des montres des noix muscades dont j'avais fait l'acquisition. Le paquet, qui contenait ces montres d'épiceries, renfermait environ trente noix rondes et longues, presque toutes dans leur coque, telles qu'elles sortaient de dessus l'arbre et quelques-unes séparées de leur coque, pour en mieux assurer la conservation et mettre la Compagnie en état d'examiner et de reconnaître la qualité de l'épicerie dont j'avais les plants.

J'ignore encore le jugement que la Compagnie a
porté sur ces montres d'épiceries que je lui avais
envoyées comme une preuve de l'acquisition précieuse que j'avais eu le bonheur de faire pour elle,
car depuis que j'ai commencé, en 1750, à travailler
à cette affaire, je n'ai jamais pu obtenir de la direction une seule réponse ; mais j'ai connaissance que
les montres cy-dessus furent remises, par M. de
Machault, à MM. de Buffon et de Jussieu, ainsy que
mon mémoire sur la culture des muscadiers, pour
être examinées ; je sais que les noix rondes et longues furent reconnues par ces savants pour être la
vraie épicerie et que le mémoire eut également leur
approbation. Ces messieurs sont en état, encore
aujourd'hui, d'en donner leur attestation.

J'attendis à Manille l'arrivée de la frégatte que
j'avais demandée à l'Isle de France ; j'obtins pour
cela une permission d'hyverner dans le pays, et
pendant l'hyvernage je fis toutes les recherches possibles sur tout ce qui regardait les Isles Molucques,
afin d'assurer le succès de ma mission, lorsque la
frégatte que j'attendais, serait arrivée. J'appris
même la langue malaise, pour pouvoir, sans le
secours d'interprètes, traiter avec les Molucquois
que je rencontrerais. Enfin le Gouverneur Général
des Philippines, qui me protégeait de toute son
autorité, m'ayant accordé la permission de fouiller
dans les Archives de Manille, j'y trouvai quantité
de Relations, faites dans le tems auquel les Espagnols en avaient été les maîtres, et je tirai de ces
pièces originales, outre plusieurs anecdotes intéressantes, des connaissances suffisantes pour faire une
carte de ces Isles beaucoup plus exacte que celle des
Hollandais,

Au milieu de ces occupations, je me procurai, à force de recherches, deux batteaux espagnols que j'armai de concert avec le gouverneur de Manille sous un nom espagnol et sous le prétexte de les envoyer en course contre les insulaires d'Ioto, pour cacher le vrai motif de leur voyage. Mon but était de les envoyer à la recherche des plants d'épiceries, afin de les avoir prêts à l'arrivée de la frégatte que j'attendais et épargner par là à ce bâtiment un voyage dangereux dans les mers des Molucques. Je mis vinq-cinq Indiens dans chacun de ces batteaux; je leur donnai des vivres pour sept mois, et j'en confiai le commandement à un mestice malais, homme capable, à qui je donnai les instructions, dont il pouvait avoir besoin, avec les armes nécessaires pour se défendre contre les Pirates dont ces mers étaient couvertes.

Ces batteaux partirent de Manille le 1er de mars 1752 : ils arrivèrent à Sambuangan les premiers jours de May, et y furent retenus par le commandant de la flotte espagnole jusqu'au 7 de Juin : ils partirent ce jour-là pour aller dans la rivière de Mindanao y prendre des pilottes pratiques. Le Roi du Pays leur en procura à la prière du Sr Oscotte, maître des deux batteaux, lequel avait écrit à ce prince, son ami particulier; mais les pilottes assurèrent qu'il n'était plus tems d'aller dans les Isles du Sud, vu que la Mousson du Sud-Ouest était déjà déclarée, quoiqu'il ne fût encore que le vingt sept juin.

Le patron des deux batteaux se contenta de prendre de ce pilotte toutes les informations que je lui avais recommandées sur la navigation dans l'archipel des Molucques et surtout des Isles situées entre

Ternate et Mindanao ; après quoi il revint dans le
port d'Ylo-Ylo[1] sur la côte de l'Isle de Panay, d'où il
renvoya à Manille un des deux batteaux qui y arriva
à la fin de 7bre de la même année 1752.

En Octobre suivant je reçus à Manille la nouvelle
d'un événement dont les suites pouvaient être ou
très favorables ou fort contraires à l'exécution de
mon projet commencé par la voye de Sambuangan ;
le Sr Pulgare, gouverneur de cette place espagnole
(le même que celui dont il a été parlé cy devant et à
qui le Gouverneur général avait envoyé des ordres
relatifs à mon projet) était mort à la fin de 7bre 1752 :
il était essentiel pour la réussite de mes opérations
d'avoir dans cette place un homme sur lequel je pus
compter.

Dans la circonstance où se trouvait la colonie de
Sambuangan, sans chef, environnée d'ennemis, le
Gouverneur général se hâta de remplir ce poste par
le choix d'un certain Manuël Aguirré. Cet Espagnol
n'était pas l'homme qui convenait au projet de la
Compagnie. Le Sr Oscotte était cet homme unique ;
c'était à lui seul que je m'étais ouvert sur le secret
de ma commission, de concert avec le Gouverneur
général ; c'était lui qui avait fourni les deux embarcations dont j'ai parlé cy dessus et il s'était prêté à
cette première tentative avec toute la bonne volonté
possible. J'entrepris d'employer mes amis et le crédit
que j'avais auprès du Gouverneur général pour faire
tomber au Sr Oscotte le gouvernement de Sambuangan. Il serait trop long de rapporter icy les divers
moyens que j'employai et les circonstances que je fis

---

1. Ilo-Ilo est la principale ville de la province de ce nom dans l'île
de Panay dans le groupe de l'archipel des Visayas des Philippines.

valoir pour venir à bout de mon dessein. J'en ai
envoyé le détail à la Compagnie dans ma lettre,
n° 20 ; on y lit qu'après deux mois de courses et de
travail, je réussis enfin à faire nommer le Sr Oscotte
au gouvernement de Sambuangan, le 4 décembre
1752. Ses patentes lui furent expédiées à la fin du
même mois.

Le Sr Oscotte partit pour son Gouvernement de
Sambuangan, le 12 f^{er} 1753 ; j'avais concerté avec lui
les opérations qu'il s'était engagé de suivre pour la
recherche des plants. Le nouveau gouverneur devait
suivant ses conventions employer ses propres
embarcations et faire agir les Mindanaoniens, ainsy
que les insulaires de Basilan à la poursuite de la
même affaire. Je lui avais en conséquence avancé la
somme de deux mille piastres, en sus de quinze
cents autres avancées précédemment pour l'armement des deux batteaux dont il a été parlé, et dont
le Sr Oscotte n'avait pu encore rendre compte, le
plus grand de ces batteaux n'étant pas de retour.

Le motif de ces avances constatées par les reçus
du Sr Oscotte qui sont entre les mains de la Compagnie, était de mettre le Gouverneur en état de faire
valoir les ressources et les moyens que fournit naturellement, pour les opérations projettées, un poste
tel que Sambuangan situé à la porte des Molucques,
et environné d'insulaires qui ne subsistent que par
le commerce interloppe qu'ils font dans cet archipel.

J'attendis inutilement à Manille pendant 14 mois
la frégatte que j'avais demandée. Quoique étranger
chez les Espagnols, j'avais eu parmi eux assez de
crédit pour faire donner un gouvernement important à un homme dont j'avais jugé l'élévation néces-

saire au succès du projet de la Compagnie; mais je ne pus obtenir de mes concitoyens le faible secours que je leur avais demandé pour être en état de leur rendre le plus important service. Il n'était question que d'un bâtiment de 300 tonneaux dont la cargaison eut payé avec bénéfice les frais de l'armement. Avec ce bâtiment j'eus transporté à la Compagnie de France la moitié du plus beau commerce de celle d'Hollande. Le Gouverneur de l'Isle de France qui n'avait qu'un ordre vague de me seconder, et qui manquait de vaisseaux pour les besoins les plus pressans de sa Colonie quoiqu'il en eut souvent demandé en France, ne put m'envoyer aucun bâtiment.

Dans cet abandon forcé je n'eus d'autre parti à prendre que celui d'aller moi-même solliciter les secours dont j'avais besoin. M. Dupleix à qui je m'étais également adressé, m'avait répondu qu'il n'avait aucun ordre de la Compagnie à mon sujet. Je m'embarquai donc sur le *Chevalier Marin*[1] avec dix neuf plants de muscadiers sains et vigoureux que j'eus beaucoup de peines à placer dans ce navire de Pondichéri embarassé par une multitude de passagers de toute nation, sans galerie et sans chambre de conseil. J'abandonnai à regret d'excellents pilottes pratiques que j'avais tenu prêts pour m'en servir dans le voiage des Molucques si la frégate que j'avais demandée était arrivée. Je partis de Manille, le 21 février 1753 et arrivai à Pondichéry le 7 avril.

Des dix-neufs plants de muscadiers que j'avais

---

1. Le *Chevalier Marin* était un bâtiment armé à Lorient de 480 tonneaux, armé de 16 canons, monté par 85 hommes. Pour les mouvements des bateaux de la Compagnie des Indes voir : *Inventaire des Archives de la Compagnie des Indes* par M. Al. LEGRAND, professeur d'histoire au Lycée de Lorient. (*Bulletin de la Section de Géographie du Comité des Travaux hist.*, 1913, pp. 160-251).

embarqués à Manille, je n'en débarquai à Pondichéri que douze. Les autres avaient péri pour n'avoir pas eu assez d'air. Je ne trouvai dans cette colonie aucun secours pour sauver ces douze plants desquels sept périrent encore à Pondichéri par les vents de terre. Je demandai inutilement à M. Dupleix quelque assistance pour retourner à Manille et suivre ma mission. Ce Gouverneur, à qui de petites passions étrangères ont souvent fait faire de grandes fautes, approuva d'abord ma proposition, il trouva ma demande raisonnable, mais dans le même instant, il refusa de s'y prêter, en me disant en termes formels (ce qu'on aura de la peine à croire) que je ne devais pas ignorer que son épouse ne pouvait me souffrir[1].

Je renvoyai de Pondichéri à Manille un emploié indien qui m'avait suivi dans tous mes voiages, je le chargeai de mes lettres pour le Sr Oscotte, et lui donnai les instructions nécessaires pour entretenir une correspondance avec ce Gouverneur de Sambuangan.

Le dix-neuf Octobre de la même année 1753, je mis dans le *Rouillé*[2], sur lequel je m'embarquai pour l'Isle de France, trois des plants qui me restaient, et je chargeai les deux autres sur le vaisseau le *Lys*[3], qui partait en même temps que le *Rouillé*. Je crus devoir ainsi partager les risques, et je pris les précautions convenables pour que lesdits plants fussent soignés sans être connus.

1. Jan Begum qu'il épousa en 1741.

2. Le *Rouillé*, bâtiment de 900 tonneaux, armé de 20 canons, monté par 176 hommes, commandé par TRUBLET, parti de Lorient pour les Indes, le 8 mars 1753 ; désarmé le 23 mai 1754.

3. Le *Lys* était un bâtiment de 1050 tonneaux, armé de 20 canons, monté par 233 hommes, commandé par BÉART DU DÉSERT, parti de Lorient pour les Indes le 18 octobre 1753 ; désarmé le 24 mai 1754.

Je partis de Pondichéry le 20 8bre et arrivai à l'Isle de France le 2 X^{bre} 1753. Les cinq plants furent débarqués en bon état. Je proposai à Mr BOUVET, successeur par intérim de Mr David, de faire dresser un procès-verbal pour constater l'état des plants que j'avais apportés : ce Gouverneur pensa que le procès-verbal ne conviendrait que dans le cas où il n'y aurait plus rien à craindre de la publication du secret qui jusque là était entre lui et moi.

Je priai encore Mr Bouvet de vouloir bien disposer de ces plants pour en assurer la conservation, mais ce Gouverneur ne vit aucune sûreté à les déposer dans les jardins de la Compagnie, qui n'étaient pas clos, où il n'y avait point d'abry contre le vent et le soleil, et dont la direction venait d'être confiée récemment par ordre de la Compagnie à un homme sans conduite, sans capacité, sans expérience, et dont la mission singulière paroissait être l'ouvrage des ennemis du projet de l'acquisition des épiceries.

Je connoissais par expérience l'incapacité des jardiniers de la Compagnie à l'Isle de France, et le peu de soin qu'ils avaient donné à la culture des plants de toute espèce que j'y avais apportés du Cap et de la Cochinchine dont la pluspart avaient été enlevés par divers habitans, ou avaient péri faute de soins. Cette expérience m'avait engagé à faire un mémoire sur la manière de disposer un jardinier particulier propre à la culture des plants d'épicerie, suivant la méthode nécessaire observée par les Hollandais dans leurs isles de Banda. J'avais envoié ce mémoire à la Compagnie, comme je l'ai dit cy devant, dans la vûe d'obtenir des ordres pour la formation de ce jardin. Ce mémoire avait été lu; il avait eu l'approbation de MM. de Buffon et de Jussieu, il n'avait pour objet

que les interests les plus chers de la Nation et de la
Compagnie en particulier; il semblait mériter au
moins une ligne de réponse, on n'en fit aucune : et
lorsque j'arrivai à l'Isle de France avec mes plants
de muscadiers, je ne trouvai ni ordres ni disposition
pour les recevoir, et pour en assurer la conservation. Je peux assurer que c'est à ce deffaut que la
Compagnie doit attribuer la perte qu'elle en a faite
par la suite.

Sensible comme je devais l'être, en bon citoyen, à
des marques si peu équivoques de l'abandon de la
Compagnie contre la foi de ses engagemens, et
contre ses propres intérêts, je fis part de mon chagrin à un ami, qui, touché de la justice de mes
plaintes, et affligé de voir le bien public sacrifié
depuis trop longtems à des intérêts particuliers, me
déclara sans déguisement la cause des contradictions que j'éprouvais, et m'apprit enfin ce que je
craignais de savoir.

« Ignorez-vous donc, me dit-il, que M. Duvelaër
« est aujourd'hui le tout puissant à la Compagnie
« des Indes par la faveur du nouveau Commissaire
« dont il a toute la confiance? Il est devenu l'âme
« de ses délibérations, et il employe son crédit à se
« venger sans ménagement sur ses rivaux de la con-
« sidération qu'ils ont eu à son préjudice prétendu
« sous les Commissaires antérieurs. Tout ce qui a
« été fait sous les Commissaires précédents est
« décidé mal fait; c'est un malheur aujourd'hui
« d'avoir eû leur protection, et c'est un crime
« d'avoir été présenté par d'autres que par M. Duve-
« laër pour servir la Compagnie; quant à ce qui
« regarde votre mission en particulier M. Duvelaër
« s'est mis à la traverse pour empêcher la Compa-

« gnie de tenir ses engagemens avec vous. Le pou-
« voir du Comité secret qui vous avait envoyé *a été*
« *frondé :* ce même directeur qui avait signé dans
« la délibération par laquelle on a accepté vos ser-
« vices, qui avait applaudi à votre projet, et avait
« offert de vous donner des connaissances certaines
« pour le faire réussir, dit aujourd'hui que c'est un
« projet chimérique. Non content de tenir à votre
« sujet les discours les moins mesurés, il a fait
« écrire des mémoires et des lettres contre vous par
« des gens qu'il a suscités sans paroître, pour se
« réserver le droit de les appuyer; et vous êtes sur-
« pris que la Compagnie vous abandonne! vous lui
« apporteriez aujourd'hui toutes les Molucques avec
« leurs épiceries et leurs mines d'or, qu'on ne vou-
« drait pas les recevoir de vous. »

Après avoir entendu un discours si affligeant
dont la vérité m'était confirmée par l'abandon que
j'éprouvais, par les lettres particulières de mes
amis, et par tous les évènemens inouis, dont j'étais
témoin aux Indes, lesquels annonçaient tout à la
fois le crédit énorme du Sr Duvelaër et le mépris du
bien public sacrifié à des passions particulières,
mon premier mouvement fut de tout abandonner et
de repasser en France. Mon but était d'aller confondre celui qui profitait de mon absence pour attaquer ma réputation; comme s'il m'avait été possible
d'attaquer avec succès un homme puissant et accrédité qui, me connaissant à peine, ne pouvait être
qu'un accusateur de mauvaise foi, dont le motif
était moins de me nuire personnellement que de
faire échouër par ses manœuvres un projet dont il
sentait bien tous les avantages ; mais dont le succès
eut d'un côté couvert ses ennemis d'une gloire qu'il

voulait détourner, et de l'autre eut fait un tort infini
au commerce de la Hollande, pour laquelle ce Directeur a toujours conservé les yeux d'un républicain
pour sa patrie.

Mon premier mouvement passé, je fis réflexion
que ce serait donner gain de cause aux ennemis de
mon projet que de l'abandonner, et qu'en repassant
en France uniquement pour me justifier de quelques
accusations méprisables dont je serais toujours à
tems de faire voir la fausseté, c'était sacrifier les
intérêts de la patrie à ma satisfaction particulière.

J'avais déjà rempli seul et sans secours la moitié
de ma mission, en apportant à l'Isle de France les
plants de muscadiers; il ne me restait plus à acquérir que les géroffliers. J'avais à Mindanao, dans le
Gouvernement de Sambuangan, un homme à moi
sur lequel je devais compter, et qui peut-être avait
déjà fait l'acquisition qui me manquait; mon projet
exécuté se présenta à mon imagination avec tous les
avantages qu'il procurerait à notre Colonie de l'Isle
de France, à la Compagnie, à la Nation, sous une
forme capable de séduire un cœur patriote. Je repris
courage, j'osai espérer que je réussirais à servir
avantageusement la Compagnie malgré son aban-
don, malgré le Sr Duvelaër et son parti. Les fatigues
du voiage, les périls de la mer, ceux mêmes que
j'avais à craindre de la part des Hollandais que je
pouvais soupçonner être avertis de mes desseins,
tous ces dangers ne furent plus rien pour moi, dès
que je me sentis assez de force pour mépriser les
contradictions des Directeurs mêmes de notre Compagnie.

Je demandai à M. Bouvet, Gouverneur de l'Isle de
France, un vaisseau, quelque mauvais qu'il fût,

uniquement pour me porter à Manille, où j'espérais
trouver les plants qui nous manquaient, et dont le
Sr Oscotte, Gouverneur de Sambuangan, avait dû
faire l'acquisition, dans tout le courant de l'année 1753.

M. Bouvet, après un calcul exact des besoins de
sa colonie combiné avec le petit nombre de bâtimens qu'il avait dans son port, consentit à m'accorder une mauvaise frégatte de 160 tonneaux, dont
il pouvait se passer pour l'année 1754.

Avant de m'embarquer sur ce vaisseau, je parcourus les différentes habitations de l'Isle de France
pour y chercher quelque endroit propre à la culture
et à la conservation des plants de muscadiers que
j'avais jusque là conservés dans les caisses de
Manille, faute d'un lieu de sûreté et d'un terrain
disposé à les recevoir. Depuis plus de quatre mois
que j'étais arrivé à l'Isle de France, quelques-uns de
ces plants avaient beaucoup souffert, et ils demandaient tous à être mis en pleine terre; je les plaçai
dans trois différens quartiers de l'Isle de France et
dans des endroits qui me parurent les mieux disposés pour leur culture. Je tirai des habitans à qui je
les confiai, des reçus qui contenaient la description
des plants que je remis à chacun d'eux.

Je partis de l'Isle de France le premier de mai sur
la frégatte, la *Colombe*, qui était faiblement équipée.
M. Bouvet avait en quelque sorte pris sur lui de
m'accorder ce vaisseau, par zèle pour le bien public
et fondé uniquement sur ma mission dont l'ordre
n'était pas révoqué; il ne me l'avait accordé qu'en
tremblant, et sans oser faire les dépenses nécessaires, parce qu'il connaissait les dispositions et le
crédit du parti du Sr Duvelaër dominant dans la

Compagnie et qu'il savait parfaitement qu'on apprendrait pas avec plaisir un armement dont on craindrait le succès.

J'emportai une cargaison de Boôns (*sic*), de fer, de mauvais fusils de traite et quelques autres marchandises d'Europe qui étaient des rebuts des magazins de l'Isle, parce que M. Bouvet n'avait osé, par les raisons expliquées cy-dessus, me donner des marchandises qui auraient pu devenir nécessaires à la Colonie dans de certaines circonstances, même éloignées.

Avec un vent toujours favorable il me fallut trois mois et demi pour me rendre à Manille. Avec les mêmes vents un vaisseau ordinaire eut fait ce voiage en deux mois, mon bâtiment ne marchait point, faisait beaucoup d'eau, et n'avait aucune bonne qualité. Je ne l'avais pas accepté sans en connaître tous les deffauts, mais on n'avait pas été le maître de m'en donner un meilleur à l'Isle de France.

A mon arrivée à Manille, je trouvai un nouveau Gouverneur général[1]. La guerre y était allumée entre les Espagnols et les insulaires de Mindanao ; la communication coupée entre Manille et les isles méridionales de l'Archipel, au point que pendant cinq mois de séjour dans le pays, je ne pus recevoir une seule lettre du Sr Oscotte, gouverneur de Sambuangan, sur les opérations duquel j'avais principalement compté en faisant ce voyage.

Par la même raison l'emploié que j'avais renvoyé de Pondichéri à Manille en 1753 et que j'y trouvai en 54 n'avait pu entretenir aucune correspondance

1. P. M. de ARANDIA y SANTISTEBAN avait été nommé Gouverneur général en 1754, à la place de F.-J. de OVANDO y SOLIS, marquis d'OVANDO, Gouverneur général depuis 1750.

avec le Sr Oscotte ni me donner des nouvelles de ses opérations.

Je me défis avantageusement de ma cargaison, et j'en achetai une autre convenable aux besoins de l'Isle de France, après quoi je ne pensai plus qu'à l'objet principal de ma mission. Je ne recevais aucune nouvelle de Sambuangan, il n'y avait pas même apparence que le Gouverneur du lieu eut pu rien exécuter, puisqu'il était en guerre avec ceux dont il avait compté se servir pour la recherche des plants. Je me déterminai donc à passer à Sambuangan pour voir par moi-même où en étaient les opérations, pour suivre de là mon voyage au travers des isles Molucques et tenter d'acquérir les plants désirés.

Je n'avais pour ce voyage dangereux qu'une mauvaise frégatte, dans laquelle on m'avait donné à l'Isle de France, pour tout équipage, huit matelots blancs et vingt-deux lascars, dont quinze avaient déserté à Manille. Avec un navire si défectueux, si mal armé, quelle ressource dans une entreprise aussi délicate, dans des mers inconnuës à nos navigateurs, semées d'isles et d'écueils? Si du moins il m'avait été libre de rendre ma frégatte légère en la mettant sur son lest, j'aurais eu plus d'espérance, mais j'avais affaire à des gens dont il fallait fermer la bouche en cherchant à quelque prix que ce fut à dédomager la Compagnie des frais de mon armement, et pour cela il fallait bonder de marchandise la cale et même l'entrepont du vaisseau, et par là diminuer encore sa marche.

Si d'une part les contradictions de la Compagnie, pour laquelle je me sacrifiais, me donnaient beaucoup d'inquiétudes, j'avais encore infiniment plus à craindre du côté des Hollandois qui avaient tout l'intérêt possible de me traverser ; j'appréhendais leurs vaisseaux avec d'autant plus de raison que j'étais sans ressource pour pouvoir leur échapper et au cas que j'eusse le malheur d'être arrêté par un de leurs garde-côte, je ne pouvais pas même me flatter de la triste espérance d'être un jour réclamé par ma nation. Je connaissais trop la disposition des esprits pour ne pas prévoir que mes malheurs seraient un motif de joye pour ceux même qui auraient dû s'intéresser à mon sort, et que loin de penser à me tirer des mauvais pas où mon zèle pour la patrie aurait pu me jetter, on serait assez injuste pour me rendre responsable des événemens après m'avoir refusé les secours nécessaires pour réussir.

Ces considérations ne me découragèrent pas. Je fis caréner et doubler à neuf ma frégatte qui coulait bas d'eau dans le port même. Je lui fis ajouter une fausse quille pour diminuer sa dérive ; je fis augmenter de six pouces le saffran de son gouvernail que le bâtiment ne sentait pas assez. Je recouvrai trois de mes déserteurs et remplaçai les autres par ce que je pus amasser de matelots indiens.

Le vaisseau étant chargé et même bondé de marchandises, je partis de Manille le 22 janvier 1755. Je cottoyai les Isles Philipines jusqu'à Mindanao, et mouillai le 3 de février à l'entrée du port de la Caldeira. Je dépêchai de là une lettre, avec un exprès, à Sambuangan, et sur la réponse du Gouverneur, je me rendis le six dans sa rade.

A Sambuangan, le Gouverneur m'apprit que pour n'être pas revenu à Manille en 1753, comme je l'avais promis, j'avais manqué la plus belle occasion du monde de réussir ; qu'en janvier 1754 il était venu dans sa rade deux embarcations molucquoises avec

seize quintaux de géroffles, dont près de la moitié
était des géroffles murs, et environ douze quintaux
de noix muscades, toutes dans leur coque, et quelques-unes avec leur macis : que si je me fus trouvé à
Manille, en 1753, j'aurais traité avec ces gens à Sambuangan même, en janvier ou février 1754 ; que ces
interloppes m'auraient conduit dans les lieux où ils
recueillent les épiceries à l'insçu des Hollandois et
qu'on aurait fait d'eux ce qu'on aurait voulu en les
prenant par l'intérêt.

Si l'on m'avait envoyé *en 53* la frégatte, que j'avais
demandée à l'Ile de France, ou l'on m'avait accordé
à Pondichéri le *Botts* (?) que j'avais demandé à
M. Dupleix, je me serais rencontré à Sambuangan
avec ces embarcations molucquoises, en janvier ou
février 1754, et j'aurais proffitté de cette occasion si
favorable pour réussir.

Le Sr Oscotte avait traité ces Molucquois avec toute
l'affabilité possible et leur avait fait promettre de
revenir en aoust, ou 7bre 1755, non seulement avec
des épiceries marchandes, mais avec des plants et
des graines fraîches des deux espèces qu'ils s'étaient
engagés d'apporter moyennant une récompense con-
venue ; le Sr Oscotte avait acheté leurs épiceries et en
avait semé des unes et des autres au hazard, quoiqu'il les jugea trop vieilles parce que ceux qui les
avaient apportées étaient venus contre mousson et
avaient fait de longues relâches d'isle en isle ; aussi
elles ne levèrent pas.

Ce Gouverneur n'avait pû entreprendre aucune
opération suivant qu'il en était convenu avec moi,
parce que peu de tems après son arrivée à Sambuangan en mars 1753, les insulaires de Mindanao
avaient déclaré la guerre aux Espagnols et que par

conséquent il n'avait pu traiter avec eux pour la recherche des plants; mais il m'assura que les affaires paroissant disposées à la paix, il lui serait facile de réussir par le moien de ces mêmes insulaires et de ceux d'Yolo. En conséquence je renouvellai avec lui mes premières conventions.

J'attendis pendant quelques jours des pilotes pratiques qu'on me faisait espérer, mais la violence du courant aiant fait rompre le cable de la frégatte, et perdre une anchre, je craignis un accident semblable, et fis route pour l'isle de *Méao* où je comptais trouver des plants de géroffliers. Je remis alors au capitaine une carte et un routier de navigation que j'avais traduit de l'espagnol et qui se trouva fort juste. Le onze février je débouquai le Détroit de Basilan[1]; je passai le dix neuf dans un second détroit formé par le Pic de Siao et les isles de Bouqui. Le vingt, j'atterrai à Méao.

Je rangeai, le plus près qu'il me fut possible, la côte septentrionale et orientale de l'isle; en doublant la pointe qui est au sud-est, je découvris un grand enfoncement sçitué sous le vent de laditte isle : le vaisseau fut mis au plus près pour donner dans cette anse. On approcha le rivage jusqu'à la distance de deux encablures, sans trouver le fond. Il aurait fallu suivre tout le demi-cercle de l'enfoncement pour chercher le mouillage; mais comme la nuit approchait et qu'il paraissait quelques brisans devant le vaisseau, les marins furent d'avis de virer de bord et de courir des bordées toute la nuit pour se relever et se maintenir au vent de l'isle, afin de pouvoir donner

1. Le détroit de Basilan sépare l'île de ce nom, qui appartient à l'archipel de Soulou, de Zamboanga à la pointe de Mindanao.

le lendemain matin à l'endroit de l'enfoncement où l'on était alors, et chercher de jour le mouillage que je savais être dans la partie du sud de l'isle fort près de terre.

Je ne pus refuser mon consentement à un avis qui me parut le plus sage sur une côte inconnue ; on courut toute la nuit des bordées en serrant le vent autant qu'il était possible ; mais la frégate était si mauvaise boulinière que le lendemain au point du jour, elle se trouva à cinq ou six lieues sous le vent de Meao sans qu'il fut possible de se rapprocher de l'isle.

Dans cette circonstance embarrassante je donnai ordre au capitaine de gagner l'isle de Taffoury qui restait sous le vent du vaisseau à la distance de trois ou quatre lieuë : son fit donc route pour Taffoury où j'espérais de trouver un mouillage et attendre à l'anchre quelque crise de vent plus favorable pour de là regagner Méao, qui n'en est éloigné que de neuf lieuës. Dans la nuit le vaisseau tomba encore sous le vent de cette isle comme il était tombé la veille sous celui de Méao.

Il est certain qu'avec une bonne frégate telle qu'il l'aurait fallu pour une semblable expédition ces deux accidents ne me seraient pas arrivés. Les officiers du vaisseau dressèrent un procès-verbal pour attester la vérité des faits que je viens de rapporter.

Après avoir inutilement lutté contre le vent et les courants je poursuivis mon voyage et fis route pour aller reconnaître la côte orientale de l'isle de Célébes. Le 26 février je donnai dans le détroit de Xulla[1], qui est très dangereux, mal placé sur les cartes, et

1. Entre la côte orientale de Célèbes et l'île Xulla,

où je me suis trouvé une fois par trois brasses d'eau
sur une tête de roche avec un courant qui faisait
faire au vaisseau deux lieuës et un tiers par heure.
Au sortir de ce détroit, je cottoyai successivement
les isles de Célébes et de Button[1]; je tentai en vain
de traiter avec les naturels, qui, étant en guerre
avec les Hollandois, prirent le vaisseau pour un
bâtiment de cette nation qu'ils détestent et ne répondirent que par des menaces aux pourparlers que
nous leur proposâmes.

Je rencontrai à la pointe méridionale de Button un
vaisseau hollandois, devant lequel je me déguisai, en
lui montrant un pavillon de sa couleur; ce fut alors
que je découvris un complot, formé par notre premier chirurgien, qui devait enlever le canot du vaisseau et aller à Batavia dans l'espérance d'y faire
fortune en révélant aux Hollandois le secret de mon
voyage; je fus averti par un de ceux qu'il voulait
suborner, et je le fis renfermer. Je continuai ma
route pour aller attaquer le Cap de Store sur l'isle
de Solor[2], et le 19 mars 1755, je donnai dans le
détroit de Larentoue. Le 29 du même mois je passai
dans celui de Lamaker, et le 10 avril suivant je
mouillai dans la rade de Lifao[3], principal établissement des Portugais sur l'isle de Timor[4].

Le Gouverneur et les gens du lieu me firent tous

1. Bouton, Boeton, au S.-E. de Celebes.

2. Solor, entre les îles Flores et Laubana (Lomblen) au N.-O. de
Timor.

3. Lifaou, aujourd'hui aux Hollandais ; sur la côte nord de Timor ;
c'est la seule place qui était restée aux Portugais après la révolte de
Varella en 1731 ; grâce à des renforts, le pays fut pacifié l'année suivante.

4. Timor, la plus orientale et la plus grande des petites îles de la
Sonde ; aujourd'hui divisée entre les Hollandais à l'ouest, et les Portugais à l'est.

l'accuëil que je pouvais désirer. Je pris des informations sur ce que j'avais oui dire à Sambuangan et à
Larentoue, que l'isle de Timor produisait quelques
épiceries. Je m'ouvris au Gouverneur sur le motif de
ma relâche et je le mis dans mes intérêts. Ce gouverneur, après avoir pris les informations convenables, envoya son secrétaire dans les provinces
orientales de l'isle et dépêcha deux naturels dans la
partie opposée pour aller à la recherche des plants
suivant les connaissances qu'on lui avait données à
ce sujet.

Quinze jours après le Secrétaire revint avec de
grandes caisses contenant plusieurs petits plants
adhérens chacun à une noix que je reconnus pour
être une muscade tant par sa forme que par l'em-
preinte du macis gravée sur sa coque ; je reconnus
également les jeunes plants à la forme et position
de leurs feuilles pour être des muscadiers, mais
ayant ouvert quelques noix, je les trouvai presque
sans aromate et par conséquent d'une espèce bien
inférieure à celle dont j'avais eû les plants à Manille
en 1751 et que j'avais transportés à l'Isle de France,
en conséquence je déclarai au Gouverneur et à son
Secrétaire que je regardais ces plants comme d'une
espèce sauvage qui ne pouvait servir que pour la
curiosité, cependant je les transportai au nombre de
onze et les fis porter à bord.

A peu près dans le même tems revinrent les deux
Timoriens qui avaient été expédiés dans la partie
occidentale de l'isle ; ils s'étaient égarés dans les
forests et ne rapportèrent rien.

Je passai encore quelques jours dans cette rade
pour conférer avec le Gouverneur de Timor sur les
moyens qu'il pouvait avoir par sa place de réussir à

acquérir les plants d'épicerie, je dressai à ce sujet un petit mémoire que je remis à ce Gouverneur en faisant avec lui un traité que je signai au nom de la Compagnie, suivant le pouvoir que j'en avais par mes instructions.

Par ce traité je m'engageai de paier au dit Gouverneur ou à son ordre une somme de quatorze mille piastres pour vingt plants de géroffliers et autant de vrais muscadiers. Le Gouverneur, de son côté, s'obligea à faire toutes les avances pour cette opération ; il doit en cas de réussite m'en donner avis à l'Isle de France par la voye de Macao où nous avons un correspondant commun. Il doit encore dans le même cas de réussite préparer pour le vaisseau des isles une cargaison de cire et d'esclaves capables de dédommager des frais de l'armement.

De mon côté je me suis obligé au nom de la Compagnie d'aller (aussitôt après l'avis reçu, ou quelqu'un à ma place) à Timor y recevoir les plants dont le Gouverneur serait en possession.

Il faut observer que le Gouverneur de Timor a pour le moins autant de facilité de réussir que celui de Sambuangan parce qu'il a tous les jours sa rade pleine de batteaux de Macassars qui sont hardis navigateurs et connaissent toutes les isles de l'archipel des Molucques. Dans le tems de ma relâche à Timor, il y avait trente deux embarcations de ces Macassars[1] mouillées dans un port de la même isle à l'est de Lifao. Il y a même une de leurs colonies établie sur Timor et dépendante du gouvernement portugais.

---

1. Macassar (Mangkassar), sud de l'île Célèbes, aux Hollandais, est la ville la plus importante des Indes Néerlandaises après Batavia.

Ce second traité fait avec le gouverneur de Timor qui commande une isle si voisine des Molucques dans le Sud, joint au premier traité fait avec celui de Sambuangan dans le nord des mêmes isles, me donne lieu d'espérer que mon voyage n'aura pas été infructueux pour le succès du projet de la Compagnie.

Indépendamment de cette opération essentielle tendante à l'acquisition des épiceries, je me crois fondé de regarder l'ouverture que j'ai faite du commerce de Timor, comme très utile, par les avantages que la Compagnie peut en retirer. Les Portugais n'ont rien oublié pour m'engager à revenir tous les ans à Timor; ils m'ont promis annuellement trois cents esclaves à meilleur marché que ceux de Madagascar, et six ou sept cents quintaux de cire tant brute que travaillée. L'essai que j'ai fait de ce commerce m'a fait voir que l'achat de la cargaison cy dessus promise annuellement ne couterait pas soixante mille livres et vaudrait à l'Isle de France au delà de cent mille écus.

Ce qui rend encore plus avantageux ce commerce dont j'ai fait l'ouverture, c'est que depuis les guerres de Bengale la cire est d'une rareté extrême dans toutes les Indes, que les esclaves de Timor sont plus dociles, plus industrieux, moins sujets au maronage, et aussi robustes que les nègres de Madagascar; ajoutez à cela que pour revenir de Timor à l'Isle de France, on a toujours vent en poupe depuis les premiers jours de May jusqu'en Octobre : ce qui est un très grand avantage pour une cargaison d'esclaves, et pour revenir de Madagascar à la même Isle de France on a presque toujours vent contraire.

J'achettai à Timor 19 esclaves et 18 quintaux de

cire brute, je trouvai une bien plus grande quantité de l'une et de l'autre, mais le vaisseau étant déjà bondé de marchandises de Manille, je n'avais plus de place dans la cale pour ma cire, et mon équipage n'était pas assez nombreux pour contenir un plus grand nombre d'esclaves ; je ne pris qu'un essai et seulement de quoi paier les frais de mes relâches. Si j'avais eu un plus grand vaisseau mieux armé, j'aurais fait un voyage très lucratif pour la Compagnie.

J'achetai la cire brute à raison de douze sols environ la livre, en argent, faute d'effets de traite, et les dix neuf esclaves pour la somme de 2,000ll environ de notre monoye. Sur ce dernier article il y a eu à l'Isle de France dix mille et tant de livres de pur bénéfice suivant les comptes qui en ont été fournis à la Compagnie ainsi le seul article de 300 esclaves promis annuellement par les marchands de Timor donneraient à la Compagnie environ 50 mille écus de notre monnoye en pur profit par chaque voyage, et il paraît qu'il y aurait cent p. 0/0 au moins de bénéfice sur les six ou sept cents quintaux de cire brute ou travaillée que l'on tirerait annuellement de Timor. Ces profits seraient encore augmentés par ceux que l'on ferait sur les effets de traite, que l'on y porterait. Il est certain que l'esclave pièce d'Inde, par exemple, qui m'a couté 20 et 22 piastres en argent, n'en couterait pas 12 en poudre à canon, eau de vie ou autres effets de traite que les marchands du pays préfèrent à l'argent.

Je partis de Lifao le 2 Mai 1755 et j'arrivai à l'Isle de France le 8 Juin suivant malgré toutes les mauvaises qualités de la frégate. Je remis à M. Bouvet la traduction de mon traité avec le gouverneur de Timor. Je remis dans les magasins la cargaison du vaisseau avec une caisse d'argent de 3.000 piastres que je n'avais pu employer en marchandises à cause du peu de capacité de la cale de mon bâtiment.

La cargaison n'étant assortie que d'effets nécessaires à la colonie achettés sur les lieux à un prix très médiocre elle eut un prompt débit. Je distribuai à divers colons ces plants de toute espèce que j'avais apportés, entre autre des cacaoyers et des Rima, dont le fruit sert de pain aux habitans des isles de Mariannes [1].

Dès les premiers jours de mon retour à l'Isle de France, je n'avais rien eu de plus pressé que de m'informer de l'état des plants de muscadiers que j'avais apportés dans mon voiage précédent et que j'avais transportés dans trois différens quartiers de l'isle. Les habitans à qui je les avais confiés m'apprirent qu'ils avaient tous péri d'une façon peu naturelle malgré les soins qu'ils s'étaient donnés pour les conserver. Ils s'accordaient à soupçonner le même homme de les avoir fait périr. L'un de ces habitans m'assura que ses esclaves l'avaient averti d'avoir vu pendant la nuit le Sr Aublet roder autour du jardin où étaient deux de ces plants, qui vivaient alors et qui moururent subitement quelques jours après. Ce qu'il y a de certain c'est que le Sr Aublet, trouvé pendant la nuit à roder autour du jardin en question, éloigné de sa demeure ordinaire de près d'une lieue, et obligé pour faire ce chemin de traverser des forêts épaisses, ne peut qu'être soupçonné d'un mauvais dessein. Plusieurs circonstances fortifient ce soupçon et je pense qu'il ne me sera pas difficile de

1. Ou Ladrones ; archipel au N. des Carolines, à l'E. des Philippines, découvert le 6 mars 1521 par Magellan.

prouver que cet homme a été l'instrument, emploié
par les ennemis de mon projet dans la vüe de le faire
échouër.

Le Sr Aublet, natif de Provence, après avoir passé
une jeunesse vagabonde et sans étude d'aucune
espèce, en France et en Espagne, trouva accès à
Paris chez des personnes respectables et bienfaisantes qui, touchées de son sort misérable, lui
firent du bien, et croiant appercevoir en lui de la
bonne volonté lui firent prendre une teinture de
botanique et de chimie auprès de Mrs Jussieu et
ROUELLE. Dans la vüe charitable de lui faire un état,
ses protecteurs le présentèrent ensuite à la Compagnie comme un sujet qui, avec de la bonne
volonté, pouvait devenir un agriculteur utile à l'Isle
de France.

M. Duvelaër dominait alors dans la direction de la
Compagnie. Le Sr Aublet fut accepté et envoyé avec
beaucoup plus de prérogatives et d'avantages qu'on
n'en avait demandé pour lui. On lui donna la place
d'apothicaire en chef et celle de directeur des jardins de la Compagnie à l'Isle de France avec deux
mille livres d'appointemens et quelques gratifica-
tions. Le motif ou le prétexte de l'envoi de cet
homme, qu'on ne connaissait pas, était le projet
chimérique d'établir à l'Isle de France une grande
pharmacie qui aurait fourni des remèdes à tous les
établissemens français aux Indes et aurait même
procuré à la Compagnie un objet de commerce en
drogues, projet dont le ridicule était parfaitement
connu de ceux qui l'avaient appuyé et fait accepter à
la Compagnie.

Il est à remarquer que dans le choix de ce sujet
auquel, par sa place de premier apothicaire et de

fondateur d'une Pharmacie générale, on confiait les
santés et les vies des colons de nos isles, de ceux
qui vivent dans nos établissemens des Indes, et de
tous les sujets du Roi emploiés dans la marine de la
Compagnie, c'est-à-dire de près de vingt mille
citoyens sans parler des noirs libres ou esclaves qui
dépendent de nos colonies, on n'avait pas même
consulté MM. de Jussieu et Rouelle, ses maitres,
pour s'assurer de sa capacité que ces MM. doivent
seuls connaître. Ces savants étonnés du choix que la
Compagnie a fait en cette occasion attestent que le
Sr Aublet n'avait aucune capacité pour la place qui
lui fut donnée.

J'ai sû de M. Rouelle que, avant que le Sr Aublet
partit de Paris pour aller aux Indes, on avait eu la
précaution de lui échauffer la tête et de lui inspirer
les plus fortes préventions contre moi qu'il ne connaissait certainement pas.

Lorsque j'arrivai à la fin de 1753 à l'Isle de France
avec les plants de muscadiers que j'apportais de
Manille, j'y trouvai le Sr Aublet déjà décrié généralement dans toute la colonie par sa mauvaise conduite. Il sût que j'avais apporté plusieurs plants, il
me témoigna un empressement extrême de les
voir : mais j'avais été prévenu par mes amis que
ce prétendu chimiste avait tenu des discours qui
prouvaient que sa mission était contre mon projet ;
je ne lui permis pas d'examiner mes plants, il
ne les vit que de loin, et confondus avec beaucoup
d'autres plants que j'avais également apportés de
Manille et des Indes : il ne les vit qu'une minute ou
deux et n'en connut aucun. Cependant il lui
échappa de dire que parmi ces plants il y en avait
quelques uns de bien précieux. Ces paroles me

firent connaître qu'il avait été instruit du secret de ma mission.

Quelques jours après il courut dans l'isle un bruit que j'avais apporté des plants de muscadiers et que le Sr Aublet prétendait que c'était des plants faux, plusieurs personnes m'avertirent qu'ils avaient eû des mémoires du S^r contre moi et mes plants, et que ces mémoires devaient être envoyés à la Compagnie; ils ont été envoyés en effet, quoique la chose me parut incroyable dans le tems.

D'après ces faits dont le Sr Aublet ne saurait infirmer la vérité, on peut faire les réflexions suivantes :

1° Le Sr Aublet avait donc été informé de mon projet, et il ne pouvait en avoir été instruit que par ceux qui lui avaient échauffé la tête et l'avaient prévenu contre moi avant son départ de Paris.

2° C'est donc le Sr Aublet qui a divulgué dans l'isle le secret de la Compagnie, au sujet de ma mission, car tandis que je croyais que M. Bouvet en avoit seul connoissance, le Sr Aublet en parlait publiquement et lisait ses mémoires à qui voulait les entendre. Cette indiscrétion ajoutait de nouvelles difficultés et de nouveaux périls à l'exécution de mon projet :

3° Il parlait donc sans connoissance puisqu'il n'avait pas vü mes plants d'assez près pour pouvoir les examiner et les reconnaître, et que d'ailleurs il en était incapable.

4° Il parlait contre sa pensée puisqu'il lui avait échappé précédemment de dire que parmi mes plants il y en avait de bien précieux. Il est vrai qu'il n'en connoissoit aucun de ceux qu'il voyait alors : mais cette parole prouve au moins qu'il croiait intérieurement que j'avais apporté des vrais plants d'épicerie.

5° Depuis le premier moment auquel j'avais connu le Sr Aublet, je n'avais eü que des politesses pour lui, et aucun sujet de mécontentement personel ne pouvait le porter à parler contre moy, et à faire des mémoires contre mes plants : il était donc animé par quelque agent supérieur, par quelque ennemi secret, et je n'ai jamais connu d'autre ennemi de mon projet que le Sr Duvelaër et ceux de son parti ; car j'ose dire que je n'avais alors que des amis à l'Isle de France.

6° Puisque le Sr Aublet se mêlait si ouvertement d'une affaire qui ne devait pas naturellement le regarder, il était donc persuadé qu'il avait une mission secrette pour s'en mêler.

7° Puisqu'il violait si hardiment un secret de la dernière importance, il comptait donc sur la protection de certaines personnes pour lui assurer l'impunité de sa faute.

8° Puisqu'il envoyait hardiment des mémoires à la Compagnie, sur des choses qu'il ne connoissoit point du tout, il était donc bien assuré que ces mémoires quelque faux et ridicules qu'ils pussent être étaient attendus, et seraient appuyés par des gens puissans.

Si l'on rapproche de ces remarques les soupçons unanimes et trop bien fondés des habitans, chez lesquels les muscadiers avaient péri, et la rencontre du Sr Aublet rôdant pendant la nuit autour d'un jardin où étaient deux de ces plants, qui sont morts peu de jours après d'une façon peu naturelle, pourra-t-on ne pas reconnaître dans cet homme l'instrument funeste employé pour les détruire.

Je n'exagèrerai rien, le simple et fidèle exposé des faits qui ont suivi suffira pour changer les probabilités en évidence, et pour arracher le voile épais qui a couvert jusqu'ici le mystère d'iniquité le plus odieux. J'abbrege le plus qu'il m'est possible.

Peu de jours après mon départ de l'Isle de France pour mon second voyage de Manille en Mai 1754, un directeur de la Compagnie passa à l'Isle de France avec le titre de Commissaire du Roi, et de commandant général de tous les Etablissemens français aux Indes avec les plus grands pouvoirs du Roy et de la Compagnie.

Rien en apparence ne devait être plus heureux pour moi que le passage d'un directeur commissaire revêtu de toute l'autorité de la Compagnie ; il pouvait faire savoir au Gouverneur de l'Isle les intentions de son corps au sujet de ma mission, réparer par des ordres courts le long silence de la Direction, et mettre fin à l'abandon dans lequel elle m'avait laissé languir pendant plusieurs années. Les plants de muscadiers que j'avais récement transplantés dans l'isle étaient pleins de vie : averti par M. Bouvet qui avait connaissance des lieux où je les avais déposés, il pouvait les voir et rendre compte à la Compagnie comme témoin oculaire et irréprochable, de l'état et de la qualité de l'acquisition précieuse dont je venais d'enrichir sa Colonie.

Un objet aussi important aurait eû dans pareil cas toute l'attention d'un Commissaire hollandois, il méritait sans doute celle d'un Directeur citoyen envoyé par une Compagnie de commerce : notre Commissaire français ne le jugea pas digne d'un seul instant de la sienne.

Une conduite si extraordinaire paraîtrait incom-

préhensible à quiconque ignorerait que ce Commissaire n'était qu'un cœur et qu'une âme avec le
Sr Duvelaër, cet ennemi déclaré de mon projet qui
leur était connu, que le poste qu'il occupait était à
certains égards l'ouvrage de leur parti et que sa
mission en était le triomphe. Je me garderai bien
de pousser les réfflections plus loin, je me tais sur
tout ce qui ne regarde pas directement l'affaire dont
je dois rendre compte.

Je me suis trompé lorsque j'ai dit que notre Commissaire ne jugea pas dignes de son attention les
plants d'épicerie que j'avais apportés à l'Isle de
France. Il est vrai qu'il ne témoigna pas la moindre
curiosité de les voir, quoique l'on puisse assurer
qu'il a vu d'ailleurs jusqu'aux infiniment petits de
la colonie. La vüe et l'examen de ces plantes
devenaient fort inutiles dans le dessein où il a paru
que l'on était de n'en rendre compte à la Compagnie
que suivant les vües du parti auquel on était attaché. Je trouvai en effet à l'Isle de France une copie
d'un journal envoyé à la Direction de Paris par
M. le Commissaire dans lequel il est fait mention
des plants d'épicerie que j'avais transplantés dans
notre Isle. Cette copie avait été communiquée aux
Indes par l'infidélité de quelque secrétaire.

On trouve dans ce journal des éloges souvent
répétés du Sr Aublet, et particulièrement à l'article
28 Mai 1754, on lit un panégyrique fastidieux qui
ressemble à un extrait tiré de la Vie des Saints et
appliqué à un homme qui a toujours été l'objet du
mépris de toute la colonie de l'Isle de France.

A l'article du 4e Juin de la même année, après
avoir appuyé un mémoire du Sr Aublet contre moi,
l'auteur du journal rend compte de ce qui regarde

ma mission dans ces termes remarquables : *ce mémoire du Sr Aublet me donne occasion de parler ce soir à M. Bouvet du Sr Poivre et de ses expéditions.*

Il s'est répandu sur les louanges de cet Exmissionnaire, a fort exalté les plants qu'il a rapportés sur la foy du Sr Mabille et que le Sr Aublet soutient faux — enfin il a fait armer un vaisseau exprès commandé par le S^r Le Brun, pour porter le Sr Poivre dans les Molucques où il doit prendre encore d'autres plants : mais si j'en crois d'autres discours, le Sr Poivre lié d'interest avec le Sr Mabille doit rapporter de Timor beaucoup d'esclaves qu'il mettera en passant au port du Sud-Est où le Sr Mabille est résident. Les Srs Mabille et Poivre ont jetté au port du Sud-Est le plan d'une très belle habitation.

Je ne répondrai rien aux derniers articles de ce rapport infidèle dont l'énoncé détruit par les faits n'a jamais existé que dans l'imagination du journaliste : un Commissaire chargé des affaires les plus importantes aurait pu s'épargner à lui-même et à la Compagnie la narration de ces rêves dans lesquels il n'y a d'heureux que la prédiction de mon passage à Timor que je ne prévoyais pas certainement moi-même dans le tems auquel le journal l'annonçait : la première partie de ce rapport mérite plus d'attention.

M^r le Commissaire n'a donc pas ignoré qu'il y avait à l'Isle de France des plants de muscadiers, mais pourquoi si peu de curiosité pour voir des plants aussi précieux ? MM. Bouvet et Mabille disent qu'ils sont vrais, le Sr Aublet les soutient faux : dans cette différence de sentimens pourquoi ne pas les voir ? pourquoi dans l'incertitude (si l'opinion du Sr Aublet pouvait en former une) ne pas donner des ordres pour leur conservation? pourquoi ne pas en couper une branche, l'envoyer en France, la faire examiner par nos savants botanistes, et mettre la Compagnie en état de s'éclaircir sur un fait si important pour son commerce et ses colonies? Ne semble-t-il pas que l'on craignait d'instruire la Compagnie sur une acquisition aussi intéressante? pour moi qui n'avais pas les mêmes craintes, j'ai envoyé à M. Bernard de Jussieu une branche de mes plants, et ce savant qui l'a reconnue pour être la branche d'un vrai muscadier, est en état de faire connaître à la Compagnie la qualité du présent que je lui avais fait.

S'il était permis de comparer un instant la conduite de notre Commissaire français en cette occasion, avec celle des Commissaires hollandais envoyés en différens tems dans les isles Molucques, dont le rapport fait à leur Compagnie est certifié sous serment; d'un côté quel détail dans les recherches? que d'informations faites sur les lieux? que d'instructions envoyées à la Compagnie. Combien d'ordres sages donnés aux Conseils et aux gouverneurs d'Amboyne et de Blanda (*sic*) pour assurer la possession d'un trésor tel que l'épicerie et pour en augmenter le produit? En un mot quelle fidélité, quel zèle, quel amour de la patrie? de l'autre côté, quelle misère! j'ai presque dit : quelle trahison des interests de la Nation?

Je voudrois pouvoir me persuader que dans la conduite de notre Commissaire il n'y a eu que de la négligence : mais trop de faits contraires s'y opposent, et font naître dans mon esprit une foule de réflexions toutes plus affligeantes les unes que les autres.

J'abbrège : les plants précieux qui devaient en peu de temps faire les richesses de nos colons de la Compagnie, et de la nation, périrent quelques tems après le départ de M*** pour Pondichéri. Un vaisseau postérieur expédié de l'Isle de France pour les Indes put y porter la nouvelle de leur destruction, et le premier bâtiment qui revint de ce pays là à l'Isle de France y apporta une lettre par laquelle le Commissaire général ordonnait d'augmenter les appointemens du Sr Aublet de sept cents et quelques livres, en considération d'un *remède* que cet apoticaire prétendu lui avait envoyé aux Indes. Ce sont les termes de la lettre que j'ai lüe.

Il est à remarquer que cet homme dont on payait si généreusement le remède n'en avait encore composé aucun pour l'hopital et pour les colons dont les santés étaient confiées à ses soins, et il coûtait déjà à la Compagnie des sommes considérables. Il est encore fort singulier que le sujet le plus décrié de toute l'Isle soit le seul à qui notre Commissaire ait fait du bien dans son passage aux Indes.

Voilà dans l'exacte vérité la perte des plants d'épiceries que j'avais apportés en 1753, avec les circonstances les plus remarquables qui accompagnèrent cette perte, telles que je les appris au retour de mon second voyage en 1755. Je reprens le fil de ma relation.

Après avoir remis ma cargaison de Manille et de Timor dans les magazins de la Compagnie à l'Isle de France, et rendu mes comptes, je présentai au Conseil un sac de noix muscades et de geroffles mûrs que j'avais reçu du Gouverneur de Sambuangan lors de mon passage dans son isle. Je priai le Conseil d'examiner ces fruits pour en reconnaître la qualité

et en rendre témoignage à la Compagnie. Mon but
en présentant ces épiceries telles qu'on les recueille
sur les arbres, mais trop vieilles pour être semées,
était uniquement de prouver à la Compagnie qu'on
pouvait avoir des graines de vraïe épicerie malgré
les précautions des Hollandois dans les Molucques ;
ce qui prouve en effet sans réplique la possibilité de
l'exécution de mon projet contre le S* Duvelaër qui
le traitait de chimérique.

Je remis encore au Conseil une petite caisse qui
contenait un plant de muscadier, le seul qui me restait des onze plants que j'avais embarqués à Timor,
avec une noix germée. Je présentai en même tems
une description du plant. Le Conseil confronta l'une
avec l'autre, il examina la noix avec son germe, il
reconnut la justesse de la description et la réalité du
germe sortant de la noix, il reconnut également les
noix muscades dans leurs cocques et les geroffles
murs que j'avais présentés pour être les graines de
vraies épiceries telles que je les disais être. Enfin il
fut dressé un procès-verbal qui atteste la vérité que
j'avance.

Comme je n'étais que trop convaincu de la mauvaise volonté du S* Aublet qui ne faisait plus un
mystère de la mission secrette qu'il avait reçue des
ennemis de mon projet, je voulus le mettre à une
dernière épreuve. Je priai le Gouverneur de vouloir
bien faire assister le dit S* Aublet à l'examen des
graines et plant d'épicerie que je présentais au Conseil et au procès-verbal qui devait attester le résultat
de cet examen. Il fut appellé et parut aussitôt. Il
convint avec le Conseil de la justesse de la description : mais se rappellant avec embarras ce qu'il devait
à ses derniers bienfaiteurs, il déclara qu'il regardait

le plant présenté comme un arècquier et la noix adhé-
rente au plant ainsi que celle qui germait, pour des
noix arecs, mais sans en dire aucune raison : il ne
me fut pas difficile de convaincre le Conseil de l'ab-
surdité avancée par le Sʳ Aublet, puisque l'arecquier
est un palmier et que le plant en question ressem-
blait à un poirier ; d'ailleurs la noix Arec n'a point
de cocque, mais seulement un brou qui est un tissu
de filasse, et le Sʳ Aublet avait reconnu une cocque
véritable aux noix que je présentais. Si le dit Sʳ avait
été sincère et bien intentionné, il aurait avoué fran-
chement qu'il ne connoissait pas plus l'arecquier que
le muscadier.

Malgré une preuve si convaincante de la mauvaise
disposition du Sʳ Aublet, le Conseil le chargea de la
culture du plant ainsi que de la noix germée, avec
ordre de les représenter dans l'état où ils se trouveraient dans le cas où ils viendraient à mourir.

Vingt-huit jours après avoir reçu ce plant, le dit
Sʳ le rapporta au Conseil arraché, brisé et défiguré,
disant qu'il était mort deux jours après l'avoir reçu,
et que la noix que l'on avait vüe germée n'avait point
eû de germe quoiqu'il l'eut lui-même reconnu et
signé dans le procès verbal.

Il présenta à cette occasion un écrit plein d'absur-
dités et de contradictions, auquel je répondis et
prouvay que le Sʳ Aublet avait méchamment détruit
le plant et la noix germée dont la culture lui avait
été confiée. Ce plant détruit a été envoyé à la Compagnie dans l'état où le Sʳ Aublet l'a rapporté, et
quelque défiguré qu'il soit, j'ose assurer qu'un savant
botaniste tel que M. Bernard de Jussieu y reconnaî-
trait : 1ᵒ que c'était un muscadier; 2ᵒ qu'il a péri
violemment.

Cette querelle que j'eus en présence du Conseil
avec le Sr Aublet au sujet du plant que j'avais
apporté de Timor occasionna un éclaircissement sur
les autres plants d'une qualité bien supérieure, pro-
venus de vraies noix muscades fines de Banda, que
j'avais apportés dans mon premier voyage et qui
avaient péri. Le Sr Aublet interrogé s'il était vrai
qu'il eut dit et écrit que ces plants étaient faux nia
d'abord de l'avoir dit ny écrit mais il l'avoua ensuite,
je le sommai de déclarer en présence du Conseil sur
quoi il fondait son sentiment. Il déclara qu'il le fondait sur cette seule raison que les plants n'avaient
pas les feuilles *opposées*, mais bien *alternes*. Il signa
sa déclaration. Je n'ai pas besoin d'autres preuves
de son ignorance, car il est certain que mes plants
avaient les feuilles alternes et que les muscadiers
doivent les avoir telles.

A la fin de l'année 1755, la colonie de l'Isle de
France, victime de l'esprit de partie qui régnait dans
la direction de Paris, vit arriver un homme qu'elle
connoissoit, et qu'elle n'eût jamais prévû de voir un
jour le gouverneur.

M. Magon avait passé quelques années au service
de la Compagnie dans les Indes en qualité de simple
emploié, il s'y était conduit de façon que lorsque la
Compagnie envoya en 1744 des ordres à ses gouverneurs pour réformer les sujets inutiles de ses comptoirs, M. Magon fut compris des premiers de cette
réforme. Depuis ce tems là, protégé par M. du Duvelaër, son parent, il était rentré au service de la Compagnie dans le poste de subrécargue, et en cette
qualité il avait fait à la Chine deux voiages dans lesquels sa mauvaise conduite avait également mécon-
tenté la Compagnie et indisposé contre lui ses con-

frères, les officiers de mer avec lesquels il avait voyagé et les habitans de nos isles qui l'avaient connu dans son passage.

Les plaintes avaient été si générales, le mécontentement de la Compagnie si manifesté, et les griefs qu'elle avait contre lui avaient paru si forts qu'on l'avait cru renvoyé pour la seconde fois du service, mais par un des évènemens qui ne se voient que dans des tems de troubles et de divisions, le même homme dans lequel on ne voiait qu'un sujet à charge et duquel on ne pouvait attendre que des fautes, parut subitement devenir l'homme de confiance. Le même instant qui le vit chassé ou près de l'être du Service de la Compagnie le vit dépositaire de son autorité, et même de ses intérêts les plus essentiels.

A la veille d'une guerre fâcheuse que nous éprouvons aujourd'hui, le soubrécargue de la Chine fut envoyé pour commander à l'Isle de France et diriger dans son port les opérations de marine d'où dépend le sort de toutes nos affaires aux Indes, tandis que le meilleur homme de mer que la Compagnie ait à son service, fut renvoyé à Bourbon présider à des cargaisons de caffé.

M. Magon arriva le 4 Xbre 1755 en qualité de Directeur de la Compagnie et de commandant général des deux Isles avec soixante trois mille livres d'honoraires. Le malheur de la Compagnie et de la Colonie en cette affaire, fut que M. Magon était parent de M. Duvelaër, directeur accrédité qui avait la principale influence dans les affaires. Le nouveau directeur commandant n'eut rien de si empressé que de s'informer, dès le premier moment de son arrivée, du succès de mon dernier voyage ; il me pressa de lui en donner la relation. Ce fut le premier écrit

qu'il lut dans l'Isle, mais quel fut mon étonnement
lorsqu'il me déclara en me rendant ma relation que
mon projet était excellent, mais qu'on ne lui en avait
donné aucune connaissance à Paris, et que n'aiant
pas reçu d'ordre de la Compagnie à mon sujet, il ne
pourrait me donner aucun secours. Cet empressement
inquiet que l'on avait d'abord témoigné pour sçavoir
le succès de mon voyage, n'était-il donc occasionné
que par la crainte de trouver mon projet exécuté?

Je ne tardai pas de reconnaître dans M. Magon un
commandant envoyé pour servir les vües du Sr Duvelaër et de son parti. La colonie entière vit avec indignation le Sr Aublet logé au Gouvernement, admis à
la confiance la plus intime, et devenu la compagnie
la plus ordinaire du chef. L'apothicaire de la Compagnie parut à la tête d'une troupe de fusiliers pour
veiller au déchargement des vaisseaux ; accompagné
de la même escorte, il parcourut l'isle faisant tuer
les chiens des habitans qu'il regardait comme ses
ennemis sous prétexte d'exécuter la commission
qu'on lui avait donnée de tuer tous les chiens de
chasse du païs. On le vit courir déguisé pendant les
nuits, arrester les passants le pistolet sous la gorge,
pour savoir où ils allaient, écouter aux portes et aux
fenestres des maisons ce qui se disait et jouer public-
quement le rôle d'espion.

On le vit appuyé de l'autorité du Gouvernement
enlever une habitation à un pauvre malheureux qui
en était possesseur légitime et qui l'avait deffrichée.
Outre l'inspection des jardins de la Compagnie il
obtint celle de ses troupeaux ; il fut chargé de la
police du marché, on lui confia le soin des planta-
tions, des chemins et promenades publicques. D'où
pouvait venir au Sr Aublet, apothicaire, générale-

ment décrié dans le pays, tant de confiance et de protection de la part d'un commandant arrivé depuis deux jours qui ne l'avait jamais vû ni connu?

On remarquera que M. Magon était beaucoup moins instruit que son prédécesseur sur le véritable objet de la mission secrette du Sr Aublet, il se livra à lui et l'employa à tout, excepté à la pharmacie dont le projet chimérique n'avait été qu'un leurre pour faire passer cet homme à l'Isle de France.

Tandis que l'apothicaire de la Compagnie jouait des rolles si singuliers, une maladie épidémique ravageait l'isle, l'hôpital manquait de remèdes. On s'imagina trouver une ressource en deffendant de délivrer des drogues avant sept heures du matin et passé six heures du soir. Plus de seize cents hommes périrent misérablement dans l'espace de cinq ou six mois et l'on peut assurer que près de la moitié a péri faute de remèdes. Il est public dans l'isle que l'apothicaire avait dissipé une partie des drogues simples envoyées par la Compagnie, en composition de vins et de liqueurs qu'il avait vendus à son profit.

Victime et témoin des désordres qui régnaient à l'Isle de France je jugeai qu'un plus long séjour y serait inutile. Abandonné par la Compagnie qui depuis plus de six années n'avait pas répondu un seul mot aux lettres pressantes que je lui avais écrit, sans espérance du côté du nouveau directeur commandant, je crus mon voyage d'autant plus nécessaire pour le bien de la Compagnie que mes instructions portaient expressement : *nous ne vous prescrirons ni termes, ni moyens, ni économie; les circonstances vous décideront,* etc.

Dans l'abandon général où je me trouvais, je me

crus obligé par les termes même de confiance dout
mes instructions m'honoraient, de m'embarquer
malgré les périls de la guerre, pour venir savoir
les intentions de la Compagnie, l'informer de ma
conduite, de mes découvertes, et lui demander de
nouveaux secours dans le cas qu'elle fut du sentiment de poursuivre l'exécution de son premier
plan.

M. Magon me permit de m'embarquer sur le vaisseau le *Pondichéry*[1] et comme ce navire devait hiverner à Madagascar, je profitai de cette occasion pour
aller faire dans cette isle quelques recherches relatives à ma mission. Mon but principal dans ce
voyage était d'examiner particulièrement deux productions de l'isle lesquelles, suivant la description
de FLACOURT[2], me paraissaient devoir être de même
nature que celles que je cherchais depuis six ans

1. Le *Pondichéry* était un bâtiment de 800 tonneaux, armé de 20 canons, monté par 169 hommes, commandé par PIERRE DE SANGUINET,
parti de Lorient pour la Chine le 15 janvier 1755; capturé en 1757.

2. *Etienne* de FLACOURT, né à Orléans en 1607; nommé commandant
de Madagascar (Fort Dauphin) en 1648; il se noya en revenant en
France pour la deuxième fois le 10 juin 1660; il a publié l'ouvrage suivant devenu classique :

— Histoire de la Grande Isle Madagascar, composée Par le Sieur
de Flacourt, Directeur general de la Compagnie Françoise de l'Orient,
& Commandant pour Sa Majesté dans ladite Isle, & Isles adjacentes.
A Paris, Chez Pierre L'amy, au second Pilier de la grande Salle du
Palais, au grand Cesar. — M.DC.LVIII. Avec Privilege, in-4.

— Histoire de la Grande Ile Madagascar composée par le Sieur de
Flacourt,... Avec une Relation de ce qui s'est passé aux années 1655,
1656 et 1657, non encore vue dans la première Impression. A Troyes,
Chez Nicolas Oudot, & se vendant A Paris, chez Pierre Bien-fait, au
Palais dans la grand Salle, au quatrième Pilier, à l'image S. Pierre.
— M.DC.LXI. Avec Privilege dv Roi, in-4.

— Ibid., 1664, in-4.

— Nouvelle édition par MM. Alfred Grandidier, de l'Institut, Henri
Froidevaux et Guillaume Grandidier. Tome VII de la *Collection des
Ouvrages anciens concernant Madagascar*. Paris, Union Coloniale,
1913, in-8.

pour la Compagnie. Dès l'année 1754 j'avais fait part au Comité des fortes conjectures que j'avais ce sujet.

Je proposai de nouveau à M. Magon de prendre quelques mesures pour le cas où le Gouverneur, soit de Timor, soit de Sambuangan nous enverroient avis de l'acquisition qu'ils auraient fait l'un ou l'autre des plants d'épicerie suivant les conventions du traité que j'avais fait avec eux au nom de la Compagnie. Le Directeur commandant me déclara que dans ce cas là même, il ne pourrait envoyer un vaisseau ny aux Philipines ny à Timor parce qu'il n'avoit reçu aucun ordre de la Compagnie pour cela.

Je partis de l'Isle de France le vingt-six avril 1756 et j'arrivai à Madagascar le quatre mai suivant.

Les recherches que je fis sur le Ravendsara que Flacourt dépeint comme un gerofflier, m'apprirent que cet arbre n'a d'autre rapport avec le gerofflier que par la position et forme de ses feuilles, et par l'aromate égal répandu dans toutes les parties de cet arbre, que j'ai trouvé d'ailleurs d'un genre tout à fait différent.

Mais j'ai découvert que le *Rhâo* de Flacourt dont le véritable nom est *Rhâ-rhâ*[1], est un vrai musca-

---

1. « Rhaà [Ra], c'est l'arbre qui apporte le sang-de-dragon : ce mot *rhaà* [*ra*] signifie Sang : il y en a une autre sorte que l'on nomme *ma-foutra* [*mafotra*], qui jette du sang ainsi que celui-ci et dont je parlerai ci-après. Le *rha* est un arbre grand comme un noyer ; il jette le sang de son écorce, de ses branches et de son tronc, lorsqu'il est ou piqué, ou coupé, ou blessé, ni plus ni moins qu'un homme : ce sang distille de sa plaie, aussi rouge que le sang d'un animal ; son bois est blanc et bientôt sujet à la pourriture ; sa feuille est comme la feuille d'un poirier, un peu plus longuette ; sa feuille est rouge de couleur feu, longue comme un ferret d'aiguillette et de même forme ; son écorce en décoction arrête le flux du sang » (FLACOURT, *Madagascar*, éd. de 1658, pp. 135-6 ; éd. GRANDIDIER, p. 194).

dier sauvage dont j'ai rencontré quatre sortes dans le quartier de Foule pointe[1]. J'en ai apporté des branches, des fleurs et des fruits qui ont été reconnus par M. de Jussieu pour être de vrais muscadiers sauvages. Cette découverte dans une isle si voisine de celles que possède la Compᵉ me paraît bien capable de l'engager à ne pas abandonner l'entreprise de l'acquisition des épiceries, et doit lui donner de justes espérances de les voir réussir dans ses isles.

Je partis de Madagascar sur le vaisseau le *Pondicheri* le 6 7ᵇʳᵉ 1756. Je fus pris par les Anglais le 23 Xᵇʳᵉ de la même année et conduit à Cork en Irlande, d'où je suis revenu en France le vingt-deux avril 1757.

Je me présentai à la Compagnie dès le mois de Mai suivant, mais je ne pus obtenir de réponse qu'à la fin de Septembre. Cette réponse fut qu'on n'avait aucune connoissance des opérations que j'avais faites aux Indes; il y avait cependant un carton rempli de mes lettres, journaux, mémoires, et autres pièces que j'avais envoyés annuellement à la Compagnie pour lui rendre compte de la suite de mes opérations.

M. David fut chargé de faire un extrait de toutes ces pièces pour en faire le rapport à la Compagnie.

Afin de rendre ce rapport plus complet, et mettre la Compagnie au fait des dépenses occasionnées pour l'acquisition des plants d'épicerie pendᵗ les six ou sept années de ma mission, j'ai remis à Mʳ David deux extraits des livres du garde magasin général de l'Isle de France; par le premier Nᵒ 25

---

1. Foulepointe ou Foulpointe, sur la côte orientale de Madagascar, au N. E. de Tamatave où la France eut son principal établissement.

qui contient les comptes de mon premier voyage
depuis le 2 Juin 1750 jusqu'au 30 avril 1753 on
trouve page 19 que tous frais quelconques déduits
les 3500 piastres que j'ai laissées entre les mains du
Sr Oscotte pour suivre les opérations commencées à
Sambuangan seront de pur bénéfice lorsqu'elles ren-
treront.

J'ai laissé au Sr PIGNON, mon procureur à Manille,
la commission de retirer ces fonds et de les faire
passer à la caisse de Pondichéri, lui aiant remis pour
cet effet les reçus du Sr Oscotte. J'ai chargé le garde
magazin de l'Isle de France du double de ces reçus
avec une copie de ma procuration signée par amplia-
tion.

On trouva dans le second extrait des comptes du
même garde magazin général que mon dernier
voyage à Manille et à Timor en 1754 et 1755, a rendu
tous frais faits 24320^ll de notre monoye en pur profit
quoique l'objet de ce voyage ne fut pas le commerce,
et malgré les dépenses que m'ont occasionnées à
Manille la carène, le doublage entier et les réparations de la frégate.

Ainsi mes voyages pour procurer à la Compagnie
l'acquisition des plants d'épiceries, loin de lui avoir
couté des sommes immenses suivant l'expression
partiale des ennemis de mon projet, lui ont donné
d'un côté 24320^ll, qui sont déjà entrés dans sa caisse
et des 18375^ll, restées entre les mains du Sr Oscotte,
il doit en rentrer 15500^ll dans la caisse de Pondichéri, parce qu'il faut déduire 550 piastres pour la
dépense des deux embarcations armées par le
d^t Sr Oscotte en 1752 et omises dans l'extrait du
garde magazin. Suivant ce compte, la Compagnie
se trouve avoir un bénéfice réel de 39,820^ll, malgré

les mauvaises qualités du bâtiment et des marchandises qu'on m'avait donnés, malgré les délais occasionnés par l'abandon de la Compagnie et par les contradictions de quelques-uns de ses directeurs.

Je ne dois pas dissimuler que la Compagnie vient de recevoir de l'Isle de France un compte de mon dernier voyage absolument contradictoire avec l'extrait qui m'en avait été fourni par le garde magazin et que je viens de citer. Cette pièce m'a été communiquée, et j'ai remis à la Compagnie des observations qui en ont fait voir les erreurs.

Le résultat du compte en question présente une perte de 29000ll sur mon expédition, et il semblerait presque que l'ouvrage n'aurait été fait que dans la vue de persuader la Compagnie de cette perte prétenduë. Les erreurs et les omissions de cette pièce sautent aux yeux des moins intelligens, elles sont si frappantes qu'il serait impossible de ne pas la prendre pour un ouvrage d'imagination plutôt que pour un compte sérieux, si M. Magon ne l'avait pas accompagné d'une lettre par laquelle il l'annonce à la Compagnie comme un extrait des livres contenant le résultat des profits et pertes de mon voyage.

En effet, on a oublié dans le crédit de ce compte le bénéfice tout entier de la vente des marchandises apportées de Manille et de Timor, remises dans les magazins de la Compagnie à l'Isle de France et venduës partie à cent, partie à cinquante pour °/₀ de profit, ce qui forme une omission de 30000ll monoye forte. Cet article seul fait disparaître la perte prétenduë de 29000ll énoncée par le compte de l'Isle de France. Il ne faut que des yeux pour corriger cette erreur.

Le même compte, outre plusieurs omissions considérables faites au crédit de l'armement, èn charge le débit de sept doubles emplois qui grossissent beaucoup les dépenses.

Ces erreurs étant corrigées, on retrouve le bénéfice réel énoncé par l'extrait des comptes du garde magazin de l'Isle de France que j'ai remis à la Compagnie ainsi qu'il a été dit cy devant.

Au reste mon armement avait un but de toute autre importance que le profit passager qu'on pouvait espérer d'une traite de Manille. Avant moi la Compagnie faisait ce commerce pour son comptoir de Pondichéri, ainsi elle n'avait pas besoin pour cela de mon service ; mais il était question d'aller aux iles Philippines et aux Molucques, d'y chercher des plants d'épiceries pour les transporter dans nos Colonies, et de procurer au Royaume par cette acquisition une source de richesses intarissable. Le commerce de Manille n'entrait dans ma mission que par accessoire, et pour couvrir sous ce prétexte le véritable dessein de mon voyage.

Si j'ai été assez heureux pour dédomager la Compagnie de ses frais et même de lui donner du bénéfice, c'est un bonheur qui ne doit être compté pour rien en comparaison de l'ouverture que j'ai faite pour elle à la Cochinchine, d'un commerce très lucratif qu'elle ne connaissait point auparavant. Elle n'avait pas plus de notion de celui de Timor d'où les Isles de France et de Bourbon sont en état de tirer annuellement à très grand marché et presque sans risque, une quantité d'esclaves que ni la côte de Guinée, ni aucun autre pays ne peuvent leur fournir qu'à des prix excessifs par la grande mortalité que la longueur de ces voyages occasionne parmy les nègres dans les traversées.

En exposant ici les avantages de ces deux branches de commerce qui donneront à la Compagnie un bénéfice annuel de 600.000^{ll}, je ne prétens pas, quelque intéressant qu'ils soient, les comparer à l'acquisition des épiceries que je regarde comme un objet supérieur à tout ; je dirai même, fondé sur des combinaisons très faciles à faire, que les mines d'or et de diamans ne les valent pas.

La possibilité démontrée de se procurer ces plants précieux, et la facilité d'y parvenir méritent sans contredit toute l'attention et le zèle de la Compagnie. Qu'elle examine seulement, et dans la bonne foy, par quel défaut sa première expédition a manqué d'avoir son plein effet, qu'elle en écarte les causes, qu'elle fasse respecter ses ordres en y donnant elle-même une attention suivie, et pour lors elle pourra compter sur une réussite certaine de ses projets lorsqu'il lui plaira de les faire exécuter.

*
* *

Poivre était revenu de ses voyages « avec une grande réputation et une fortune médiocre. M. BERTIN, alors Contrôleur général, auquel nous devons le commencement de la liberté du commerce des grains en France, une excellente loi pour limiter les privilèges exclusifs, l'établissement des sociétés d'agriculture, celui des écoles vétérinaires, beaucoup de recherches précieuses sur la Chine, et qui connaissait et savait apprécier les services de M. Poivre, lui fit donner, sur le trésor national, une gratification de 20.000 francs, qu'il n'avait pas demandée.

« Satisfait de cette récompense modérée, M. Poivre s'était établi près de Lyon, dans une campagne agréable [La Freta]. Il s'y livroit à son amour pour les lettres, et il y cultivoit les plantes les plus curieuses des quatre parties du monde[1]. »

1. DUPONT DE NEMOURS.

En 1767, il fut désigné par le Duc de PRASLIN pour l'Inten-
dance des Iles de France et de Bourbon. « Il n'accepta cet
emploi que sous la condition expresse qu'il ne serait établi
dans ces colonies ni droits de lods et ventes, ni timbre, ni
droit d'enregistrement, et que la justice y serait gratuite.
Dès son arrivée il montra de quelle sollicitude il était animé
pour le bien des colons. « Ne craignez point de me fatiguer,
leur disait-il; mon temps est à vous. Instruisez-moi hardiment de mes erreurs; soyez persuadés qu'elles seront involon-
taires. » Il s'empressa d'assurer les moyens d'approvisionnement, puis il répara le Port-Louis, régla le cours des eaux,
reboisa les montagnes, introduisit le giroflier, le laurier des
Antilles, le cacaotier, le manguier, le chou caraïbe, le sagou-
tier, l'arbre à pain, le cannellier, la canne à sucre de Java,
etc. Il mit un terme aux excès de la traite, et apporta un
notable adoucissement au sort des esclaves. Pendant six ans
que dura son administration, non seulement il répara tous
les désastres que la guerre avait causés, mais il rendit si
prospères ces belles colonies qu'il mérita de partager avec
La Bourdonnais le titre de leur fondateur[1]. » Turgot lui
accorda une pension de 12.000 livres.

1. *Biographie Didot.*

LA FRANCE ET L'ANGLETERRE

EN INDO-CHINE ET EN CHINE

SOUS LE PREMIER EMPIRE [1]

Les guerres de la Révolution et de l'Empire n'étaient guère favorables au développement de notre puissance coloniale. Napoléon ne pouvait embrasser tout à la fois, mais il est évident cependant qu'au milieu des nombreux projets qu'il mettait à exécution, il en gardait d'autres en réserve et que parmi ceux-ci se trouvait peut-être une reprise de nos relations avec la Cochinchine ; je note, en effet, dans les Archives des Colonies un *Mémoire sur la Cochinchine* portant en marge cette note autographe : *Renvoyé au Ministre de la Marine pour me faire connaître son opinion sur ce Mémoire.* Paris, le 29 frimaire an 10, le 1er Consul, BONAPARTE [2].

Cette note est apposée sur un assez long *Mémoire sur la Cochinchine* [3] daté de Paris, 2 frimaire an X dans lequel CHARPENTIER de COSSIGNY proposait de faire dans ce pays une expédition commerciale à la

1. Extrait du *T'oung-Pao*, 1903.

2. H. CORDIER, *La question du Tong-king.* (Soc. historique, No. 2, 1883, p. 83).

3. *Archives de la Marine et des Colonies.* COCHINCHINE 1792-1818, No. 5.

tête de laquelle il offrait de se placer malgré son grand âge.

MÉMOIRE SUR LA COCHINCHINE.

J'ai tâché, dans une note succincte, qui a été remise au Conseiller d'État Portalis, de faire sentir l'importance attachée au choix d'un Évêque, pour les missions de la Cochinchine, en remplacement du dernier dont nous regrettons la perte[1]. Ce vertueux prélat qui avait toute la confiance du roi, menageait dès longtems à la France les moyens d'y former un Établissement.

Les vues que je vais exposer sont celles qu'il m'a présentées dans plusieurs entretiens que j'ai eus avec lui, à l'île de France en 1786 et en 1788. Le Roi de la Cochinchine était alors disposé à céder à la France l'Ile et le port de Touron, en toute propriété, mais il exigeait des secours en vaisseaux de guerre et en troupes pour les employer avec les forces qu'il se flattait de rassembler, contre l'usurpateur qui avait envahi ses États, et qu'il a depuis contraint à se retirer sur les confins de son royaume, où il commande à des montagnards difficiles à réduire.

Nous pensons que le Roi est encore dans les mêmes intentions, et qu'il suffirait d'une poignée de Français, pour remplir les vues de ce prince. Nous ferions donc, pour un leger sacrifice, une acquisition très importante.

Le désir de soumettre ces rebelles, et l'attachement qu'il porte aux Français, le détermineraient vraisemblablement à nous accorder une propriété de terrain, à notre convenance, dans ses États, et le privilège exclusif du commerce de son royaume, à condition que nous réunirions des forces aux siennes contre les révoltés.

La France, par ses victoires, a étendu ses domaines sur le Continent, mais elle a fait de grandes pertes dans son commerce extérieur, tandis que l'Angleterre a beaucoup augmenté le sien.

Sans commerce, point de marine ; sans marine, point de

1. L'évêque d'Adran.

puissance au dehors; sans colonies, point de commerce extérieur.

Pour élever la République au degré de puissance qui convient à son étendue et à sa gloire, et pour la mettre en état de lutter un jour contre sa rivale, il paraît nécessaire de présenter au commerce des branches nouvelles et étendues à exploiter. C'est ce que nous offre la Cochinchine, pays qui fournit la plus grande variété de denrées commerciales.

Il produit le plus beau sucre et au prix le plus bas. On en exporte à la Chine, au Japon et à Siam. On pourrait étendre ce commerce et transporter cette denrée aux côtes de Coromandel, de Malabar et dans les golfes Persique et Arabique qui n'en produisent point. Il serait même possible d'en approvisionner la France, si les récoltes de ses colonies ne suffisaient pas à sa consommation. Sous ce rapport la Cochinchine peuplée de quatre millions d'âmes peut nous dédommager des productions de St. Domingue.

Le riz qui est très-abondant est toujours un objet de commerce avantageux pour la Chine. Le coton, la soie, l'indigo, le thé, le poivre, l'arecque (grand objet pour la Chine), le salpêtre, le brai sec, toutes sortes de résines, etc., fourniraient de l'aliment à un commerce très étendu, pour les Indes Orientales et pour l'Europe.

Mais les objets les plus précieux de ce pays sont l'or dont il y a des mines très abondantes et faciles à exploiter et les trois articles suivants qu'on ne trouve point ailleurs, l'indigo-verd, le bois de sucre et la gomme-gutte.

L'industrie française animerait l'agriculture et les arts de ce royaume; le commerce leur donnerait une nouvelle activité. Nous y formerions avec le tems la colonie la plus florissante, la plus riche et la plus puissante. Les forêts de cette contrée seraient converties en vaisseaux; et la discipline qui manque aux soldats Cochinchinois, dont la bravoure a de la réputation, se trouvant aidée par la tactique européenne, consoliderait notre établissement.

Placé, pour ainsi dire, à la porte de la Chine, il nous donnerait la plus grande influence sur le commerce de cet empire, et les moyens de l'interdire aux Européens, avec lesquels nous serions en guerre, ou du moins de le leur rendre très-onéreux,

Les rois du Camboge et du Tsiompa[1] sont tributaires de celui de la Cochinchine. Ils gouvernent des peuples à demi-barbares, chez lesquels les Européens n'ont pas encore pénétré. On sait que les deux pays produisent beaucoup de coton; ils donnent sans doute d'autres denrées qu'on ne connaît pas encore. Il est vraisemblable que nous pourrions étendre nos relations chez ces peuples agrestes, leur inspirer le goût de la civilisation, et y transplanter quelques uns de nos arts. Faire du bien aux hommes est la plus grande gloire que l'on puisse acquérir.

L'héritier du trône de la Cochinchine, jeune prince de 20 à 22 ans, élève de l'Évêque d'Adran, professe le christianisme. Il a une affection particulière pour les Français. Le voyage qu'il a fait en France lui laissera toute sa vie des impressions profondes de la puissance de la nation et des merveilles de nos arts. Comme il est infiniment plus instruit qu'aucun de ses compatriotes, puisqu'il écrit en Français et qu'il se plaît dans la lecture de nos livres, les comparaisons qu'il peut faire sans cesse de l'état de fleur et de grandeur de nos villes, avec celles de son pays, de notre population, de la multiplicité et de la perfection de nos arts, ne peuvent que lui donner une grande idée de notre supériorité sur les peuples de l'Asie. Ce prince semble appelé par la Providence pour opérer une heureuse révolution dans son pays; mais il a besoin d'être aidé dans les vues que je lui suppose, par le concours d'une nation Européenne. Je ne doute pas qu'il ne contribue beaucoup, par son crédit auprès du Roi, à faire accueillir nos propositions. Je pense qu'il est à propos d'expédier au plutôt (après Nivose, il sera trop tard vu les Moussons des Indes) une frégate de 40 canons et une corvette, pour la Cochinchine, avec un ministre Plenipotentiaire, chargé de conclure un traité d'alliance, d'amitié et de commerce, avec le Roi. C'est là le grand objet de cette mission, mais s'il ne pouvait être rempli, je propose d'utiliser cette expédition.

Les Anglais et les Français en ont fait plusieurs très-coûteuses, dans l'immense mer du Sud, dans la vue de prendre connaissance du globe et des peuples qui habitent des îles et des contrées inconnues. Il en résulte peu d'avantage pour l'Europe : son commerce n'a pas été accru.

1. Tchampa.

Une société de philanthropes anglais a fait, à ses frais, deux expéditions à Otaïti, pour procurer aux colonies américaines de sa nation, le fameux arbre à pain beaucoup trop célébré, et qu'on pouvait trouver aux Moluques et à Ceylan. Et la grande nation serait arrêtée par des dépenses moindres qui pourraient être compensées par des objets de retour, et diminuées par le transport d'effets d'approvisionnement pour l'Ile de France!

C'est toujours un argent bien placé que celui qui a pour résultat le bien de l'humanité. L'argent n'est pas perdu puisqu'il circule dans le pays; et le produit qu'il a donné dans le premier emploi est à l'avantage de la société.

Il s'agit d'acquérir des végétaux infiniment plus précieux que le Bima, placés exclusivement par la nature à la Cochinchine : la plante nommée *Dinaxang* dont on extrait un indigo-vert, propre à la teinture, dans toutes les nuances de verd; le bois de sucre, dont l'écorce a un parfum très-supérieur à la canelle de Ceylan et qui se vend à la Chine cinq ou six fois plus cher que la canelle hollandaise; l'arbre qui donne la gomme-gutte.

On ajouterait à cette acquisition celle du cotonnier à laine jaune, qui est employé à faire les Nankins de la Chine; le Calembac ou bois-d'aigle si estimé et si précieux dans toute l'Asie; l'arbre à vernis, objet d'un commerce considerable; le Benjoin, la Badiane, ou anis étoilé, et plusieurs végétaux qui donnent des résines inconnues aux Européens, et qui sont employés à la Cochinchine et à la Chine.

On y trouverait quantité d'objets propres à enrichir le Museum d'histoire naturelle, surtout dans le genre de l'Ichthyologie et de la Botanique.

En passant à Luéda?, à Malac, à Siam, on ferait une cueillette intéressante. Les rotins, les jets qui servent de canes, et plusieurs autres productions feraient la richesse de nos colonies. Au retour on relâcherait à Batavia où l'on trouverait encore à glaner dans le même genre.

La même expédition transporterait à la Cochinchine, l'Évêque qui doit succéder à celui dont nous regrettons la perte.

Outre les présents d'usage destinés au Roi, à son fils et aux Mandarins, il serait à propos de charger sur la frégate

quelques pièces de canon, avec leurs affûts, des obus, des
mortiers et leurs crapauds, que l'on vendroit au Roi, et
d'autres denrées dont je fournirai l'état, et dont la vente
compenserait tout ou partie des dépenses.

Il serait essentiel d'embarquer sur l'expédition quelques
artilleurs intelligens, des botanistes, des naturalistes et des
minéralogistes.

Les mines d'or de la Cochinchine sont peut-être les plus
riches qui existent. Ce métal n'est pas monnaie dans ce pays,
ni à la Chine; il y est beaucoup plus précieux que l'argent,
mais ce sont les Européens qui l'ont renchéri. Le Roi accorde
sans difficulté à ses sujets, la permission d'exploiter les mines
de son royaume, moyennant un droit très-modique. Je ne
doute pas qu'il ne l'accordât à ses alliés. Cette entreprise me
paroît devoir payer toutes les dépenses du projet, et même
elle fait naître l'espoir de procurer par la suite des richesses
considérables à ma patrie. Pourquoi la Cochinchine ne devien-
drait-elle pas un Perou pour la nation? Au surplus on pourrait rapporter en France des denrées dont la vente rembour-
serait les frais de l'armement.

Il s'arrèterait à l'Ile de France où il déposerait une partie
des végétaux précieux de sa collection, et pourrait faire son
retour par Cayenne et St. Domingue.

L'auteur de ce projet qui a voyagé à la Chine où il avait
pris des connaissances sur la Cochinchine, a été lié d'amitié
avec l'évêque d'Adran. Il a vu le jeune prince Cochinchinois
à l'Ile de France, lui a même fait quelques présents et lui a
présenté son fils qui est du même âge. Il s'est occupé toute sa
vie du soin de multiplier et de propager les plantes utiles ou
agréables. Dans trois voyages qu'il a faits des Grandes Indes
en France, il a toujours rapporté une collection intéressante
de graines et de plantes étrangères. La dernière dans l'an IX
a été partagée entre Bordeaux, Paris, l'Égypte, Ténériffe,
St. Domingue, Cayenne, la Guadeloupe, le Sénégal, la Corse,
l'Espagne, l'Italie, l'Angleterre, l'Autriche, etc.

Malgré son grand âge, son zèle n'a point vieilli, et il offre
au premier Consul ses services pour l'expédition qu'il propose. Il croît qu'il est essentiel de garder soigneusement le
secret sur l'objet politique de l'armement; il est très facile de
le masquer. Personne ne sera surpris de voir le soussigné

retourner à l'Ile de France, avec des botanistes, des naturalistes et des mineralogistes. On pensera que cette expédition est destinée à préparer un établissement à Madagascar, projet dont l'auteur sollicite constamment l'exécution depuis 1764, et qu'il désire voir réaliser un jour.

Il est digne du Génie qui gouverne la France d'embrasser des projets qui contribueront à la prospérité de la nation et qui renferment des vues ultérieures d'une grande importance.

Si le Trésor national ne peut pas suffire aux avances qu'exige l'armement proposé, il est un moyen qui fait concevoir l'espérance de les remplir.

Si le Gouvernement l'approuve, s'il prend des actions, si les chefs de l'État souscrivent, s'ils témoignent prendre un vif intérêt au succès du projet, nous ne doutons pas qu'il ne puisse être mis à exécution. Dans ce cas le même hemme chargé de la collection des plantes étrangères, et des opérations de commerce de l'armement, pourrait être un négociateur secret auprès du Roi de la Cochinchine pour remplir les vues que nous avons exposées dans ce mémoire.

Les étrangers eux-mêmes mus par une sage philanthropie pourraient prendre part à l'exécution. Ils en partageraient moralement et physiquement les produits. Une plante nouvelle transplantée dans une contrée de l'Europe est bientôt propagée dans les autres, si le climat ne s'y oppose pas.

Je n'attends que la décision du Gouvernement pour publier le prospectus de la souscription, s'il m'y autorise.

Dans ma jeunesse j'ai été chargé en chef deux fois d'une mission très importante à Batavia, avec trois et quatre vaisseaux. Elle demandait bien plus de détails, elle présentait bien plus de difficulté que celle que je propose aujourd'hui.

A Paris, le 2 frimaire an X de la République française une et indivisible.

COSSIGNY.

Rue Mazarine N° 66.

P.S. Dans le cas où le Gouvernement préférerait de faire pour son compte l'armement que je propose, et qu'il voulût le masquer, il pourrait prendre pour prête-nom un armateur ou un banquier connu.

Cinq ans plus tôt, 2 sept. 1797, le capitaine de vaisseau LARCHER avait envoyé au Directoire un *Projet d'établissement aux Philippines et à la Cochinchine*[1] qui a pour but de « faire déchoir l'orgueilleuse Angleterre de cet état de splendeur où le commerce l'a fait monter, et qui la rend si insolente envers toutes les nations ».

PROJET D'ÉTABLISSEMENT AUX PHILIPPINES ET A LA COCHINCHINE ENVOYÉ AU DIRECTOIRE EXÉCUTIF

Le commerce Maritime est la propriété de toutes les puissances qui ont des ports : elles doivent faire jouir à un prix modéré les peuples de l'Intérieur des productions qu'il procure; la justice et la saine politique le prescrivent.

Quand une puissance est connue pour vouloir seule l'envahir, il est du devoir de toutes les autres de s'y opposer; leur intérêt le commande.

Depuis longtemps l'Angleterre tend à dominer sur les mers, et à la suprématie du commerce maritime. Prête à atteindre le but qu'elle s'est proposé, il est plus que tems d'arrêter ses desseins préjudiciables à tous les peuples.

Déjà maîtresse de la presqu'isle de l'Inde, il ne lui manque qu'un établissement conséquent dans les mers de l'Est pour s'approprier exclusivement le commerce de la Chine. Peut-être est-elle au moment de réussir? Les Isles Palos, dont un

---

1. *Archives de la Marine et des Colonies.* — M. Septans, *Commencements de l'Indo-Chine française,* 1887, pp. 107-109, a donné de courts extraits de Cossigny et de Larcher; j'ai signalé au cours de ce mémoire, quelques-unes des pièces indiquées par M. Septans ou dont il a donné des extraits dans son livre qui est un des meilleurs sur l'Histoire de la Cochinchine. Je publie *in-extenso* les pièces que j'avais copiées moi-même quelques années auparavant aux archives de la Marine et des Colonies; j'y ai fait allusion dans ma conférence faite en 1883, voir *supra,* p. 138, *note,* à la Société historique (Cercle St. Simon).

J'ai publié déjà un grand nombre de pièces qui ont été reproduites depuis sans que je fusse cité, entre autres le Voyage du *Machault,* 1749-50, imprimé en 1885 dans la *Revue d'Extrême-Orient,* Vol. III, donné à nouveau treize ans plus tard dans la *Revue de Géographie.*

de ses capitaines a emmené en Angleterre le fils du Roi, peuvent le lui offrir.

La République française et l'Espagne alliées par la raison,
l'intérêt, la bonne foi doivent opposer une barrière légitime à
ses projets ambitieux. Elles ont le même ennemi à combattre,
et combien de perfidies et d'humiliations n'ont-elles pas à
venger! quelle raison plus puissante peut mieux assurer la
bonne harmonie qui doit exister toujours entre ces deux puissances? Si des armées de la République française ont fait par
leur valeur, et au prix de leur sang, des conquêtes en Espagne,
le désir de s'allier étroitement avec cette nation généreuse et
brave, et la sagesse du Gouvernement français les ont fait
rendre; mais en échange il a obtenu la plus précieuse de
toutes, l'estime et la confiance; elles ont été la base des traités
qui ont été faits avec la cour de Madrid. La différence des
principes de gouvernemènt n'est point un obstacle à la durée
de cette alliance nécessaire. Le seul indispensable à toutes les
formes de gouvernement c'est celui de la justice. Le Directoire exécutif ne peut ni ne veut s'en écarter, est-il quelque
chose de plus rassurant pour la Monarchie espagnole.

L'extension considerable que la République française a
acquise par ses armes sur le continent et que les traités lui
ont assurée, nécessite une augmentation de colonies relative.
C'est une vérité politique à laquelle il n'est pas permis de se
refuser.

Les malheureux événements qui se sont succédé dans nos
isles occidentales, la loi du 16 Pluviose, an 2e, confirmée par
la Constitution ne laissent qu'une espérance éloignée de
rendre à ces colonies toute la splendeur dont elles jouissaient
avant leurs désastres.

La République française doit donc chercher à créer des établissements conformes à ses principes. C'est donc dans des
pays, dans des isles où la vénalité des hommes est inconnue,
où ce genre de commerce réprouvé par la philosophie et qui
dégrade l'humanité n'a pas force de loi, qu'elle doit les former
de concert avec les habitants, ou avec le Souverain qui les
gouverne.

L'Archipel des Philippines parait réunir tous les avantages
désirés tant par sa localité que par le nombre de ses habitants,
et par la nature de ses productions précieuses.

Jamais l'Espagne n'en a tiré, et on peut assurer qu'elle n'en tirera de longtems le parti avantageux qu'elles présentent ; soit que la nature de son Gouvernement s'y oppose, soit que le physique des Espagnols y soit un obstacle.

L'Archipel des Philippines est formé d'une quantité d'isles innombrables, peuplées d'habitans robustes, laborieux et bons marins : nos principes sur la liberté des cultes ne pourraient qu'y accroître la population qui est déjà considerable, et qui peut être encore augmentée par des Indiens, et surtout par des Chinois propres aux arts et aux manufactures.

Beaucoup de ces Isles ont des ports dans lesquels les plus grands vaisseaux peuvent entrer, et y être en sûreté dans tous les temps de l'année.

Ces isles réunissent toutes les riches productions des deux mondes ; or, épicerie, soie, indigo, coton, sucre, cacao, tabac, perles, cire, ambre gris, etc., la cochenille, cet insecte si précieux, pourrait s'y procreer ; le nopal sur lequel il se nourrit y est très-abondant. Elles ont aussi toutes sortes de comestibles ; grains, bestiaux, végétaux, et en abondance : elles sont couvertes de bois de construction d'une grande bonté et d'une beauté rare. Elles produisent des huiles, du bray, et du kair, filament du coco avec lequel on fait les cordages et les cables pour la navigation de ces pays. Les cables de kair se conservent plus longtemps dans l'eau douce, c'est à dire dans les rivières où l'on est obligé de mouiller, que ceux d'Europe. Enfin les Philippines sous les loix d'un Gouvernement protecteur, peuvent remplacer toutes les colonies de l'univers, et cela sans esclavage.

Il serait facile d'y établir un état de marine qu'aucune puissance né pourrait contrebalancer ; il suffirait d'y porter du fer, du plomb, des munitions de guerre et de la toile de voiles : rien ne s'opposerait à la culture du chanvre ; le terrain y est propre, le cuivre se tirerait du Japon qui en est voisin.

La République française pourrait former un arsenal, et des chantiers de construction pour sa marine nationale.

Il est plus facile de sentir que de détailler les grands avantages politiques et commerciaux qui doivent en résulter pour les deux puissances alliées d'un établissement français aux Philippines et d'après ces errements et ces principes.

Au premier sujet de mécontentement que causerait le

cabinet de St. James, et certes sa jalousie et son ambition ne manqueront pas d'en donner, la marine coloniale de la République française et de l'Espagne réunie fermerait hermétiquement aux Anglais l'entrée de la Chine. Que deviendra alors la Compagnie anglaise des Indes? on peut, je crois, sans être soupçonné d'exagération, prédire sa chute. Quel coup pour le crédit. Le Gouvernement anglais enverra-t-il une escadre pour la combattre? Quelle dépense! et dans quel état arriveront les équipages après une traversée de 6000 lieues sans autre relâche que celle d'Achen dans l'île de Sumatra, si les établissements hollandais lui sont fermés comme il est naturel de le préjuger[1]. Avantage incalculable qui devra conduire inévitablement l'Angleterre à sa perte : cette raison prépondérante n'est-elle pas faite pour décider la cour d'Espagne à un sacrifice utile?

Mais dira-t-on, comment engager le cabinet de Madrid à faire la cession d'une ou plusieurs isles dans cet archipel sans avoir à lui offrir aucun objet de compensation? La réponse est facile : son intérêt et la sûreté des Manilles qui sans cela tomberaient tôt ou tard dans les mains des Anglais et desquelles il ne les retirerait jamais.

Le Gouvernement espagnol est trop éclairé pour ne pas pas sentir qu'un établissement français aux Philippines garantit sa colonie des Manilles de toutes les entreprises que l'Anglais pourrait y faire. Qui peut assurer que dans ce moment même il n'ait point tenté, et peut-être réussi à s'en emparer? L'expérience justifie cette crainte, ne l'a-t-il pas rançonnée en 1762? et si l'amiral français dans la guerre d'Amérique, n'avait pas su occuper les forces navales de l'Angleterre, les Manilles auraient encore subi le même sort : il est bien prouvé que, quand on a pour voisin son ami, avec lequel on est lié par un intérêt mutuel, on acquiert une double force.

Les Manilles sont plus à charge que profitables au Gouvernement Espagnol : un seul galion y vient chaque année d'Acapulco, y dépose des piastres qui servent à payer l'état civil, militaire et religieux de cette colonie, et y prend en échange

---

1. « Quand ce mémoire a été fait, l'auteur ignorait que l'amiral hollandais Lúcasétait parti de la Batavie pour reprendre le Cap de Bonne-Espérance. »

quelques marchandises dont les droits qu'on en retire sont
loin de couvrir les dépenses.

L'exemple d'un peuple actif, voisin et ami ne sera pas perdu
pour l'Espagnol : Les rapports de commerce et les liaisons
d'amitié qui s'établiront entre eux donneront une nouvelle existence aux Manilles, feront sortir ses colons de cette indolence
assés naturelle à leur caractère, et qui est encore augmentée
par la chaleur du climat, et exciteront chez les habitants qui
lui sont soumis toute l'industrie dont ils sont susceptibles :
l'intérêt est un trop puissant mobile pour pouvoir en douter.

Mais la République française ne se bornera pas au seul établissement des Philippines : il en est un autre dont sa population et ses principes lui permettent de tirer un parti utile et
avantageux sous bien des rapports ; c'est celui à former au
royaume de la Cochinchine, voisin des Philippines, où les
Français ont été appelés il y a dix ans.

En 1786 l'évêque d'Adran, né français, instituteur du jeune
roi, expulsé de ses Etats par un usurpateur, sollicita du gouvernement de Pondichéry, au nom de ce prince, un léger
secours en hommes ou deux corvettes pour l'aider à y rentrer.
Il offrait en même tems un établissement au port St. Jacques,
et le commerce exclusif pour la nation française dans toute
l'étendue de ses domaines. Le Gouvernement de Pondichéry
n'osa pas prendre sur lui d'accéder à cette demande, et le
ministre de la marine d'alors à qui la proposition fut faite par
le même évêque d'Adran, venu exprès en France pour solliciter ce secours, dédaignant de calculer les grands avantages
qui devaient en résulter pour le commerce français, ou craignant d'indisposer les Anglais, et d'éveiller leur jalousie
refusa net. Sous l'ancien régime, l'Angleterre s'était accoutu-
mée à nous faire la loi ; j'ose croire que sous celui-ci nous
prendrons notre revanche.

Le jeune roi, sans aucun secours étranger, est parvenu à
soumettre plusieurs de ses provinces. L'Évêque d'Adran,
homme recommandable par ses lumières, ses vertus et son
attachement à la patrie qui l'a vu naître, est toujours auprès
de lui.

Cette disposition du prince Cochinchinois, prouve au moins
son inclination pour la nation française, et il est permis de
croire qu'il verrait avec plaisir, même avec intérêt, les Fran-

çais républicains s'établir dans ses États ; il a besoin d'une puissante protection pour faire reconnaître sa souveraineté par l'Empereur de la Chine qui le considère encore comme révolté, quoiqu'il y ait un siècle environ qu'on a érigé son pays en royaume particulier et indépendant.

Les productions de la Cochinchine sont les mêmes que celles des Philippines ; elle fournit de plus les diamants et l'ivoire.

Cet établissement rendrait la République française maîtresse du commerce des Détroits, du golfe de Siam, et donnerait la prépondérance sur celui de la Chine. De concert avec l'établissement des Philippines, et avec le gouvernement des Manilles, à la moindre provocation des Anglais, l'Est de l'Asie leur serait fermé, et on pourrait défier toutes les forces navales de cette puissance d'en jamais forcer les barrières.

Si l'Angleterre se trouve aujourd'hui la dominatrice de l'O. de l'Asie, du royaume de Bengale, et d'une partie de l'empire du Mogol, il est bien permis à la République française de prendre les moyens de faire à elle seule le commerce de l'Est de l'Asie ; elle procurera par amitié et par reconnaissance de la cession demandée au Gouvernement espagnol tous les avantages qu'il pourra désirer. Voilà les moyens de resserrer de plus en plus les liens qui doivent unir à jamais ces deux puissances contre la monstrueuse Angleterre leur ennemie née.

Si la République française construit pour les siècles, comme il n'est pas permis d'en douter ; si elle veut jeter un coup d'œil prévoyant sur l'avenir, je crois que ces idées, fondées sur une expérience et une navigation depuis trente années dans ces mers, sont susceptibles d'une grande étendue pour en démontrer tous les avantages politiques et commerciaux, et qu'elles méritent d'être méditées.

Les Établissements que je propose seront la pierre d'achopement posée pour opérer la chute de l'Angleterre, et une alliance inaltérable de la République française avec l'Espagne ne peut que l'accélérer.

Quel doit être le but de toutes les puissances maritimes ? la liberté des mers, et faire déchoir l'orgueilleuse Angleterre de cet état de splendeur où le commerce l'a fait monter, et qui la rend si insolente envers toutes les nations.

Il me semble que tous les bons esprits doivent tendre à

trouver les moyens de rabaisser son impudence et sa pré-
-somption : trop heureux si par le plan que je soumets aux
lumières du Directoire Exécutif, j'en pouvais devenir un des
instruments ! combien l'humanité aurait moins à souffrir !

Le 16 fructidor an 5e.   LARCHER
(2 sept. 1797.)   Cap^{ne} de V^{au}.

L'unité de la partie orientale de la péninsule indo-
-chinoise avait été réalisée par NGUYÊN-ANH qui avait
pris le nom de règne de GIA-LONG. Des Français qui
l'avaient aidé à monter sur le trône d'Annam, quel-
-ques-uns vivaient encore. Si l'évêque d'ADRAN (9 octobre 1799) et Victor OLLIVIER, officier du génie (22
mars 1799) étaient morts, le commandant de l'*Aigle*,
de FORÇANT, DAYOT dont nous parlons plus loin,
CHAIGNEAU qui sera notre premier consul à Hué,
Ph. VANNIER, d'autres encore, menaient une existence
paisible après le dur labeur de la conquête ; ils pouvaient, et l'événement l'a prouvé à la Restauration,
servir de lien entre leur pays d'adoption et la mère-
patrie, mais les temps étaient changés, et Gia-long,
inquiet des Anglais, ne songeait guère à reprendre
ses relations avec une France nouvelle. L'état de
guerre entre la France et l'Angleterre avait d'ailleurs
empêché nos compatriotes de rentrer dans leur pays
ainsi qu'en témoigne la lettre suivante de Vannier[1] :

Hué en Cochinchine, le 21 août 1805.

Monsieur et ancien camarade,

Je vous ai écrit il y a quelques années ; qui sait si mes
lettres vous seront parvenues. Je vous marquais que j'étais au
service du Roi de Cochinchine, que je commandais un de ses

1. *Archives de la Marine et des Colonies.*

vaisseaux et que nous comptions reconquérir son Royaume, ce qui est arrivé en 1802 après plusieurs combats décisifs. Et poursuivant nos conquêtes nous avons fait celle du Tonquin, de sorte qu'aujourd'hui il se trouve Roy du Tonquin et de la Cochinchine. Nous avons pris le premier rebelle ainsi que tous ceux de son parti, qui ont été mis à mort avec leurs familles, de sorte que tout est tranquille.

Je comptais m'en retourner en Europe après les conquêtes du Roi, mais la guerre entre la France et l'Angleterre y ayant mis obstacle fait que je me trouve obligé de rester jusqu'à une occasion favorable ne voulant pas risquer ma fortune en temps de guerre. D'ailleurs je suis assez bien dans ce pays. Je jouis de la faveur du prince et d'une grande considération et malgré tous ces avantages je ne cesse cependant de penser à mon pays, à ma famille et à mes anciens amis. Voilà dix-huit ans que je n'ai reçu de nouvelles de chez moi. Vous me rendriez grand service si vous pouviez m'en donner; car ma fortune est assez considérable pour pouvoir les aider s'ils se trouvaient dans le besoin, et je l'eusse déjà fait par la voie des missions si j'en avais reçu quelques nouvelles. Vous pourriez me faire passer vos lettres par les vaisseaux en Chine en les adressant à M. Marquini, Procureur des Missions Étrangères à Macao, ou à Manille à l'adresse de M. Dayot, négociant. C'est un service que vous rendrez à un ancien camarade dont il vous aura toute obligation.

VANNIER [1].

Pour copie conforme
Le Secrétaire Général de la Préfecture
BONNÉ.

1. Vannier était né Auray le 6 mars 1762, où demeurait son beau-frère Guérin, officier retraité. Dans une lettre adressée au Ministre de la Marine, par le Général-Conseiller d'État, Préfet du Morbihan, JULLIEN, de Vannes le 30 août 1807, ce dernier envoyant copie de la lettre de Vannier que nous publions, ajoute au sujet de Guérin : « Ce dernier est intelligent et brave et sa principale ambition est de se rendre utile; et si l'intention de Sa Majesté Impériale était d'envoyer sur les lieux un agent secret, je pense que nul ne serait plus propre à remplir cette commission que celui que je vous propose. Il pourrait être instruit et dirigé par son parent, et ce serait ce me semble un très grand avantage pour le succès de sa mission. » Vannier mourut à Lorient le 6 juin 1842.

En Chine, notre situation n'était guère brillante.
De Guignes, dernier Agent du Roi à Canton, avait
servi d'interprète à l'ambassade hollandaise que conduisit Isaac Titsingh à Peking (1794-1795); il avait
quitté Canton en 1797, les fonds nécessaires aux frais
de la résidence de France n'arrivant plus depuis la
prise de Pondichéry en 1793, et il était rentré définitivement à Paris le 4 août 1801, après une absence
de dix-sept ans. Un autre jeune français, Agie, qui
avait passé son enfance dans notre factorerie où il
avait appris le chinois, avait également servi d'interprète à l'ambassade hollandaise; il était rentré
à Canton d'où il était parti vers 1802 ou 1803 pour
s'établir à Anvers, dit-on.

Quant à notre factorerie, elle ne nous appartenait
plus :

« Les Français avaient une factorerie. Elle fut vendue à
l'enchère, lors de la dissolution de la Compagnie, au commencement de la Révolution. Messieurs Constant et Piron, qui
avaient été supercargues de la Compagnie, l'achetèrent. L'un
et l'autre quittèrent ensuite Canton. M. Piron y retourna vers
la fin de 1802, en qualité d'Agent de la Nation, mais nommé
seulement par le Gouverneur de l'Isle de France. Il fit rétablir
la factorerie et arbora le pavillon national. Etant mort à la fin
de 1804 et se trouvant débiteur de Mr. Constant, celui-çi
devint, dit-on, seul propriétaire de la factorerie. Depuis, elle
a été aux soins d'un Anglais, qui la loue partiellement à
différents capitaines. Je ne sais s'il agit pour M. Constant, ou si
ce Monsieur l'a vendue à quelque Anglais. M. Constant[1] est,
je crois, un Genevois, qui depuis plusieurs années est établi

---

1. Charles de Constant était en effet Genevois ; ses papiers sont
conservés dans la Bibliothèque publique (Université de Genève).
Cf. *Revue de l'Extrême-Orient*, I, pp. 628-9. Voir *Le Correspondant*, 25 avril
1910, *Chateaubriand et Rosalie de Constant*, par Henri Cordier.

en Angleterre. On pourrait peut-être racheter cette factorerie [1]. »

Depuis la Révolution, il n'y avait plus guère que
les Anglais, les Hollandais, les Espagnols, les Suédois et les Américains qui fissent le commerce. à
Canton.

La position de nos missionnaires était également
fort précaire : en 1805, la persécution avait commencé
contre les Chrétiens ; les missionnaires français Jean
RICHENET [2] et LAZARE DUMAZEL [3], lazaristes, arrivés par
le navire anglais *Dorsetshire*, qui avaient reçu la permission d'aller à Peking, devaient être rapatriés par
ordre impérial ; ils restèrent néanmoins à Canton.

Les grandes luttes contre la France pouvaient
laisser croire que l'activité des Anglais dans l'Extrême-Orient était diminuée : l'insuccès des ambas-
sades de Lord MACARTNEY et d'Isaac TITSINGH n'avait
pu leur ouvrir les yeux ; leurs guerres avec Napoléon,
leurs relations incertaines avec les Etats-Unis, la
pacification douteuse de l'Inde, devaient les rendre
circonspects dans des attaques qui, dirigées contre le
Portugal, visaient en réalité l'intégrité de l'empire
Chinois, sous le couvert d'une défense contre les
Français. Le 20 décembre 1802, le gouverneur et
capitaine général de Macao, José Manuel PINTO, prévenait le vicomte de ANADIA, ministre d'Outre-mer,
qu'il avait reçu du premier subrécargue de la Compagnie anglaise de Canton, autorisé par le gouverneur
du Bengale, une lettre afin qu'il fût permis à une

1. *Note sur es moyens ou le mode de rétablir le commerce français en
Chine.* Par M. Richenet, 3 août 1817. — Archives du Min. des Affaires
étrangères.

2. † à Paris, où il était rentré en 1815, 19 juillet 1836.

3. † 15 déc. 1818 dans Hou-Pé.

garnison anglaise de débarquer à Macao. Le Sénat
de cette ville s'opposa à cette demande : son attitude
fut approuvée par la lettre du gouverneur et capitaine général de l'Inde, Francisco Antonio da Veiga
CABRAL, en date du 14 avril 1803 [1]. Il est probable
que les Anglais auraient passé outre, si la nouvelle
de la signature du traité d'Amiens n'avait été apportée
d'une manière opportune par une frégate espagnole
expédiée de Manille.

L'article 3 du traité de paix conclu à Amiens le 27
mars 1802 entre la République Française, le Roi
d'Espagne et la République Batave d'une part, et le
Roi du Royaume Uni de la Grande-Bretagne et
d'Irlande, d'autre part, stipulait que :

« S. M. B. restitue à la République Française et à ses
alliés, savoir : à S. M. C. et à la République Batave, toutes
les possessions et colonies qui leur appartenaient respective-
ment, et qui ont été occupées ou conquises par les forces britanniques dans le cours de la guerre, à l'exception de l'île de
la Trinité et des possessions hollandaises dans l'île de Ceylan ».

Félix RENOUARD de SAINTE-CROIX, ancien officier
de cavalerie, petit-fils du Comte d'AGAY[2], Intendant
de Picardie, profita de cette paix pour chercher aven-
ture dans l'Extrême-Orient.

Il partit de Brest le 4 mars 1803 sur la frégate *la
Sémillante* qui faisait partie de l'escadre du contre-
amiral Linois ; il écrivait de Brest, le 28 février
1803 :

1. H. Cordier, *Hist. générale* de Lavisse et Rambaud, X, pp. 971-2.
2. *François-Marie Bruno*, comte d'Agay, né en 1722, à Besançon,
jurisconsulte français, mort à Paris le 5 déc. 1805.

« Me voilà prêt à partir avec la flotte qui se rend dans
l'Inde, et je ne vous ai pas encore parlé de sa composition et
du but qu'elle se propose.

« Le but du gouvernement français est de prendre de nouveau possession de ses anciens établissements au Bengale,
sur les côtes de Coromandel et de Malabar, que lui assure
le traité d'Amiens.

« Il a nommé à cet effet le général de Caen, capitaine-
général en chef de ces établissemens à l'est du Cap de Bonne-
Espérance ; il est chargé de la reprise de possession, M. Léger,
préfet colonial dans ce pays, est à la tête de l'administration.
Il était intendant dans l'Inde avant la Révolution, et connaît
très-bien les ressources que l'on peut tirer de ce pays.

« M. de Caen conduit avec lui un état-major considérable,
des chefs militaires et civils, des chefs de loges pour les
petits établissemens, des chefs d'administration, des commis,
des garde-magasins et des médecins pour la formation des
hôpitaùx, et des troupes.

« L'expédition est composée du *Maringo*, vaisseau de 74,
des frégates *l'Attalante*, de 44, de la *Belle-Poule*, de 44, de
la *Sémillante*, de 36, du brick *le Bélier*, de 20[1] ; des bâtimens de transport, *la Côte d'Or*, de 800 tonneaux, *la Marie-
Française*, de 350 ; le contre-amiral Linois en a le commandement.

« Les forces de terre de l'expédition embarquée consistent
en 600 hommes de la 109e de ligne, 600 hommes de la 18e légère, 100 guides pour le général de Caen, 150 hommes d'artillerie légère, 75 hommes d'artillerie de terre, en tout 1525
hommes. Il s'y trouve, en outre, un nombre d'officiers suffisant pour composer une demi-brigade de 3000 cipayes, aux
ordres du colonel Mainville, qui avait déjà commandé ce
corps avant la prise de ce pays. L'expédition paraît assez
sagement composée[2]. »

On sait que le général Decaen[3] arrivé devant Pondichéry, la guerre devenant imminente entre la France

---

1. Ce brick reçut par télégraphe l'ordre de rester.

2. *Voy. aux Indes Orientales...* par Félix Renouard de Sainte-Croix,
pp. 3-4.

3. Né à Caen, 13 avril 1769; † à Ermont, 9 sept. 1832.

et l'Angleterre, reçut l'ordre de se retirer à l'Ile de France qu'il administra glorieusement jusqu'en 1811. En effet dès l'année suivante (1803) les hostilités éclataient à nouveau entre la France et l'Angleterre; lord Whitworth, ambassadeur d'Angleterre quittait Paris le 18 mai 1803 et le cabinet de Londres donnait l'ordre de saisir, dans les pays les plus lointains, tous les navires français sans exception.

Le roi d'Angleterre, GEORGE III, qui s'intitule *Hai Loung*, Dragon de la Mer, écrivit (1804) à l'Empereur de la Chine KIA K'ING, une lettre pour le prévenir contre les Français :

« J'avais fait, dit-il, la paix avec le gouvernement du royaume de France; cependant ce gouvernement, en même temps qu'il traitait de paix, détruisait au contraire tout sans but et sans politique; et c'est par cette raison que je lui ai déclaré la guerre une autre fois. En vérité, je désirerais avoir la paix avec ce gouvernement; mais je ne puis nullement souffrir les injures et les mépris de ce gouvernement, qui sans doute entretient de mauvais desseins, puisqu'il a des troupes nombreuses dans ses ports maritimes; ce qui me fait soupçonner que cette nation prétend de s'empare un jour de mon royaume. Par ce motif, je tiens également prêtes beaucoup de troupes, pour prévenir une attaque imprévue, et non pas dans le dessein de faire la guerre comme elle fait. Cependant, quoique mon royaume soit en guerre avec le gouvernement français, mes sujets peuvent aller tous les ans sans obstacles dans les ports de votre Empire à l'effet d'y négocier, comme ils avaient coutume de le faire jusqu'à présent. Quoique le gouvernement français tienne ses escadres sur les frontières de ses ports maritimes, il n'en sortira aucune; car j'ai donné ordre à mon escadre de bloquer tous les ports, afin que l'escadre de cette nation n'en puisse pas sortir; j'ai ordonné à quelques-uns de mes vaisseaux de guerre de défendre les bâtiments de commerce, ils peuvent, par conséquent, naviguer avec sûreté, et sans craindre les vaisseaux de guerre ennemis. Les Français cherchent souvent à répandre dans votre Empire des bruits désavantageux, en parlant mal de mon royaume ; je pense que V. M. comme Empereur très sage et prudent, n'y prêtera pas l'oreille et qu'elle ne croira point à de pareils bruits. Le gouvernement français ne peut nullement prétendre à s'emparer de mon royaume ; mais il cherche à se mettre en possession des pays appartenant à ma juridiction. Comme son escadre et son armée ne se rencontrent point avec les miennes, il cherche à nous ruiner, tantôt d'une, tantôt d'autre manière ; néanmoins jusqu'à présent il n'a pas réussi ; car j'ai fait toutes les dispositions pour prévenir ses desseins, et j'ai préparé tout ce que la nature d'une pareille affaire exige.

« Le royaume de France se trouve depuis douze ans en état de révolution et de guerre avec mon royaume. Il serait inutile à présent d'en rapporter à V. M. toutes les circonstances, vu que V. M. les connaît toutes. Le roi de France était brave homme ; il a péri par les mains des Français, sujets de la nation ; je pense que V. M. n'ignore pas cette circonstance depuis plusieurs années. Certes, ces hommes de cette horrible conspiration méritent l'indignation perpétuelle. Actuellement il existe dans ce royaume un homme vil qui le gouverne comme chef de cette nation ; il cherche continuellement à tromper tout le monde par sa doctrine insidieuse et ses faux projets : c'est pourquoi les habitants du royaume de France vivent dans le désordre, sans lois et sans aucune impulsion de leur conscience. Je pense que les Français dans l'empire de Chine n'entreprendront jamais de répandre sa doctrine insidieuse et les desseins de ses faux projets ; car V. M. comme empereur très sage et très prudent conçoit très bien ses projets trompeurs et ses faussetés.

« Je me réjouis beaucoup, et me glorifie de pouvoir féliciter V. M., et je désire en même temps que son empire jouisse d'un bonheur perpétuel. Comme il s'offre dans ce moment une occasion, je vous envoie des présents, productions de mon royaume, destinés pour V. M. ; et elle me fera la grâce et l'honneur de les recevoir.

« En Angleterre, 1804, le 22e jour de la 5e lune[1]. »

1. J'ai publié cette lettre *in-extenso* dans les *Annales intern. d'Histoire.* — Congrès de la Haye, N° 6, pp. 571-6.

Nous ne connaissons la réponse de l'empereur que par l'extrait de la traduction qui en est donnée par Montgomery MARTIN[1] :

« Le royaume de Votre Majesté est à une distance éloignée au-delà des mers, mais il observe ses devoirs et obéit à ses lois, contemplant de loin la gloire de notre Empire, et admirant avec respect la perfection de notre Gouvernement. Votre Majesté a envoyé des messagers avec des lettres pour que nous les lisions ; nous trouvons qu'elles ont été dictées par de justes sentiments d'estime et de vénération ; et c'est pourquoi, étant disposé à réaliser les désirs de Votre Majesté, nous sommes décidé à accepter tous les présents qui accompagnaient les lettres.

« Quant à ceux des sujets de Votre Majesté qui, pendant de nombreuses années, ont eu l'habitude de faire commerce avec notre Empire, nous devons faire observer que notre gouvernement céleste regarde toutes les personnes et toutes les nations avec des yeux de charité et de bienveillance, et traite et considère toujours vos sujets avec la plus *grande indulgence et affection;* en conséquence, il n'y a pas lieu ou occasion pour les efforts du gouvernement de Votre Majesté en leur faveur ».

Il était difficile d'être plus arrogant.

Cette même année 1804, le premier subrécargue de l'East-India Company, à Canton, J. W. ROBERTS, se rendit en Cochinchine avec deux navires chargés de marchandises et de présents.

« Il commença par mettre dans ses intérêts les principaux mandarins auxquels il n'eut pas peine à persuader combien le commerce avec les Anglais leur fournirait d'occasions et de moyens de s'enrichir. Ces mandarins à leur tour persuadèrent à leur Roi d'accepter les présens qui lui étaient destinés et

---

1. *China; political, commercial, and social.* London, 1847, Vol. II, pp. 18-19.

d'accorder l'audience sollicitée par l'agent anglais qui déjà se croyait assuré du succès de sa mission.

« Les Anglais n'ignoraient pas l'estime particulière et la faveur dont jouissaient les Français auprès de Gia-long, aussi ne négligea-t-on rien pour en prévenir les effets. Par exemple, on avait compris dans les présents destinés à ce prince, des tableaux qui retraçaient les époques les plus funestes de notre révolution et rappellaient surtout les malheurs de l'infortuné Louis XVI, au sort duquel Gia-long, avait souvent donné des regrets.

« On ne chercha point du reste à s'assurer des missionnaires français, dont on crut n'avoir rien à craindre, et qui, en effet, à cette époque, étaient devenus, pour ainsi dire, étrangers à leur patrie.

« Mais deux autres Français, marins au service du Roi de Cochinchine, se trouvaient à la Cour vers ce même temps. Gia-long les consulta sur la puissance anglaise en Europe et dans l'Inde ainsi que sur l'objet de la mission du Sr. Roberts, qui ne demandait rien moins que la cession d'un port et le privilège exclusif du commerce de Cochinchine. Ces messieurs exposèrent au Roi que c'était à peu près de la même manière que les Anglais avaient commencé à s'établir dans d'autres pays dont, par la suite, ils s'étaient rendus les maîtres et étaient devenus les oppresseurs de ces mêmes Princes qui les avaient accueillis avec bienveillance.

« Sur ce rapport, le roi Gia-Long (quoique d'humeur intéressée jusqu'à l'avarice) renvoya sans hésiter tous les présents qu'il avait déjà reçus et fit dire au Sr. Roberts que les Anglais qui désormais viendraient commercer dans ses États y jouiraient sans distinction des mêmes priviléges que tout autre peuple.

« Cette réponse fut un congé à l'Agent anglais qui repartit aussitôt pour Canton[1] ».

Dans un mémoire[2] adressé au général comman-

---

1. Ext. d'une lettre de M. J. Janssaud, Paris, 15 nov. 1818, aux Bains de Tivoli, rue St. Lazare, au Comte Molé, Ministre de la Marine et des Colonies. — *Arch. de la Marine et des Col.* — Citée en partie par M. Septans, p. 106.

2. *Arch. de la Marine et des Colonies.*

dant en chef l'île Bourbon, Bouvet de Lozier, le 9 mai 1815, par un sieur Salèles, nous lisons :

« Il y eut à l'époque de mon second voyage une expédition faite en ambassade par les Anglais. Ils furent mal reçus et les cadeaux renvoyés. J'étais présent à Canton quand ils furent vendus en vente publique. J'avoue que cette contrariété n'a pas été citée avec toutes ses particularités, cependant elle est réelle, et j'ai eu tous les plus petits détails. Si pareille expédition eût été faite de la part des Français, elle eût réussi avec tout l'avantage et la considération que les Cochinchinois sont en disposition de nous offrir d'après l'attachement qu'ils portent aux Français qu'ils aiment en reconnaissance des obligations qu'ils ont à l'évêque d'Adran ».

Au cours de ses pérégrinations dans l'Extrême-Orient, Renouard de Sainte-Croix rencontra à Macao, l'un des officiers français qui avaient aidé l'évêque d'Adran à faire monter Gia-long sur le trône d'Annam : Jean-Marie Dayot, était d'origine bretonne, d'une famille de Redon, qui s'était établie à l'Ile-de-France ; il commandait l'*Adélaïde*[1] lorsqu'en 1786, Pigneaux de Behaine engagea ses services avec ceux de J. B. Chaigneau, Philippe Vannier, etc. ; il fut placé à la tête d'une division navale de deux navires annamites : le *Dong-nai* et le *Prince de Cochinchine*[2]. Dayot remit à Sainte-Croix ses notes et des

1. « En 1786, il commandait la polacre l'*Adelaïde*, bâtiment armé à l'Ile de France pour aller prendre à Pointe-de-Galles et à Mascate un chargement de salpêtre et des épices. La prise de ce bâtiment par des pirates mahrattes amena de nombreuses réclamations de l'armateur. Dayot vint à cette occasion à Pondichéry. Son but était d'obtenir l'intervention de M. de Conway, alors gouverneur des Indes françaises, auprès de la régence mahratte, afin que le bâtiment capturé fût rendu à son légitime propriétaire ». (Alf. Brissaud, *Jean-Marie Dayot*, pp. 519-520, *Revue maritime et col.*, XCVIII, 1898, p. 519).

2. Tru'o'ng Vinh-ky, *Cours d'hist. annamite*, II, p. 226.

cartes qu'il avait dressées avec grand soin pour qu'il
les rapporte en Europe :

Monsieur Félix Renouard de Ste. Croix[1].

Puisque vous voulez bien, mon cher de Ste. Croix, vous
charger de mes notes et de mon Mémorial sur la Cochinchine,
je ne puis rien trouver de plus favorable pour moi par ce que
vous y employerez tout le zèle d'un ami. Le Pays de la Cochinchine est plus intéressant qu'on ne le croit, et par la suite il
le sera encore bien davantage; l'ambition du Roi ne se bornera pas à être tranquille possesseur du Tonquin, de la
Cochinchine et d'une partie du Cambodge; les mille grands
bâteaux plats qu'on construit en ce moment dans les différents
ports n'annoncent pas des dispositions pacifiques — quelques
provinces du sud de la Chine, l'Isle d'Hainan, le royaume de
Siam recevront certainement quelques visites de ce roi actif
et guerrier. S'il étendait ses conquêtes jusqu'à Siam, cela le
rapprocherait bien du Bengale et... S'appropriant l'île d'Hainan il est maître des mers de Chine et quel parti ne pourrait-
on pas tirer d'une pareille circonstance? Sans doute celle où
se trouve l'Empire à présent ne lui permettrait peut-être pas
des opérations aussi éloignées, mais ne serait-il pas possible
de se ménager la bonne amitié de ce prince et son assistance en cas de besoin? vous qui connaissez l'Inde et qui en
avez parcouru une partie en observateur politique et qui
sortez tout récemment des îles Philippines, ne sentez-vous
pas mieux que moi l'avantage qu'il y aurait à pouvoir être sûr
de l'Est et de l'Ouest de la mer de Chine et si par la suite se
réalisait le rêve flatteur de la cession des îles Philippines à
la France, qui oserait alors sans sa permission mettre le nez
dans les mers de Chine. Mais ce Château est en Espagne, il
n'y faut pas penser et en attendant se faire s'il est possible
des liaisons ailleurs. Qu'en couterait-il au gouvernement
d'établir en Cochinchine sans bruit et sans que cela parût, un
agent simplement agent commercial, les appointements de
ces places sont modiques en raison des dépenses de ce pays
et l'utilité que l'Empire en retirerait par la suite n'est pas

---

1. L. a. s.

d'une petite importance. Si on se déterminait à ce parti, j'aurais la présomption d'établir quelques prétentions à une pareille place tant par la connaissance que j'ai du pays que par la bienveillance dont le Roi m'a toujours honoré, et je crois, mon Ami, que revêtu d'un caractère public par mon gouvernement, je ne tarderais pas à lui être utile. Si cependant le plan que je propose ici, n'entrait pas dans les vues du Gouvernement et qu'il voulut pour récompenser mon travail me donner une marque de sa bienveillance, des instruments du Génie et de l'Astronomie donnés par le Gouvernement ou l'Institut seraient ce qui me flatterait le plus. Mes faibles talents ne me permettent pas d'aspirer au titre de Correspondant d'un corps aussi savant, mais si j'étais assez heureux pour qu'on voulût agréer l'hommage du fruit de mes travaux, je pourrais envoyer des observations intéressantes sur des sujets que me fournirait ce pays pour ainsi dire inconnu et qui seraient toujours intéressants par leur objet s'ils ne pouvaient l'être par mes faibles lumières.

Au reste, mon cher de Ste Croix, je suis bien persuadé d'avance des soins que vous nous donnerez ; ils seront empressés et délicats. — Je vous confie le fruit d'un travail assez rude de six années, tout ce que vous ferez, sera bien fait, et si les circonstances s'opposaient à ce que votre amitié vous dictera de faire pour moi et au desir que j'ai d'être utile à ma patrie, rien ne pourra diminuer ma reconnaissance ni altérer les sentiments que je vous ai voués pour la vie.

J. M. Dayot.

Macao, le 15 novembre 1807.

A son retour en France, Renouard de Ste. Croix s'empressa d'accomplir la mission que lui avait confiée Dayot ; il fut reçu par le Ministre des Affaires étrangères[1] auquel il remit les cartes de son ami. M. de Champagny rend compte à l'Empereur de la

---

[1. *Jean-Baptiste* Nompère, Comte de Champagny, duc de Cadore, ambassadeur, † 1834 ; il avait succédé à Talleyrand au ministère des Affaires étrangères qu'il occupa du 8 août 1807 au 16 avril 1811 ; il fut remplacé par Maret.

visite que lui a faite Sainte-Croix dans la lettre suivante :

Sire[1],

Votre Majesté m'a renvoyé M. Raynouard [*sic*] de Ste Croix pour recevoir les papiers dont il se disait chargé pour le gouvernement, et entendre les détails qu'il aura à donner sur le voyage qu'il vient de faire.

J'ai vu M. de Ste Croix; il m'a remis de fort belles cartes des côtes de la Cochinchine; elles ont été faites par un Français, M. d'Ayot, qui habite la Cochinchine depuis l'époque où le roi actuel alors enfant revenait de France accompagné de deux corvettes que lui avait données le Roi dont il était venu[2] implorer l'appui contre son tuteur qui lui avait enlevé son trône. Ce prince remonté sur le trône de ses aïeux, y a déployé de la vigueur et de la capacité : il a ajouté à ses anciens états le Tonquin et une partie du Cambodge, et a gardé à son service plusieurs des Français qui l'avaient accompagné. M. d'Ayot y est resté; il a été placé à la tête de sa marine, et il a profité de son séjour et de son influence dans le pays pour faire une parfaite reconnaissance de ses côtes. Ses cartes sont très-soignées; les navigateurs qui en feront usage pourront seuls juger si elles sont exactes; mais elles sont précieuses par le détail qu'elles renferment, et par les plans de presque tous les ports de cette côte peu connue. Elles sont accompagnées d'un mémoire nautique sous le titre de *Pilote cochinchinois* qui renferme des instructions détaillées pour la navigation de cette côte. M. d'Ayot, en envoyant ce travail de six années à sa patrie dont il est séparé depuis si longtemps, a fait un acte de bon citoyen; il voudrait faire tourner au profit de la France l'influence qu'il a acquise à la Cochinchine; il croit qu'il est important de mettre le roi de ce pays dans nos intérêts; il présage sa future grandeur qui en ferait pour nous un allié puissant, avec le secours duquel, la France, si l'Espagne lui cédait les îles Philippines, deviendrait maîtresse des mers de la Chine et pourrait en exclure les

1. Minute, 1808, Min. des Affaires étrangères.
2. Erreur; c'est le fils de Gia-long, le prince Canh, qui était venu en France.

Anglais. Dans cette vue il désire d'être nommé Consul de France en Cochinchine; mais si cette vue n'entre pas dans la politique du gouvernement français, il serait flatté d'obtenir en témoignage de satisfaction, un instrument d'astronomie donné par le gouvernement ou par l'Institut. Sans doute, il ignorait encore quelle décoration honorable peut devenir la récompense de ceux qui servent leur pays avec distinction dans quelque carrière que ce soit. Ce sera au ministre de la Marine à juger, à qui je propose à Votre Majesté de renvoyer les cartes de M. d'Ayot, si le mérite et l'utilité de ce travail et le don généreux qu'en fait son auteur ne peuvent pas lui mériter cette distinction que Votre Majesté accorde aux savants comme aux guerriers, lorsque l'utilité publique est le but de leurs recherches et de leurs travaux.

Je ne verrais aucun inconvénient à donner à M. d'Ayot qui a ainsi prouvé qu'il est bon français, le titre de Consul de France à la Cochinchine, sans appointements jusqu'à la paix; ce sera pour lui une honorable récompense; il est possible que cela devienne un jour pour le commerce français, la source de quelques avantages.

Je reviens à M. Renouard de Ste Croix qui n'a eu à cet égard que le mérite d'un fidèle dépositaire, mais M. de S^to Croix a aussi acquis de son côté quelques titres à l'estime publique : il est parti de France avec l'amiral Linois, dans la vue d'aller chercher dans l'Inde une occupation glorieuse et il se proposait de se joindre aux Mahrates en guerre contre les Anglais. Mais la puissance des Mahrates était écrasée au moment de son arrivée dans la presqu'île [1]; il s'est alors embarqué; je ne sais quelle circonstance l'a conduit aux îles Philippines; il y a pris du service comme aide de camp du gouverneur, dont il a obtenu toute la confiance; il a fait pour la défense de ces îles un plan qui a été accepté; après deux ans de séjour, il a voulu retourner dans sa patrie. Un vaisseau l'a déposé à Canton où il a séjourné quelque temps; en 4 mois un bâtiment américain l'a conduit à New-York; il s'y est arrêté dix jours et s'est embarqué sur le vaisseau l'*Arcturus* récemment arrivé

----

1. La seconde guerre mahrate (1803-1804) replaça l'Empereur titulaire de Delhi sous la protection anglaise, et détruisit l'influence française aux Indes. La dernière guerre mahrate eut lieu en 1817-1818.

au Passage [Pasajes] après? 3 jours de traversée. Ainsi M. de
Ste Croix rapporte les nouvelles les plus fraîches que nous
ayons eues de la Chine depuis longtemps; il y était encore au
mois de décembre dernier.

Il m'a remis avec la carte et le mémoire nautique dont je
viens de parler :

Une notice sur le Tonquin, ouvrage d'un missionnaire français qui a passé vingt ans dans ce pays, à laquelle M. de
Ste Croix a ajouté une introduction sur les succès du roi actuel
de la Cochinchine qui est le même que celui qui est venu en
France implorer la protection du gouvernement et qui a
ajouté le Tonquin à ses états.

Un mémoire sur la défense des îles Philippines renfermant
un plan qu'il dit avoir été adopté et exécuté par le gouverneur de ces îles. M. de Ste Croix possède sur les Philippines
où il a séjourné plusieurs années un mémoire plus étendu.

Plusieurs papiers sur la Chine. Un état des importations et
des exportations faites par le commerce européen en Chine;
quelques lettres secrètes de missionnaires renfermant des
pièces assez curieuses comme une lettre du roi d'Angleterre
à l'Empereur de la Chine au sujet de la guerre contre la
France et un édit de cet empereur contre la Propagation de
la Foi chrétienne; une relation de l'affaire du Tartare tué à
Canton par des matelots anglais, affaire qui n'est qu'une farce
et qui offraient les moyens de faire exclure les Anglais de la
Chine; un projet d'ambassade qui aura le même but, et
d'autres pièces encore d'un plus faible intérêt.

Enfin une carte chinoise de la côte méridionale de la Chine,
carte qui est tout à fait dans le genre des cartes romaines où
tous les points sont sur la même ligne conformément à leurs
distances respectives et sans égard à leur position et un plan
de la ville de Pe-king également fait par un Chinois, mais
auquel on a ajouté quelques indications en français.

Il fait hommage à Votre Majesté de ce Plan et de cette
carte, objets de curiosité plutôt que d'utilité, qui peuvent
faire juger que malgré les leçons des missionnaires, l'antique
Chine est encore assez peu avancée dans l'application de la
géométrie élémentaire que dans les arts de dessin.

M. Renouard de Ste Croix a fait ce voyage à ses frais, et
pour des motifs louables; il ambitionne l'honneur de con-

-server au gouvernement les connaissances qu'il vient d'acquérir, et si on était dans le cas d'envoyer aux Philippines
une personne de confiance, on pourrait l'honorer de cette
mission.

Les cartes de Dayot furent soumises à l'examen
d'une Commission spéciale qui ordonna qu'elles
fussent gravées ; l'ordre ne fut pas exécuté, que je
sache, et les cartes trouvèrent un asile sûr en même
temps que l'oubli dans le Dépôt des Cartes de la
Marine à Paris[1].

Le 12 Septembre 1808, nouvelle lettre du premier
subrécargue de la Compagnie anglaise de Canton,
J. W. ROBERTS, écrivant (au nom du contre-amiral
W. O'B. DRURY, battant pavillon sur le *Russell*,
envoyé par le gouverneur général des Indes, Lord
Minto) au gouverneur et capitaine général de Macao,
Bernardo Aleixo de LEMOS e FARIA, toujours sous le
prétexte fallacieux de la crainte d'une attaque des
Français contre Macao. Une correspondance s'ensuit
entre le gouverneur portugais et l'amiral anglais.
Les Chinois interviennent ; Macao n'est qu'un terri-
toire dépendant de Hiang-chan, et le fonctionnaire
chinois, PONG, s'oppose au débarquement des
Anglais ; le suzerain chinois défend son vassal portugais qui lui paie une redevance annuelle ; l'amiral
Drury trouve donc les Chinois derrière les Portugais ;
aussi essaie-t-il d'arracher aux premiers ce qu'il n'a

---

1. Dayot « fit paraître, au commencement de ce siècle [XIX'], un
portulan cochinchinois et des instructions nautiques, dont Horsburgh
s'est servi dans son grand travail sur la navigation de la mer de la
Chine ». (*Rev. mar. et col., l. c.* p. 519). — « En 1820, le gouvernement
français, afin de lui donner une marque de satisfaction particulière, lui
adressa un cercle astronomique, qu'une mort prématurée l'empêcha
de recevoir ». (*Ibid.*, p. 520).

pu obtenir des seconds par l'intimidation ; malgré
les belles dépêches par lesquelles il tente de faire
prévaloir ses vues auprès du vice-roi de Canton, il
est obligé de rembarquer ses troupes. Le P. RODRIGO,
qui servait d'interprète à l'amiral Drury, est jeté en
prison par les autorités chinoises de Canton, les
subrécargues anglais de cette ville s'empressent d'annoncer cette capture au gouverneur de Macao, Lucas-
José de ALVARENGA. Le commerce étranger, arrêté à
Canton, fut rouvert au 1ᵉʳ Janvier 1809 (le 16ᵉ jour
de la 11ᵉ lune de la 13ᵉ année Kia K'ing) par le vice-
roi de cette ville, Wou Chiong-kouang, dans un avis
et des considérants extrêmement déplaisants pour
l'amiral Drury. Il est bien certain que sans l'attitude
fort énergique des autorités chinoises, d'abord à
Hiang-chan, puis à Canton, Macao aurait été occupée
par les Anglais, et serait restée entre leurs mains
après les traités de 1815. Un troisième effort fut tenté
en 1814 ; le vaisseau *Doris*, ayant, pendant la seconde
guerre avec les Etats-Unis, capturé un navire américain, amena sa prise à Macao. De nouveau, les Chinois cessèrent toutes relations commerciales avec les
sujets britanniques depuis le mois d'avril jusqu'au
mois de Décembre. Malgré un usage séculaire, le
gouverneur-général des Deux Kouang interdit l'emploi des indigènes dans les factoreries étrangères ;
des perquisitions furent faites en conséquence dans
les établissements anglais pendant que leurs agents
principaux étaient obligés de se rendre à Macao pour
le séjour annuel et obligatoire des étrangers. Au
6 décembre 1811, plainte fut portée aux membres de
leur Comité par les subrécargues anglais contre les
fonctionnaires de Macao, qui leur étaient hostiles,
comme d'ailleurs les naturels du pays. La plainte

resta lettre morte, mais s'ajouta à la liste déjà longue des griefs des Anglais [1].

D'ailleurs l'Angleterre éprouvait également de grandes difficultés dans la partie occidentale de la péninsule indo-chinoise :

En 1802, le marquis de Wellesley, gouverneur-général des Indes, envoyait pour la seconde fois le colonel Symes à la cour de Badoun-Meng, roi de Birmanie. Malgré une escorte de cent cipayes, la mission de Symes échoua piteusement et il est probable que c'est la raison pour laquelle on n'en a pas écrit la relation ; en mai 1805 et en 1809, Canning, lieutenant, puis capitaine, agent à Rangoun, fut obligé la première fois de quitter son poste six mois après son arrivée, la seconde, il fut reçu à Amarapoura, ce qui ne l'empêcha pas d'être chargé pour le gouverneur général des Indes de deux lettres fort impertinentes [2].

Cependant en 1809, Napoléon paraît se préoccuper des choses d'Extrême-Orient [3].

Et nous retrouvons encore l'infatigable Sainte-Croix : il adresse le 21 décembre 1811 à Napoléon Ier un projet d'ambassade [4] en Chine pour renverser le système de commerce que les Anglais font en ce pays ; les Hollandais lui ont fourni de précieux renseignements. L'Empereur donne l'ordre de renvoyer le mémoire de Renouard de Sainte-Croix au Duc de Bassano, qui avait remplacé le 17 avril 1811 M. de Champagny au Ministère des Affaires étrangères.

---

1. H. Cordier, *Hist. générale*, de Lavisse et Rambaud, X, pp. 972-3.
2. Henri Cordier, *Relat. de la Grande Bretagne avec la Birmanie*, p. 12.
3. Consulter sur les projets de Napoléon sur l'Inde : *L'Ile de France sous Decaen (1803-1810)...* par Henri Prentout. Paris, Hachette, 1901, in-8.
4. J'ai publié ce document dans le *T'oung Pao*, Mai 1901, pp. 139-145.

Le projet de Sainte-Croix ne fut pas mis à exécution.

Au commencement de 1812, le Conseiller d'Etat d'HAUTERIVE s'adressait au Ministère de la Marine pour obtenir des renseignements sur la mission de l'évêque d'Adran en Cochinchine en 1788 ; par suite, M. PONCET, Chef de la Division des Colonies, écrivait le 24 janvier 1812, à son collègue, DELUZINES, chef du dépôt des Archives et Chartes de la Marine et des Colonies, pour l'inviter à compulser deux dossiers classés, l'un sous le n° 3 dans un carton n° 16 timbré *Colonies orientales*, *Administration*, et l'autre sous le n° 1 dans un carton n° 23, même timbre, qui lui avaient été envoyés le 22 août 1807.

Deluzines répondit à Poncet le 29 janvier 1812 :

« Vous me marquez que l'intention de Son Excellence est que je lui transmette le plus tôt qu'il sera possible le résultat des documents qui y existeraient sur la mission de l'évêque d'Adran à la Cochinchine en 1788, sur un traité à cette époque entre la France, accordant du secours au Roy de la Cochinchine, et ce Roy alors dépossédé et ayant besoin d'appui pour rentrer dans ses Etats, et enfin sur les suites de ce traité, sur les difficultés que les Gouverneurs français dans les Indes Orientales auraient pu apporter au succès de la mission de l'évêque d'Adran.

« J'ai compulsé les deux dossiers en question et en réfléchissant mûrement sur la demande qui m'est faite, j'ay craint de ne pouvoir y répondre avec succès. Il faudrait pour que je le fisse comme je le désirerais que je fusse plus pénétré que je ne puis l'être de l'esprit dans lequel elle est faite. En ne remplissant pas les vues de Son Excellence, ma réponse provoque une autre lettre et entraîne ainsi des longueurs qu'il s'agit d'éviter.

« Dans cette incertitude, j'ai pensé que je ne pouvais mieux faire que de vous adresser ces deux dossiers dont il vous est bien plus facile de retirer vous-même les résultats que vous désirez. L'inventaire des pièces se trouve à la tête de chaque dossier.

« Je me rappelle d'avoir dans le temps beaucoup entendu parler de la Cochinchine, et qu'à cette époque l'Evêque d'Adran vint à Paris avec le fils de ce Roy pour y solliciter les secours de la France. Cette négociation traîna beaucoup en longueur. Cependant le Ministre de la Marine, d'après les ordres du Roy, destina des troupes et nomma un général pour suivre cette expédition. A son arrivée, il trouva que le Roy avait reconquis son royaume sans secours étranger. Je n'ose garantir littéralement ces faits ; je ne vous les présente que comme objet de mémoire » [1].

Peu chercheur le Sieur Deluzines !

Mais les événements deviennent de plus en plus graves en Europe ; il n'est plus question de la Cochinchine avant le retour des Bourbons.

1. *Archives de la Marine et des Colonies.* — Extrait partiellement par M. Septans.

LA REPRISE DES RELATIONS

DE LA FRANCE AVEC L'ANNAM

SOUS LA RESTAURATION [1]

Nous avons vu[2] les efforts faits en France sous le Premier Empire pour renouer avec la Cochinchine les relations établies par l'évêque d'Adran. A vrai dire, il n'a jamais manqué dans notre pays d'esprits entreprenants pour suggérer la création d'établissements sur la côte orientale de l'Indo-Chine et même pour s'offrir d'aller mettre leurs plans à exécution.

Pendant les Cent jours même, un sieur Jean Alexandre SALÈLES, négociant à Saint-Paul, Ile Bourbon, écrivait le 9 mars 1815, au Général BOUVET de LOZIER[3], Maréchal des Camps des Armées du Roi, Commandant de la Légion d'honneur, Chevalier de l'Ordre Royal et Militaire de St. Louis, Commandant en Chef l'Ile Bourbon, pour lui remettre un *Mémoire sur les avantages de rétablir les Relations commerciales avec Sumatra, Côte malaise, Cochinchine, Bornéo, les isles Philippines et la Chine adressé à*

---

1. Extrait du *Toung Pao*, 1901. — Supra, pp. 138-171.
2. *Toung Pao*, 1903, pp. 201-227.
3. *Athanase-Hyacinthe* BOUVET DE LOZIER, né à Paris, 1769; † à Fontainebleau, 31 janvier 1825; Commandant de l'île Bourbon, 1814.

Nosseigneurs les Conseillers d'Etat à Paris. Salèles
écrivait dans cette lettre :

« Si le Gouvernement goûte mes idées et qu'il m'honore
d'une approbation ad hoc, je m'engage à aller en France
guider et diriger l'armement du bâtiment que je choisirai à
cet effet; bien entendu que laissant ici mes affaires à mon
associé, il conviendra que le Gouvernement me fournisse tous
les moyens de passer en France, d'y résider pour l'utilité de
l'armement, qui je crois ne pourrait être pour le moment que
pour Côte malaise, Sumatra et Cochinchine. J'arrangerai si
bien la manière d'opérer que le Gouvernement en sera pour
très peu de frais au résultat. Il faut que je sacrifie deux
années pour donner des notions et guider toute l'opération. Je
les sacrifierai avec plaisir, voulant me rendre utile, et mériter
les faveurs de mon Gouvernement[1].

Voici ce Mémoire de Salèles :

La Paix, présage de notre bonheur futur, fournit à un
Français qui aime sa patrie, l'occasion favorable de remplir
sa tâche, heureux s'il peut plaire et mériter par suite l'approbation et la protection de Nosseigneurs les Conseillers
d'État.

Je regretterais de ne pas être utile à ma nation. Il est du
devoir d'un bon Français de fournir des idées sur des avantages que la guerre et les circonstances politiques ont fait
perdre au commerce français depuis vingt-cinq ans.

Voyageant dans le plus fort de la guerre 1804 à 1809 je fus
obligé de créer des moyens pour naviguer avec sécurité. Mon
esprit tout occupé de ma garantie personnel me donna la
nécessité d'étudier les mœurs et les usages des pays que je
visitai pour souvent déjouer la jalousie de nos ennemis alors,
et tirer le plus grand parti de mes voyages.

J'ai souvent questionné des Chinois et de vieux Européens.
Je ne fus pas longtemps à m'apercevoir que les Anglais très-
politiques, avaient déjà donné une impression très-défavorable

1. *Archives de la Marine et des Colonies*. — COCHINCHINE, 1792-1818,
No. 5.

au caractère français, ce qui n'avait pas été difficile, n'y ayant personne qui représentât la nation française dans aucuns des comptoirs. Cet abandon de la part des Français appuyait très-fortement les conséquences et les Chinois et autres nations croyaient que la France ne comptait plus parmi les peuples d'Europe.

Il est bon de dire en passant que dans toutes les possessions anglaises, hollandaises et espagnoles on y rencontre une grande quantité de Chinois, qui sont employés au commerce et à la culture, qui malgré cela payent un impôt de six piastres pour chaque année de résidence à Manille. Pendant mon séjour on en comptait 70000 qui donnaient au Gouvernement 420000 piastres. Il est facile de juger les ressources que doivent trouver des malheureux qui abandonnent leur pays pour se soumettre à la discipline des étrangers et leur payer un impôt personnel.

Les peuples des contrées où les Anglais trafiquent agissent tous avec crainte, ce qui offrirait aux Français plus de facilités pour y établir des branches de commerce, et s'y procurer la protection des chefs. Mais avant de penser à obtenir des avantages de ces relations très-utiles à nos places maritimes, il convient que des Français décorés par le Roi visitent ces peuples, y portent des cadeaux pour pénétrer à fond l'esprit des sultans de Sumatra, côte malaise et Bornéo. Ces peuples sont faux, traîtres et vindicatifs, il faut agir avec bien plus de politique qu'avec les autres.

Une fois que les traités seront réglés on conviendra des cadeaux que chaque bâtiment sera tenu de faire alors en tenant aux accords. Le commerce prendra le cours qu'on voudra lui donner et par des fêtes, des civilités, on s'entretiendra dans leur amitié.

N'ayant que de très médiocres possessions dans l'Inde, il serait du plus grand intérêt pour la France de créer chez les habitants de Sumatra, côte Malaise, Cochinchine, Bornéo, les isles Philippines et la Chine des relations commerciales. Elles ne pourraient être bien établies que par des envoyés du Gouvernement qui connaîtraient parfaitement les usages et le caractère des différens peuples à visiter. Il est dans les choses très possibles d'en obtenir tous les avantages que peut offrir le commerce de cette partie du monde.

L'esprit qui règne dans les comptoirs de Canton n'est absolument dirigé que par l'intérêt, et les Chinois ne sont portés naturellement à aimer que ceux qui leur offrent de grands bénéfices, et c'est toujours dans l'idée d'en profiter qu'ils protègent ceux qu'ils croient pouvoir être utiles à leurs vues. Il convient donc pour y établir nos relations d'y faire paraître des hommes qui habitués à leurs manières et à leur caractère soient à même aussi de déjouer l'intrigue des autres nations. Une ambassade dirigée pour la Chine peut très-bien réussir et obtenir quelques avantages quand ce ne serait que de se faire rétablir dans la factorie qui appartenait à la Compagnie française, et qui, aux époques de mes voyages se trouvait occupée par les Anglais. J'ignore si cette propriété a été vendue. Je sais seulement que le sol appartient toujours à l'empereur de la Chine et que l'on peut élever des bâtimens sur un plan donné sans être propriétaire du terrain, attendu qu'il est défendu aux Européens d'avoir des terres en propriété. L'ambassade pourrait même se servir de ce prétexte apparent pour déjouer nos concurrents et nos rivaux et si les choses étaient bien disposées obtenir de l'Empereur à Pekin quelques faveurs pour l'ancrage des vaisseaux et les cadeaux du Hopou et autres avantages que suggèreront les circonstances futures, en calculant toujours et sérieusement que cette ambassade aurait pour motif principal d'établir un commerce qui serait lucratif aux places commerçantes de France. La même Ambassade en retournant à la Mousson du Nord-Est pourrait passer entre les Parassels et la Cochinchine et se diriger à la capitale de ce royaume pour y faire un traité de commerce. On doit se rappeler que sous Louis XVI il y avait des liaisons intimes et que l'évêque d'Adran se rendit à Paris avec le fils du Roi de la Cochinchine qui y reçut des témoignages de bienveillance de notre Souverain, et qui au retour de ce jeune prince dans ses États, les Français jouissaient de tous les agrémens possibles; leur religion y était tolérée et le nom seul de Français y portait sa recommandation. Depuis on a cherché à nous faire perdre ces avantages et il serait utile au commerce de rétablir des relations qui par suite deviendraient très-lucratives par les productions que fournit le sol de la Cochinchine. Je sais que nous avons encore des Français attachés à cette Cour, et que les Mandarins aiment et cherchent à profiter de l'instruction des Européens surtout quand ils sont français. [Il y eut à l'époque de mon second voyage une expédition faite en ambassade par les Anglais. Ils furent mal reçus et les cadeaux renvoyés. J'étais présent à Canton quand ils furent vendus en vente publique. J'avoue que cette contrariété n'a pas été citée avec toutes ses particularités, cependant elle est réelle, et j'en ai eu tous les plus petits détails. Si pareille expédition eut été faite de la part des Français elle eût réussi avec tout l'avantage et la considération que les Cochinchinois sont en disposition de nous offrir d'après l'attachement qu'ils portent aux Français qu'ils aiment en reconnaissance des obligations qu'ils ont à l'Évêque d'Adran.][1]

Mille autres raisons pourraient faire ouvrir les yeux sur l'utilité d'aller faire connaître chez les nations lointaines que les Français jouissent de toute la consistance qu'ils possédaient sous le règne de Louis XVI.

Il serait trop long de donner des détails sur différentes particularités dont j'ai été témoin. Il suffira de dire que partout où j'ai été et où j'ai pu manifester mon opinion comme Français, j'ai eu preuve que la douceur des mœurs et des usages français plaisait partout. Si du moins nous n'offrons pas de grandes relations de commerce, celles que nous pourrons avoir seront plus agréables pour les peuples par les manières qui nous distinguent des autres nations et qui plaisent infiniment aux peuples les moins civilisés qui savent tous apprécier ce caractère. Tout en profitant de leurs bonnes dispositions, nous pourrons par les mêmes raisons nous faire respecter.

J'offre de donner s'il est nécessaire et si le Gouvernement l'exige, des notices détaillées touchant les marchandises convenables pour établir les relations commerciales dont est cas au présent Mémoire, plus divers autres renseignemens utiles qui pourraient m'être demandés.

J'ai l'honneur d'être, avec un profond Respect,

Nosseigneurs,

Votre très humble et très-obéissant serviteur

J. A. SALÈLES[2].

1. J'ai cité ce passage entre [ ] dans le *T'oung Pao*, 1903, p. 219.

2. *Archives de la Marine et des Colonies.* — COCHINCHINE, 1792-1818. No. 5.

A la suite de l'envoi de ce Mémoire à Paris, on demanda au Gouverneur civil de l'Inde française des renseignements sur la nature des relations commerciales qui pourraient être ouvertes avec les pays indiqués par le Sieur Salèles, mais les graves événements qui se déroulaient en Europe ne permirent pas de donner immédiatement la moindre attention aux intérêts d'Extrême-Orient.

Il était réservé au Duc de RICHELIEU de renouveler la tradition de la politique de Louis XVI et c'est à ce grand Ministre que nous devons la reprise des relations brisées brusquement à la fin du xviiie siècle.

Le Duc de Richelieu avait remplacé Talleyrand au Ministère des Affaires étrangères le 24 sept. 1815. Cet homme remarquable qui occupa ce poste trop peu de temps[1] a été, avec Portal, le véritable organisateur de la politique coloniale de la Restauration : c'est un précurseur.

Ainsi qu'il appert de la lettre adressée le 17 sept. 1817 à CHAIGNEAU[2], en Cochinchine, par le duc de Richelieu, celui-ci obtint les renseignements qu'il désirait sur ce pays de M. de LA BISSACHÈRE. Pierre Jacques Lemonnier de la Bissachère appartenait aux Missions étrangères de Paris; il était du diocèse d'Angers; le 11 déc. 1789, il partait pour la mission du Tong-King, d'où il revint en 1807 député au séminaire de Paris par la mission de Cochinchine[3]. On a publié sous son nom un ouvrage sur le Tong-King[4] qui n'est peut-être pas en entier de lui[5],

---

1. Il se retira le 28 déc. 1818.   2. Voir plus loin.
3. Il est mort à Paris, le 1er mars 1830.
4. Traduit ou plutôt rédigé par M. de Montyon, écrit Quérard, *Sup. litt. dévoilées*, II, col. 478.
5. Etat actuel du Tunkin, de la Cochinchine, et des royaumes de

paraît-il. L'auteur de ce livre est plutôt pessimiste, cependant il écrit :

« Quels que soient les principes, et quelle que soit la défiance, il n'est pas impossible qu'il soit fait au commerce européen de grandes concessions; le Tunkin peut y être entraîné par quelque crise qui compromette sa sureté, comme une guerre malheureuse contre la Chine, le trône ébranlé par des révoltes, un prince expulsé de ses États, comme il est arrivé en Cochinchine, et quand une puissance européenne, pour prix des secours qu'elle donnera, n'obtiendrait qu'une simple concession de commerce, il est possible qu'avant peu de temps, cette concession dégénère en une propriété territoriale, et qu'ensuite ce droit de propriété prenne un caractère de souveraineté. Telle a été la fondation des plus grands établissements de commerce en Asie[1]. »

M. RICHENET[2], de la Congrégation de la Mission, revenu en France en 1815, et qui remplissait, 132 rue du Bac, les fonctions de Procureur des Missions de Pe-King, appelé aussi à donner son avis, rédigea sur la demande du gouvernement deux longues notes, l'une (30 juillet 1817) *sur la Mission des Lazaristes en Chine, spécialement à Pe-King,* l'autre (3 août 1817) *sur les moyens ou le mode de rétablir le commerce français en Chine* à laquelle nous avons fait un emprunt plus haut[3] et que nous reproduisons *in-extenso :*

Je suis trop peu au fait des affaires de commerce, pour pouvoir donner des idées précises sur ce sujet. Pour répondre à la demande que l'on m'a fait l'honneur de me faire, j'exposerai simplement ce que j'ai vu et entendu en Chine. Je n'exa-

Cambodge, Laos et Lac-tho, par M. de la Bissachère, missionnaire qui a résidé 18 ans dans ces contrées ; traduit d'après les relations originales de ce voyageur. Paris, Galignani, 1812, 2 vol. in-8.

1. II, pp. 287-8.
2. † 19 juillet 1836 à Paris.
3. *T'oung Pao*, 1903, p. 213.

minerai point par conséquent s'il est plus à propos pour le
commerce d'une nation, de n'en faire en Chine que par une
compagnie *exclusive*. J'observerai seulement que les nations
de l'Europe paraissent l'avoir jugé ainsi. Les Anglais, les
Hollandais, les Espagnols, les Danois, et les Suédois, qui
sont à peu près les seuls Européens qui, depuis la Révolution
française, fassent le commerce à Canton, ne le font que par
des compagnies exclusives, ainsi que la France le faisait avant
la Révolution. (Les Russes ne sont point admis à Canton : ils
ne peuvent commercer avec la Chine que sur les frontières
du Nord. Les Portugais ne vont guère qu'à Macao : les négociants sont libres d'aller eux-mêmes à Canton, pour y faire
leurs contrats d'achat, mais leurs vaisseaux ne peuvent pas y
monter. Ainsi ils sont sur un pied différent des autres nations).
Les Anglais qui eurent de grands débats dans leur Parlement,
il y a quelques années, sur ce commerce exclusif, levèrent
cette exclusion pour toutes les parties des Indes orientales,
déclarant que tout vaisseau pourrait désormais y commercer
librement, mais ils conservèrent et confirmèrent cette même
exclusion pour la Chine.

La raison que l'on en donne, c'est 1° que le commerce de
Chine ne peut être avantageux pour une nation, qu'autant qu'il
sera fait plus en grand, d'une manière régulière, stable et honorable. 2° Une compagnie ayant ses supercargues ou agents à
Canton ou Macao, peut faire ses contrats d'achat dans des
temps opportuns, avant l'arrivée de ses vaisseaux, ce qui lui est
souvent d'un grand avantage. 3° Une compagnie peut mieux
obtenir du crédit auprès des Chinois, gagner leur confiance,
et est moins exposée à être dupée par eux. Il est essentiel
d'avoir de l'expérience, de connaître les Chinois pour traiter
avec eux. On sait qu'ils sont assez généralement portés à
tromper, quand ils le peuvent impunément. Mais ils n'ose-
raient ou ne pourraient guère tromper impunément une compagnie, ou ses agents résidents à Canton, parce qu'au retour
des vaisseaux ils seraient informés de la fraude et la feraient
réparer. Il n'en est pas de même d'un vaisseau particulier. Il
faut qu'un capitaine qui arrive à Canton ait bien de l'adresse,
de l'expérience et soit bien sur ses gardes pour n'être pas
dupé, et s'il a le malheur de l'être, quel moyen pour lui d'y
remédier ?

Les Américains des États-Unis qui font un commerce considérable avec la Chine, le font néanmoins d'une manière libre, sans exclusion. J'y ai vu jusqu'à quarante de leurs vaisseaux, dans le cours d'une seule année. Ils ont un Consul qui arbore le pavillon américain, devant sa factorerie, ainsi que les supercargues des compagnies européennes arborent celui de leurs nations respectives. Ce Consul patenté de son gouvernement, est communément associé ou agent de quelque grande maison négotiante en Amérique. Outre ce Consul il y a communément plusieurs autres Américains résidents à Canton. Quelques-uns font les affaires d'autres maisons particulières, avec les leurs propres ; quelques autres ne font presque rien que par *consignation,* c'est à dire qu'une maison ou un particulier envoyant occasionnellement un vaisseau en Chine, les charge de vendre la cargaison qu'il envoye, et d'achetter celle qu'il désire recevoir, moyennant une commission de tant pour cent. D'autres vaisseaux Américains n'ont point recours à ces agents. Le Capitaine, ou un Supercargue qui suit le vaisseau, fait lui-même toutes les affaires.

J'ai entendu souvent les Européens à Canton se plaindre des Américains. On trouve qu'ils gâtent le commerce, parce faisant plus en petit, ayant moins de moyens, moins de crédit à ménager, ils prennent de mauvais thés, des nankins qui n'ont pas les dimensions convenables, que les Compagnies ne voudroient pas recevoir, et pouvant les vendre à meilleur prix, parce qu'ils les ont achetés de même, ils font tort aux marchés d'Europe.

La dépense des Agents d'une Compagnie résidents à Canton est nécessairement considérable, soit parce que quelques articles sont chers, soit parce qu'il faut y paroître sur un ton approchant du luxe, soit parce qu'on y est nécessairement dupé par les domestiques et agents chinois. Chaque Compagnie Européenne a une factorerie entière, composée de 3, 4 ou 5 corps de logis. Chaque Compagnie a achetté sa factorerie et paye tant par an pour le fond. La Compagnie Anglaise en a deux.

Un agent seul, comme les Américains, se contente d'un seul corps de logis, qu'il loue environ 1200 piastres fortes par an, sans l'ameublement. Un seul corps de logis ne suffiroit pas pour une Compagnie, qui a plusieurs Supercargues rési-

dents et doit loger le capitaine et les officiers des vaisseaux,
qui viennent y passer quelques jours, les uns après les autres.
Les vaisseaux restent à la distance d'environ trois lieues de
Canton. Il faut aussi avoir une maison à Macao pour l'été.
Elle coûte moins cher que celle de Canton, mais le passage
de Canton à Macao est une autre dépense; il coûte plusieurs
centaines de piastres fortes, à cause des droits ou vexations
des Mandarins, et autant pour le retour de Macao à Canton.
Tout cela cependant est indispensable. Les Chinois ne permettent pas aux Européens de demeurer à Canton pendant
l'été, lorsqu'ils n'y ont pas de vaisseaux.

Si le gouvernement se déterminait à établir une compagnie
exclusive, il parait qu'il serait inutile d'avoir un Consul, parce
que les Agents de cette Compagnie à Canton seraient naturellement ceux du gouvernement. Mais si on laissoit le commerce libre, il semble qu'il seroit à propos d'avoir un Consul,
à peu près comme les Américains. Il est intéressant sous
plusieurs rapports qu'une nation comme la France ait toujours un représentant ou agent à Canton, et il convient de
lui donner les moyens d'y paroître d'une manière honorable.
Il me semble qu'il vaut mieux qu'un Consul dans ce pays-là
soit en même temps négociant, mais il faut qu'il soit en état
de faire des affaires un peu considérables. Autrement il serait
nécessaire de lui donner de forts appointements, pour qu'il
pût soutenir le ton honorable avec lequel il doit paroître. Les
Chinois à Canton considèrent peu ou point les qualités du
Consul, ils ne font guères attention qu'à celui qui leur fait
plus de demandes de marchandises, c'est à dire qui leur
apporte plus d'argent.

Il ne seroit peut être pas aisé de se procurer maintenant
une factorerie entière à Canton. Le terrain que les Chinois
accordent aux négociants étrangers pour leur habitation est
très circonscrit. Ils ne leur permettent pas d'habiter ailleurs,
et l'on ne pourroit pas construire d'autres factoreries dans
ledit terrain. Il faut se contenter de celles qui existent. On
ne peut que les reconstruire, distribuer, arranger, chacun à
son goût. C'est ce qui fait que les loyers ou achats de maison
sont à un si haut prix. Le Capitaine ou le Supercargue de
chaque vaisseau particulier est obligé de louer un corps de
logis, et ils le payent 600—800, jusqu'à 1000 piastres fortes

pour le peu de temps qu'ils ont à rester, ne fut-ce que pour un mois. Les capitaines Anglais sont également obligés de se procurer ainsi un logement, car quoique leur Compagnie ait deux grandes factoreries, elle ne loge que ses Supercargues et autres personnes résidentes, attachées à la compagnie. Leur nombre se monte à plus de 15, près de 20.

Les Français avaient une factorerie. Elle fut vendue à l'enchère, lors de la dissolution de la Compagnie, au commencement de la Révolution. Messieurs CONSTANT et PIRON, qui avaient été Supercargues de la Compagnie, l'achettèrent. L'un et l'autre quittèrent ensuite Canton. Mr. Piron y retourna vers la fin de 1802, en qualité d'Agent de la nation, mais nommé seulement par le gouverneur de l'Isle de France. Il fit rétablir la factorerie et arbora le pavillon national. Étant mort à la fin de 1804 et se trouvant débiteur de Mr. Constant, celui-ci devint, dit-on, seul propriétaire de la factorerie. Depuis, elle a été aux soins d'un Anglais, qui la loua partiellement à différents capitaines. Je ne sais s'il agit pour Mr. Constant, ou si ce Monsieur l'a vendue à quelque Anglais. Mr. Constant est, je crois, un Genevois, qui depuis plusieurs années est établi en Angleterre. On pourrait peut-être rachetter cette factorerie. Environ 1807, la Compagnie suédoise ayant failli, sa factorerie fut aussi vendue. En 1815 elle appartenoit à un marchand chinois. Je pense qu'il la vendroit volontiers.

Quoique les Compagnies Européennes aient généralement un certain nombre de Supercargues, résidents à Canton ou à Macao, il me semble qu'en établissant une compagnie française, on pourroit se contenter, au moins pour un temps, d'avoir à Canton un seul Supercargue avec un écrivain. Les Supercargues de la Compagnie Danoise ne résidoient pas à Canton, dans le temps que j'y étais. Ils venaient avec leurs vaisseaux et s'en retournaient avec eux; mais on sentait de l'inconvénient de n'en avoir pas au moins un à résidence fixe. Je vis à Canton en 1802 ou 1803 un François qui y avoit passé une partie de son enfance dans la factorerie française et y avait appris la langue chinoise. Il alla ensuite à Peking, en qualité d'interprète, avec la dernière ambassade hollandaise. La connaissance qu'il a acquise de la langue et des usages de Canton pourrait le rendre utile surtout dans les commen-

-cements. Je crois qu'il est maintenant établi à Anvers. Il
s'appelle AGIE [1].

Quelque parti que le gouvernement français juge à propos
de prendre, soit d'établir une compagnie exclusive, soit de
laisser à tout particulier la liberté d'expédier des vaisseaux
en Chine, il est bien important, si l'on se détermine à y avoir
quelques résidents, sous quelque dénomination que ce soit,
Supercargues, Consuls ou Agents, que ce ou ces résidents
aient non seulement de la probité, mais un véritable fond de
moral et de religion. Ces principes et une conduite qui y soit
conforme ont plus d'influence qu'on ne pense communément,
même sur l'esprit des Chinois payens, et pour le succès du
commerce. Les Européens des différentes nations qui vont à
Canton ne sont malheureusement pas toujours assez recom-
mandables sur cet article, et c'est un grand mal, même poli-
tiquement. J'y ai vu très peu de Français, parce que la Compagnie n'existoit plus, lorsque j'y arrivai, et que la guerre
empêchoit nos vaisseaux d'y aller; mais les rapports que j'y
ai entendus, au sujet de plusieurs qui y avaient résidé,
n'étaient malheureusement pas à l'honneur de notre nation.
Le célèbre Mr. de la Pérouse entendant de semblables rapports, pendant le séjour qu'il fit à Macao, en fut vivement
touché. Il déclara qu'il en ferait part au Roi, et qu'il solllici-
terait que l'on fit plus d'attention dans le choix des personnes
que l'on enverrait dans ce pays-là, ainsi que dans les recommandations qu'on leur ferait, les réglements qu'on leur pres-
crirait. Cette attention n'est-elle pas maintenant plus importante, plus nécessaire encore qu'elle ne l'était du temps de
Mr. de la Pérouse? Les idées désavantageuses que les déplo-
rables circonstances de la Révolution ont fait concevoir contre
notre nation sont loin d'être détruites. Ne serait-ce pas les
confirmer si l'on envoyait à Canton et Macao des Français
qui n'y donnassent aucun signe de Christianisme, ou le désho-
norassent par leurs mœurs? Non seulement la Religion, mais
l'honneur de la nation, ainsi que son avantage politique et
commercial, ne réclament-ils pas l'attention et les soins du
gouvernement à cet égard?

3 août 1817.   RICHENET [1].

1. Voir *T'oung Pao*, 1903, p. 213.
1. *Archives des Aff. étrangères.* — ASIE. — Mémoires et Documents.
— 21 (1712-1822).

Mais on peut dire que le Duc de Richelieu trouva son plus sérieux appui, son plus actif stimulant et ses meilleurs renseignements dans les Chambres de Commerce, en particulier celle de Bordeaux [1].

La Chambre de Commerce de Bordeaux avait député à Paris M. Paul NAIRAC pour y suivre la demande qu'elle avait faite d'un vaisseau de guerre pour une expédition commerciale en Chine. M. Nairac écrivait aux Commissaires de la Chambre de Commerce chargés du rapport sur l'expédition de Chine [2] :

Paris, 23 mars 1816.

A MM. les Commissaires de la Chambre de commerce de Bordeaux chargés du rapport sur l'expédition de Chine.

« La réponse à faire au Ministre est toute simple, elle consiste ce me semble à lui dire que considérant que cette expédition comme profitable pour le commerce de Bordeaux, la Chambre m'a chargé de sa direction sous sa surveillance, qu'en conséquence, elle va s'occuper du plan d'association et qu'aussitôt que la souscription sera effectuée, elle en instruira S. E. pour obtenir du Roy les deux vaisseaux nécessaires à l'opération.

« Reste maintenant, Messieurs, le Plan d'association qui à la fois doit offrir les conditions et les calculs approximatifs que vous désirez présenter à la Chambre dans votre rapport et ensuite au commerce pour l'objet de la souscription.

« Le Plan que je vous ai remis & que M. Portal [3] a approuvé, me semble remplir les conditions d'usage et offrir toutes les

---

1. Les Balguerie étaient à la tête du mouvement d'expansion ; le 17 mai 1815, on compte dans la liste des négociants notables approuvée par le Ministère de l'Intérieur : J. J. Balguerie, Balguerie Junior et Balguerie (maison Sarget).

2. *Archives de la Chambre de Commerce de Bordeaux.* — Carton 42.— INDE, CHINE et OCÉANIE.

3. Directeur Supérieur des Colonies. — *Pierre Barthélemy*, baron PORTAL, né à Albarèdes, près Montauban, 31 oct. 1765 ; † à Bordeaux, 11 janvier 1845 ; Ministre de la Marine, 29 déc. 1818-13 déc. 1821.

garanties nécessaires. La seule chose que vous désirez y ajouter, c'est un apperçu de l'opération dans le même sens que le prospectus de Lorient.

. . . .

« Au reste le commerce de Chine est à la fois le plus connu, le plus solide et le moins sujet aux changemens. Ses bénéfices ont été certains dans tous les tems.

. . . .

« Je vous citerai à l'apui de mon opinion ce qui fut fait en 1783 lors de l'expédition de mon père; il n'y eût ni plan, ni prospectus offert aux actionnaires, on se borna à une publication de l'expédition, ainsi que j'en ai entretenu M. Portal; les souscriptions furent remplies et l'opération eût son cours.

. . . .

« Je crois devoir vous prévenir *confidentiellement* que S. M. envoye une frégate en Chine, ce voyage a certainement un but politique, mais il ne peut qu'être infiniment avantageux à notre opération et lui préparer toutes les chances de succès.

Le 6 avril 1816[1], M. de Vaublanc[2], Ministre de l'Intérieur, donnait les assurances suivantes aux Membres de la Chambre de Commerce :

Messieurs, les observations que vous m'avez adressées, sur la nécessité d'encourager les expéditions destinées pour les mers de l'Inde et de la Chine, m'ayant paru mériter d'être prises en considération, j'ai invité S. E. le Ministre des Finances, à examiner si les dispositions à prendre à cet égard, ne seraient point susceptibles d'être insérées dans la nouvelle loi sur les Douanes.

M. le Comte Corvetto[3] me fait connaître, que l'utilité d'accorder des facilités au grand commerce extérieur a été sentie,

<hr>

1. *Archives de la Chambre de Commerce de Bordeaux.*

2. *Vincent Marie* Viénot, Comte de Vaublanc, né à Saint-Domingue, 2 mars 1756; † à Paris, 21 août 1845; ministre de l'Intérieur, 24 sept. 1815; remplacé le 8 mai 1816, par M. Lainé.

3. *Louis-Emmanuel*, Comte Corvetto, né à Gênes en 1756; † dans cette ville en 1822; ministre des finances 28 sept. 1815, à la place du Baron Louis.

et qu'elle a été l'objet d'un amendement à la loi sur les Douanes, concerté entre le Directeur Général de cette administration et la commission de la Chambre des Députés, chargée
de l'examen du budget. Il ne vous reste donc qu'à attendre la
détermination qui pourra intervenir.

A son tour, le Ministre de la Marine et des Colonies, Comte du Bouchage[1], donne des renseignements
sur l'indemnité qui devra être payée pour un navire
de guerre :

Paris, 30 juillet 1816.

Messieurs, Vous m'avez répondu, le 26 juin dernier, qu'il
deviendrait impossible de réaliser le projet d'une expédition
en Chine, dont vous vous êtes occupés, si les actionnaires
appelés à s'associer à cette entreprise, qui vous parait d'ailleurs présenter beaucoup de difficultés, n'étaient pas dispensés
du payement de la moindre somme pour cause de dépérissement, au retour du Bâtiment.

Je vous ai fait observer, le 11 juin, et vous devez le juger
vous-même, que, dans les circonstances présentes, la concession que je prierais le Roi de faire au commerce, ne pouvait
être absolument gratuite ; or, au lieu de mettre les frais d'armement à la charge des actionnaires, comme vous vous y êtes
attendu jusqu'ici, je vous proposerais que le Bâtiment que
Sa Majesté se déterminerait à vous faire prêter fut complètement armé au compte de la Marine ; et voici alors quelles
seraient les conditions à souscrire pour les actionnaires, envers
mon Département.

1° Le Bâtiment armé et pourvu de ses agrès et rechange
serait estimé par le conseil d'administration du Port où il serait
fourni ; cette estimation servirait de base à la police d'assurance dont le montant (je ne parle pas de la cargaison) appar-
tiendrait au Roy. La prime serait payée par les actionnaires.

2° Les frais de levée, de conduite au retour, la solde des

---

1. *François-Joseph* de Gratet, Vicomte Du Bouchage, né à Grenoble,
le 1er avril 1749 ; † à Paris, le 12 avril 1821 ; chargé du portefeuille de
a Marine du 24 sept. 1815 au 23 juin 1817.

équipages, le traitement de l'État-major, seraient à la charge des actionnaires, pendant la durée de l'armement, du voyage et du désarmement.

3° Il en serait de même des vivres de journalier et de campagne ; et, si les actionnaires demandaient qu'ils fussent fournis, soit en totalité, soit en partie, par les magasins du port, le prix en serait fixé par le Conseil de Marine, et il serait payé immédiatemment en argent comptant.

4° Si, pour mettre en état le bâtiment qui serait cédé par le Roi, le port était obligé à des dépenses de main d'œuvre et à des achats, l'état de ces dépenses serait arrêté par le conseil de marine ; les actionnaires verseraient les fonds nécessaires dans la caisse du payeur de la Marine, et le montant de ces fonds, ainsi versés, serait déduit de l'indemnité à payer par les actionnaires, au retour du Bâtiment.

5° Cette indemnité serait fixée, suivant le bâtiment qui sera cédé, à la somme çi-après pour une année qui commencera le jour de la revue de départ.

130000 francs pour un vaisseau de 74.

80000 francs pour une frégate de 18.

50000 francs pour une flûte de 800 Tx.

40000 francs pour une gabarre de 4 à 500 Tx.

Ces fixations seront augmentées d'un 12e par mois de campagne excédant un an, et jusqu'au déchargement complet.

Pour arrêter le décompte de cette indemnité, un procès-verbal constatera le jour de la revue de départ et le jour où la cargaison de retour aura été mise à terre, et où le Bâtiment aura été remis à la disposition du Commandant de la Marine.

. . . .

Le 31 octobre 1816, la Chambre repondait à cette lettre :

« Nous n'avons à faire aucune objection à ces conditions, elles nous paraissent fondées sur la plus exacte équité, et cependant nous pensons qu'une expédition de cette importance que nous voyons, malgré tout, entourée de tant de dangers et exposée à tant de vicissitudes, n'offrirait pas un grand attrait à ceux qui seraient tentés de s'y intéresser si le Gouvernement ne l'encourageait par un généreux sacrifice ».

. . . .

« Mais la reconnaissance nous reste, et nous n'oublierons
jamais que c'est en faveur du commerce de Bordeaux en
général que Votre Excellence a daigné écouter les propositions de M. Nairac, les soumettre à notre opinion et les faire
couronner s'il est possible par la munificence royale[1] ». . .

Enfin M. de St Cricq, Conseiller d'État, Directeur
général des Douanes, annonce une réduction de
droits comme encouragement des premiers essais
faits pour rétablir le commerce avec l'Extrême-
Orient :

Paris, le 8 octobre 1817.

Nos relations commerciales avec la Chine et la Cochinchine étant, Monsieur, interrompues depuis longtemps le
Gouvernement a jugé qu'il convenait d'encourager les premiers essais que l'on ferait pour les rétablir. Dans cette vue,
des facilités spéciales ont été, par ordre du Roi, accordées
pour les chargements que rapporteront plusieurs bâtiments
partis de Bordeaux à ces destinations.

Jusqu'à leur retour, on est fondé à considérer comme pro-
blématiques les succès que le commerce peut obtenir dans
des contrées lointaines où il n'a plus l'habitude de trafiquer,
et comme l'incertitude des chances à courir pouvait empêcher
de nouvelles entreprises qu'il importe d'accélérer dans l'intérêt de la navigation nationale, S. M. a décidé le 2 de ce mois,
que les faveurs déjà autorisées pour quelques navires seraient
étendues à tous ceux qu'on expédierait pour la Chine et la
Cochinchine avant que les retours aient commencé et fait
connaître aux négociants ce qu'ils doivent espérer de semblables spéculations.

Cet encouragement consiste dans une réduction des droits
fixés à la moitié de ceux du tarif général, en exceptant, toutefois, de cette considération pour ce qui concerne les cargaisons importées de la Chine, les nankins et autres tissus,
les sucres, cafés, cacao, poivre, piment, girofle, cannelle,

1. Chambre de Commerce de Bordeaux, Copie de lettres, 3 mars
1815-6 avril 1818.

(autre que de la Chine), muscade, macis, cochenille, écaille et les bois de teinture et d'ébénisterie.

Les mêmes exceptions auront lieu pour les retours de la Cochinchine avec cette différence pourtant que les sucres qui, pour l'ordinaire, en forment la partie principale jouiront de la réduction de moitié.

Pour être admis à profiter de cet avantage, les intéressés devront, au surplus, justifier par un rapport du capitaine, affirmé par les principaux officiers et matelots, puis vérifié au Ministère de la Marine, que le navire a pris son chargement dans un des deux pays que désigne la décision du 2 de ce mois.

Je vous prie de donner aux armateurs connaissance de ces dispositions qui sont une nouvelle preuve de la constante sollicitude de S. M. pour le développement du Commerce.

Des Moulins, Directeur des Douanes royales à Bordeaux, transmit cette pièce qui lui était adressée, le 14 octobre 1817, à la Chambre de Commerce de Bordeaux.

Des demandes de renseignements sur les moyens de procurer à notre Commerce maritime, toute l'extension dont il était susceptible, étaient adressées par le Ministre de l'Intérieur, qui recevait l'intéressant rapport suivant :

Ministère
de
l'Intérieur
—

Bureau du Commerce
—

Sur le moyen de donner
de l'extension à notre Commerce
intérieur et extérieur.
—

A son Excellence Monseigneur le Ministre Secrétaire d'État au Département de l'Intérieur.

Monseigneur.

La Chambre de Commerce de L'Orient a reçu la Lettre que Votre Excellence lui a fait l'honneur de lui adresser le

6 Mars dernier, pour obtenir des renseignements sur les moyens de procurer à notre Commerce Maritime, toute l'extension dont il est susceptible, soit dans nos colonies, soit dans les possessions coloniales étrangères.

Nous n'entretiendrons Votre Excellence que des Colonies Orientales, notre Place n'ayant eu jusqu'à présent que très peu de rapports avec les Colonies Occidentales.

Quelque tardives que soient les observations que nous allons présenter à V. E., nous nous persuadons cependant qu'elles seront favorablement accueillies : dans cette confiance nous nous permettrons de lui faire connaître quelques unes des causes qui jusqu'à présent ont entravé et même souvent ruiné les opérations maritimes les mieux combinées.

Une des principales, est le peu de stabilité du système des Douanes pour la quotité du Droit d'entrée à percevoir sur les Denrées d'outre-mer.

Dans une expédition de longue haleine et dont la durée (du départ au retour) est souvent de 15 à 18 mois, un armateur ne peut calculer les chances de son opération que d'après les droits existans au moment où il l'a commencée. Toute augmentation de droits pendant la durée du voyage devient une charge non prévue pour l'expédition et la constitue souvent en perte. Tel est le cas dans lequel s'est trouvé le navire le *Nancy* de Nantes, expédié pour traiter des Poivres à Sumatra, antérieurement à la Loi du 28 avril 1816. Le droit d'entrée qui lors du départ, était à *f*. 80 les 100 kilogrammes a été élevé à *f*. 140, ce qui, sur la cargaison d'un navire de 300 tonneaux, a produit une augmentation de charges de *f*. 120.000, et a pour ainsi dire annullé les bénéfices auxquels avaient droit de prétendre les Armateurs de ce navire.

Nous nous bornerons à citer ce seul exemple persuadé qu'il déterminera le Gouvernement à modifier un système qui tendrait à détourner nos Armateurs de tenter des entreprises lointaines et de longue durée.

Nous appelerons également l'attention du Gouvernement sur les interprétations souvent forcées que l'on se permet de donner à la Loi, par des Instructions particulières. Déjà plusieurs places de commerce ont fait entendre des plaintes fondées sur les entraves qu'apportent toujours dans les opérations commerciales, des instructions qui, n'étant pas con-

signées dans la Loi, ne peuvent être connues officiellement.
Il est à espérer que ces plaintes seront accueillies et que l'on
fera disparaître toutes ces formalités minutieuses qui, sans
tourner au profit du trésor, ne servent qu'à dégouter le véritable négociant et l'empêchent même souvent de se livrer à
des entreprises utiles.

Une autre entrave qu'éprouve journellement le Commerce
est l'envoi à Paris des échantillons de Denrées, pour y être
statué par l'Administration supérieure des Douanes, sur leur
classification. Il en résulte des retards toujours préjudiciables
au Commerce, et même souvent des pertes occasionnées par
les variations que peuvent éprouver les Denrées en attendant
les décisions de l'Autorité supérieure. Il serait à désirer,
qu'en cas de contestations sur la véritable classification
d'une denrée, le différend soit jugé sur les lieux mêmes par
des Experts, ce qui éviterait au Commerce les retards
auxquels entraine toujours un référé à l'Administration générale.

Le Gouvernement doit percevoir des droits pour subvenir à
ses charges. Plus ces droits seront modérés, moins la fraude
se soutiendra parce qu'elle manquera d'aliment pour corrom-
pre. Le bon, l'honnête Négociant ne frustera jamais le Gouvernement des droits qui lui appartiennent, et considérera
toujours le fraudeur, comme le destructeur principal de son
industrie.

Il serait encore à désirer que les formalités à remplir vis à
vis des douanes, fussent moins compliquées : Plus elles
seront simples, plus faciles elles seront à exécuter et l'on évi-
tera par là des discussions toujours préjudiciables à ceux qui
sont forcés de les soutenir.

Après avoir fait connaître à V. E., une partie des entraves
que le système suivi jusqu'à présent a pu apporter au succès
de nos opérations commerciales, nous lui présenterons quelques vües sur les moyens à employer pour donner de l'extension à notre industrie intérieure et à notre Commerce extérieur, principales sources de la prospérité d'un État.

Un des plus puissants et qui tiendrait à favoriser les expéditions ayant pour but d'ouvrir de nouvelles branches de
Commerce à la France, serait d'assimiler les denrées qui pro-
viendraient des Pays hors de la domination européenne, aux

mêmes droits d'entrée que paient celles que nous tirons de nos possessions d'Amérique et d'Afrique, ce serait pour nos Armateurs un faible dédommagement des fortes mises hors et les grands frais auxquels sont toujours assujeties les expéditions qui se font pour les mers de l'Inde et de l'Asie.

Un autre moyen auquel l'Angleterre doit toute l'influence dont elle jouit depuis si longtemps, serait d'établir des Consuls ou Agents de commerce sur tous les points susceptibles de présenter un aliment au Commerce. Quelque partie du globe que l'on parcoure, on y trouve un Agent anglais qui tout en servant de point d'appui au Commerce, enrichit sa patrie du fruit de ses découvertes et de ses travaux. Sous un Gouvernement qui veut réparer les maux qui ont pesé sur la France pendant tant d'années, le Commerce doit espérer qu'il trouvera un appui partout où il se présentera pour ouvrir de nouveaux débouchés à notre industrie.

L'Établissement de Consuls ou Agents de commerce français dans certains Pays de l'Asie, entraînerait sans doute le Gouvernement dans quelques dépenses qui cependant pourraient n'être pas très-considérables quant aux armements, si l'on profitait des expéditions qui se font annuellement à Bourbon et à Pondichéry pour transporter les Agents français aux lieux de leur destination. Le Gouvernement serait indemnisé des dépenses, par l'extension que prendraient notre industrie intérieure et notre commerce extérieur, par une plus forte perception de droits de douanes produite par des importations françaises, enfin par l'accroissement de notre marine marchande qui devra toujours être considérée comme la pépinière de la Marine militaire.

La Révolution et les résultats de vingt-cinq années de guerres maritimes, ont totalement changé les bases sur lesquelles s'exploitait autrefois le commerce de l'Inde et de l'Asie.

Les Progrès qu'ont fait en Europe les manufactures de coton joints aux prohibitions à l'entrée de tous tissus, ne permettent plus de songer à en former des cargaisons de retour. Nous devons donc nous borner au commerce des matières premières et de rechercher quels sont les pays qui peuvent nous les procurer en plus grande abondance et aux prix les plus modérés, en même temps qu'ils offriraient un plus grand débouché aux Produits de notre sol et de notre industrie.

La Cochinchine nous paraît être le pays où l'on pourrait réaliser ce double but. Voisine de la Chine, du Cambodge, du Tonquin, du Siam et des Philippines, elle offrira toujours par ses productions et celles des Pays qui l'avoisinent, des ressources précieuses au Commerce et un débouché important à tous les articles d'Europe qui s'exportent pour les Mers de l'Inde et de l'Asie.

Le Gouvernement cochinchinois accueillerait favorablement un Agent de Commerce français institué et soutenu par l'Autorité Royale, car on ne doit pas perdre de vue que le Souverain actuel de ce pays a été élevé par l'évêque d'Adran, qu'en 1786, il est venu en France sur la frégate la *Méduse,* que c'est à des Français qu'il est redevable des progrès que l'industrie et les arts ont fait dans ses États.

Au nombre des Français qui ont servi et servent encore le Roi de la Cochinchine, on peut citer M. Dayot aîné de Redon (Parent de M. Borne Bonet, l'un des Membres de notre Chambre) mort Prince Mandarin de la Cochinchine qu'il a enrichie d'un atlas précieux contenant dans le plus grand détail et dans la plus grande perfection les Plans de toutes les côtes, baies, rades et ports de ce Royaume. Un des originaux de cet Atlas dont M. Borne Bonet a reçu des copies qui lui ont été envoyées par M. Jh. Dayot de l'Ile de France, (frère de celui mort à la Cochinchine) est resté enfoui dans la poussière du Dépôt des Cartes de la Marine à Paris. Le dernier Gouvernement sur le rapport d'une Commission spéciale nommée pour en examiner le travail, en ayant reconnu tout le mérite, ordonna que ces cartes seraient gravées à ses frais. Il faut que quelque motif et intérêt particulier, se soit opposé à l'exécution de cet ordre, et ait ainsi privé la Marine française de Documents d'autant plus précieux que jusqu'à présent les parages de la Cochinchine ont été peu fréquentés par les Européens.

Il est d'autres Français, tels que MM. Olivier, Chaigneau, Barisy, Boissonneau, etc., qui par leurs talents ou leurs connaissances ont porté l'industrie et les arts au point où ils le sont aujourd'hui en Cochinchine et qui pour récompense de leurs services ont été élevés aux premières fonctions du Royaume.

Si le Gouvernement français se décidait à former un Établissement à la Cochinchine, M. Borne Bonet lui offre ses services : Muni de recommandations de la famille Dayot et d'autres qu'il peut se procurer, il concourra de tous ses moyens à obtenir des concessions favorables au Commerce français et d'un grand intérêt pour son gouvernement.

La Cochinchine produit à très-peu d'articles près tout ce que fournissent la Chine, le Bengal, les Côtes de Malabar, d'Orixa et du Coromandel : Tous les articles d'Europe qui s'exportent pour ces derniers pays obtiendraient un débouché d'autant plus certain et avantageux que jusqu'à présent les Cochinchinois n'ont traité qu'en seconde et troisième main avec les seuls Chinois. Il nous paraît donc essentiel de former un établissement dans un pays où nous pouvons acquérir la suprématie du commerce et nous tirer de la dépendance et de la trop grande concurrence que nous éprouvons en Chine et dans les autres possessions de l'Asie et de l'Inde.

Un établissement à la Cochinchine pourrait encore être considéré comme un point d'appui pour nos missionnaires qui dans tous les tems ont rendu des services éminents à la Religion et à leur Patrie.

Nous ne nous étendrons pas davantage sur la nécessité d'ouvrir des relations directes avec la Cochinchine pour apprécier les effets qui pourraient en résulter, il suffit de consulter les mémoires de M. Poivre, intendant du Roi à l'Isle de France, qui pendant deux ans a résidé à la Cochinchine, ceux de M. Charpentier de Cossigny, Ingénieur du Roi à l'Isle de France, ceux de M. Blancard, de Marseille, enfin le discours que M. Louis Monneron, député de Pondichéry, prononça le 15 octobre 1790 à l'Assemblée nationale. Ces estimables citoyens ont bien démontré de quelle importance serait pour la France un commerce direct avec la Cochinchine pour que nous insistions davantage sur ce point.

C'est sur un prospectus que M. Borne Bonet rendit public en Décembre 1815, que la place de Bordeaux a expédié cette année trois grands navires pour la Cochinchine et qu'elle prépare d'autres expéditions. Deux navires de Nantes vont prendre cette direction, et il est à présumer que l'exemple de ces deux places, sera bientôt suivi par nos autres villes maritimes. Ce serait donc pour le Gouvernement français, un motif de former un Établissement dans un pays qui peut offrir au Commerce toutes les ressources dont il a besoin pour prospérer, et qui peut en même temps enrichir nos Colonies de ses nombreuses productions.

Nous terminerons cette lettre, Monseigneur, en suppliant V. E. de fixer les regards paternels de Sa Majesté sur notre malheureuse ville : elle fut autrefois le Berceau et le Centre du Commerce de l'Inde. Les malheurs produits par la révolution et les guerres maritimes, l'ont privée de toutes ses ressources et forcé une partie de ses habitants à fuir un sol qui ne leur présente plus que le Tableau effrayant de la Misère. L'Orient créé par et pour le commerce de l'Inde, possède tous les établissements nécessaires au dépôt de ce grand commerce ; ne peut-il espérer, sous le Gouvernement de son Roi légitime, de rentrer dans les prérogatives dont il a constamment joui sous le règne d'un Bourbon? Un tel bienfait ramènerait la prospérité dans une ville qui donne toujours l'exemple de la soumission et du dévouement à la cause de ses souverains légitimes et la Population entière de la Bretagne en ressentirait les heureux effets.

Nous avons l'honneur d'être, avec le plus profond respect, de Votre Excellence

Monseigneur

Les très-humbles et très-obéissants serviteurs

(*sig.*) Monistrol Aîné, Maire et Président, Bouilly, Dugray, Rotinat, Valliée, Galabert, Bourdon, Delarive, J. L. Borne Bonet, Bijotat, Membres et Secrétaire de la Chambre.

L'Orient, le 15 Octobre 1817.

Pour copie conforme à l'Original,
Le Secrétaire de la Chambre de Commerce de Lorient,
Bijotat.

Borne Bonet, l'un des signataires, envoyait le 25 octobre 1817 une copie de ce Mémoire, au

Ministre de la Marine et des Colonies, offrant de passer à la Cochinchine en qualité d'agent du Gouvernement français :

Les services que l'un de mes parents, Monsieur Dayot aîné de Redon mort Prince Mandarin à la Cochinchine a rendu à ce Pays me permettent d'espérer que je rendrais fructueuse la mission qui me serait confiée par sa Majesté.

Mes seuls titres à sa bienveillance sont mon dévouement entier à sa personne, le désir d'être utile à ma patrie, enfin les pertes que j'ai éprouvées tant par la Révolution que par la loi des finances sur l'arriéré.

J'ai été le premier à donner au commerce français l'idée de diriger ses expéditions sur la Cochinchine, et n'ai pu profiter pour moi-même des notions que j'avais sur ce pays, parce que tous moyens se trouvaient entre les mains du Gouvernement pour subir les effets de la loi sur l'arriéré.

La faiblesse de ma vue ne me permettra pas toujours de suivre avec assiduité le travail du Cabinet. Je solliciterai la faveur d'être accompagné de mon fils aîné âgé de vingt-six ans, possédant toutes les connaissances nécessaires à un bon négociant. Secondé par lui je crois pouvoir espérer de réaliser les vues paternelles de Sa Majesté pour la prospérité du commerce de ses États.

Si Votre Excellence avait besoin de plus amples renseignements sur mon compte et celui de mon fils je me ferais un devoir de lui faire parvenir ceux qu'Elle jugera convenable d'exiger.

La requête de Borne Bonet qui était accompagnée du certificat suivant ne paraît pas avoir reçu de suite :

Je certifie que M. BORNE BONNET, négociant à Lorient jouit en cette ville d'une très-grande considération, tant sous les rapports d'une rigide probité et honnêteté que sous ceux de beaucoup d'expérience et de connaissances dans les opérations commerciales; qu'enfin il est à tous égards digne de mériter la confiance du Gouvernement pour remplir la mis-

-sion qu'il sollicite de son Excellence le Ministre Secrétaire d'État au département de la Marine et des Colonies.

A Lorient, le 25 octobre 1817.

Le Commissaire-général, Ordonnateur de la Marine,
par interim

MAUBLANC [1].

Un autre candidat est recommandé comme Agent au choix du Ministre des Affaires étrangères par le Sieur GABRIAC qui écrit au Duc de Richelieu au sujet de son protégé JANSSAUD :

Marseille, le 25 Septembre 1817.

Monseigneur,

Votre Excellence m'a reçu avec tant de bonté lors de mon voyage à Paris cet hiver, que je me sens encouragé à lui soumettre quelques idées sur le commerce de l'Inde; je désire qu'elles puissent mériter votre attention.

Le long séjour que j'ai fait dans l'Inde, ramène souvent ma pensée vers ces riches contrées. La navigation française, malheureusement fort réduite par les événements fâcheux qui nous ont dépouillés d'une grande partie de nos possessions coloniales, est sans doute l'objet de la sollicitude du Gouvernement.

Vous protégez, Monseigneur, de tout votre pouvoir, les efforts du commerce, et je puis compter sur votre puissant appui, si les idées que j'ai l'honneur de vous soumettre vous paraissent utiles.

Les Français sont bien reçus à la Cochinchine par le Souverain qui y règne aujourd'hui. Votre Excellence sait qu'il a été élevé par un évêque français dont les vertus seront longtemps révérées dans l'Inde.

Il reste peu d'anciens armateurs français qui fesaient autrefois le commerce de l'Inde. Parmi ceux qui figurent aujour-

---

1. *Archives de la Marine et des Colonies.* — COCHINCHINE 1792-1818, No. 5.

d'hui dans nos ports, peu ont les connaissances et les moyens de se livrer aux opérations au delà du Cap de Bonne Espérance. Par sa distance, le commerce de la Cochinchine présente à la très grande majorité des armateurs français les plus grandes difficultés.

Cependant, Monseigneur, encouragé par le Gouvernement, le commerce français pourrait retirer de grands avantages de ses rapports suivis avec ce pays là.

Pour parvenir à des résultats satisfaisants, il suffit de quitter la vieille routine des anciens armateurs. Dans l'ancien système, le voyage de la Cochinchine aurait duré dix-huit mois et souvent deux ans, aujourd'hui des capitaines instruits, avec des vaisseaux fins voiliers, consultant les saisons, peuvent exécuter ces voyages dans dix ou douze mois.

Un commerce ouvert entre la Cochinchine et la France, serait d'autant plus utile qu'en servant à former des matelots, il procurerait le débouché des produits de notre sol et de notre industrie.

On peut importer à la Cochinchine un assortiment des draps de Carcassonne, un assortiment d'étamines ras de castor et de camelots; quelques étoffes légères de Lyon; des coraux; des fusils de munition, des lames de sabres, des glaces; du souffre raffiné, des montres, des pendules, des grapins; du vin; du savon, et plusieurs autres articles qu'il serait trop long de détailler. Ces assortiments doivent être faits, sans doute, avec choix, et non pas en grande quantité. L'expédition doit être en outre complétée par des piastres fortes d'Espagne.

On peut rapporter de la Cochinchine, du sucre à 8 ou 9 francs le quintal; des soies écrues à 8 ou 9 francs la livre; du poivre, de l'indigo, de l'ivoire et plusieurs autres articles, etc.

Malgré les dispositions bien connues du Roi de la Cochinchine, je pense que le Gouvernement français y est encore sans protection.

Votre Excellence ne penserait-elle pas, Monseigneur, qu'un agent du Roy accrédité auprès de ce Souverain serait infiniment utile aux intérêts du commerce et de la Navigation. Le Roi de la Cochinchine verrait, sans doute, avec beaucoup d'intérêt un envoyé du Gouvernement français auprès de sa personne. Il ne pourrait voir qu'avec plaisir flotter sur ses côtes le pavillon d'une nation pour laquelle il montre dans toutes les occasions une affection marquée.

Sans doute un Agent intelligent saurait entretenir cette préférence pour les Français, employant, en même tems, tous ses moyens pour fortifier et accroître le goût des Cochinchinois pour les productions de notre sol et de notre industrie.

Si telle était votre pensée, Monseigneur, j'oserais recommander à Votre Excellence un homme qui serait, je crois, capable de remplir dignement cette mission.

J'ai l'honneur de connaître depuis longtemps Monsieur Janssaud, fils d'un avocat estimable qui fut longtemps maire de Forcalquier dans les Basses-Alpes. M. Janssaud a parcouru l'Inde en négociant éclairé; il parle l'anglais, il entend le malais, langue familière aux Cochinchinois. Ses principes et son caractère seraient des garants sûrs de sa conduite. M. Janssaud sera heureux, Monseigneur, d'être honoré de votre choix pour aller à la Cochinchine comme Agent du Roi pour y soigner les intérêts du Gouvernement et du Commerce.

Le Roi va avoir dans le port de Toulon plusieurs flutes sans emploi et condamnées au dépérissement : Si Votre Excellence voulait m'en accorder une d'environ 300 tonneaux pour un temps limité et à des conditions encourageantes pour moi, je prendrais avec plaisir l'engagement de l'expédier pour la Cochinchine avec un chargement convenable et cette expédition servirait en même temps à conduire l'Agent français à cette destination.

J'ai l'honneur d'être, etc.

Alexis Gabriac[1].

Gabriac écrit encore au Ministre :

Marseille, le 5 octobre 1817.

Monseigneur,

Permettez-moi de me référer à la lettre que j'ai eu l'honneur de vous écrire sous la date du 28 du passé.

Il sera peut-être agréable à Votre Excellence d'apprendre

1. *Archives du Ministère des Affaires étrangères.*

si Elle ne le sait déjà qu'en 1804 la Compagnie anglaise
ordonna à un de ses subrécargues de partir de Canton pour
aller résider à Saïgon auprès du Roi de la Cochinchine, pour
obtenir la permission d'établir des factoreries dans les principaux ports de son royaume. La Compagnie anglaise sait
bien que si elle avait pu parvenir à son but, elle en aurait
retiré des avantages immenses. Mais toutes les démarches de
cet Agent anglais furent inutiles, et la Compagnie attribua la
mauvaise issue de cette mission à l'influence des Français, et
à la partialité du Roi pour eux.

Il est de fait, Monseigneur, que si Votre Excellence juge à
propos de seconder les efforts du commerce à la Cochinchine,
les Français n'auraient plus besoin d'aller à Canton pour se
procurer les articles de Chine, dont nous pouvons avoir
besoin. Les importations de la Chine dans les ports du Roi de
la Cochinchine, sont telles qu'on pourrait s'y procurer, à
aussi bon marché, tous les objets qu'on traite à Canton.

J'ai des informations les plus étendues sur ce pays-là, mais
je crois devoir épargner à Votre Excellence de plus longs
détails.

Agréez, etc.

Alexis Gabriac [1].

Le Duc de Richelieu avait déjà pris ses dispositions ainsi qu'en témoigne la lettre suivante et
comme nous le verrons par la suite :

Paris, le 29 Octobre 1817.

Vous me faites part, Monsieur, par les lettres que vous avez
bien voulu m'écrire, les 25 Septembre et 5 de ce mois, de vos
vües pour faire prendre à notre Commerce avec la Cochinchine toute l'importance dont il peut être susceptible.

Je vous remercie de cette communication dont l'objet avait
déjà fixé mon attention. Déjà l'on a fait les dispositions qui
ont été jugées les plus propres à assurer le rétablissement de
nos relations avec ce pays, pour lequel il a été fait quelques
expéditions. Il convient d'en attendre le résultat.

_____

1. *Archives des Affaires étrangères.*

Je me réserve au surplus de me faire plus particulièrement
rendre compte de vos observations et je recevrai avec plaisir
toutes celles du même genre que vous pourriez avoir encore
à me communiquer.

Recevez, etc.[1].

Voici d'ailleurs le *Projet d'établir un Comptoir en
Cochinchine* adressé le 15 novembre 1818 par le sieur
Janssaud à S. E. M. le Comte Molé[2], Ministre de la
Marine et des Colonies :

Monseigneur,

Nous sommes arrivés à cette heureuse époque où tous les
genres d'industrie prenant un libre essor vont accroître et
multiplier les richesses de l'État.

Le commerce maritime que l'on peut considérer comme la
source qui alimente tous les autres, longtemps opprimé jusqu'à l'anéantissement, se relève aujourd'hui (non sans efforts)
et cherche à se créer de nouvelles ressources, sous les auspices d'un gouvernement protecteur et la garantie d'une paix
que tout nous promet devoir être durable.

Je me suis persuadé, Monseigneur, que tout ce qui avait
quelques rapports à ce commerce ne pourrait manquer d'intéresser Votre Excellence, et plein de confiance dans cette
idée je viens lui soumettre le Projet d'un Établissement que
je me propose d'aller former en Cochinchine, et de l'exécution
duquel je m'occupe en ce moment.

Ayant fréquenté les mers de l'Inde pendant plusieurs
années, j'ai pu m'y convaincre de l'importance dont le commerce de la Cochinchine serait susceptible de devenir pour
nous. Mais pour le faire avec succès il faut qu'un établissement dans le pays même y fasse naître la confiance et encou-
rage les habitants à se livrer davantage à la culture de ce
genre de production dont nous leur assurerions annuellement

---

1. *Archives des Affaires étrangères.*

2. *Louis Matthieu*, Comte Molé, né à Paris, le 24 janvier 1781 ; † au
château de Champlâtreux, le 23 nov. 1855. — Ministre de la Marine,
12 sept. 1817-déc. 1818.

le débit et l'exportation. Car jusqu'ici les Chinois et les Portugais de Macao étant pour ainsi dire les seuls en possession de ce commerce, leurs exportations sont bornées à des quantités qui ne varient guère, et les cultivateurs n'ont aucun motif qui les porte à multiplier leurs productions au delà de ces mêmes quantités dont le débouché leur est assuré d'avance.

Les produits de la Cochinchine sont variés et peuvent devenir abondans. Il s'agit avec le secours du temps et des soins convenables, d'attirer chez nous une partie de ces produits ; tels que sucre, poivre, indigo, coton, écaille, ivoire, soie écrue, &ª. Indépendamment des bois de construction que nous pourrions quelquefois employer dans le pays même, on y trouve aussi des bois de marqueterie d'une grande beauté dont nos ébénistes tireraient sans doute un très grand parti.

Ce pays nous offre encore nombre d'articles dont notre commerce trouverait un placement avantageux sur divers autres marchés de l'Inde, ce qui nous conduirait bientôt à ce commerce de cabotage si immense dans ces contrées et si propre à former des marins.

Les avantages qui résulteraient pour la navigation française d'un commerce constant et régulier avec la Cochinchine sont trop évidents pour qu'il soit nécessaire d'en entretenir ici Votre Excellence. Mais je crois devoir chercher à démontrer que l'intérêt de nos manufactures (en soye particulièrement) s'y trouve également lié.

Les Chinois sont devenus dans ce genre des concurrens dangereux. Aux avantages d'une population ouvrière qui est immense, se joint celui de récolter en abondance les matières premières tant dans leur propre pays que dans les pays circonvoisins et particulièrement la Cochinchine qui produit une très-grande quantité de soye écrue qu'ils achètent à vil prix, étant sans concurrens, et la portent, chez eux dans cet état pour y être employée.

C'est cette branche de commerce qu'il est surtout important de ne rien négliger pour attirer à nous, afin de faire diminuer en France le prix de cette matière et de mettre nos manufacturiers à même de soutenir avec avantage la concurrence des Chinois dans le prix de bons objets manufacturés.

Pour prouver que les soyeries de Chine font réellement un

tort immense aux manufactures françaises dans ce genre il
me suffit de citer l'exemple des Américains dont le commerce
à la Chine est sans contredit le plus considérable après celui
des Anglais.

En 1817, c'est-à-dire dans l'année même de la paix entre
les Anglais et les Américains, les demandes en soyeries françaises par ces derniers furent si grandes que nos fabricants
pouvaient à peine y suffire. Il en résulta nécessairement une
hausse dans les prix.

L'année suivante nos fabriquants s'attendaient à des
demandes pareilles, et s'étaient approvisionnés en conséquence ; mais ils furent trompés dans leur attente. Les Américains avaient, dans l'intervalle, porté à la Chine des échantillons de toutes nos étoffes, et tous ces modèles y furent si
parfaitement imités que les Soyeries de Chine ont depuis
prévalu aux Etats-Unis sur les Soyeries françaises. Ceci n'a
d'autre cause dans la différence que les prix d'achat, et cette
différence est telle que les importeurs obtiennent toujours
quelques bénéfices sur les soyeries de Chine, tandis que les
nôtres ne peuvent plus vendre qu'à perte sur les mêmes
marchés.

L'avantage que les Américains trouvent à ce commerce doit
être bien grand puisqu'ils préfèrent entreprendre des voyages
qui durent souvent plus d'une année, pour aller chercher à
Canton des soyeries qu'ils ne peuvent payer qu'avec des piastres fortes plutôt que de faire acheter ces mêmes articles en
France où ils peuvent les payer avec des produits de leur
propre pays et dont ils peuvent aisément faire trois fois le
voyage dans le même temps qu'ils n'en feront qu'un à la
Chine. Il est vrai qu'ils en rapportent divers autres articles,
mais c'est toujours en soyeries qu'est employée la plus forte
somme d'argent,

Ces faits sont constants et à la connaissance de toute personne qui a un peu suivi le commerce Américain. Ils n'en font
que plus vivement sentir combien il est important pour nos
manufactures que nous puissions nous procurer des matières
premières à des prix qui leur permettent de soutenir toute
concurrence étrangère.

Outre le commerce direct que nous pourrions faire avec la
Cochinchine, la situation géographique de ce pays peut en

faire également le centre d'un commerce immense avec les
autres parties de l'Inde ; et il faudrait bien peu de travail à une
nation Européenne qui y établirait des comptoirs, pour y
attirer le commerce dont elle profiterait autant et plus que
les naturels eux-mêmes. Nombre de vaisseaux qui ont été
jusqu'ici dans l'usage d'aller prendre leurs chargemens à
Canton, où ils sont tenus dans une dépendance des Chinois
tout à la fois humiliante et coûteuse viendraient, je n'en doute
point, de préférence en Cochinchine dès qu'ils seraient assurés
d'y trouver de quoi former leurs cargaisons ; et ceux qui pour
l'assortiment de ces cargaisons voudraient y comprendre les
objets de Chine, pourraient également se procurer en Cochinchine, où ils abondent tous les ans par la quantité qu'y apportent les bâtiments Chinois. Ces importations augmenteraient
sans doute par la suite en raison de l'accroissement du débit
qui s'en ferait.

J'ai dit que les Chinois et les Portugais de Macao avaient
fait jusqu'ici, pour ainsi dire exclusivement, le commerce de
Cochinchine. Le peu d'estime dont ces peuples jouissent dans
ce pays là permet de croire que nous obtiendrions bientôt sur
eux des avantages marqués. Le Souverain lui-même dont
l'intérêt se trouverait lié à ce nouvel ordre de choses, favori-
serait je n'en doute point le succès des premières opérations
européennes, dans l'espoir d'attirer par suite dans ses ports
une grande partie du commerce de Canton.

Le roi de Cochinchine qui a pris le titre d'empereur depuis
la réunion du Tonquin à ses autres états, s'estime fort supérieur en puissance et en lumière à tous les autres Indiens. Il
affecte même une sorte d'orgueilleux mépris pour l'empereur
de la Chine, dont il serait en quelque sorte le vassal, puisque
ce fut des ambassadeurs de celui-cy qu'il reçut autrefois (pour
la forme il est vrai) l'investiture du royaume de Tonquin qu'il
venait de soumettre à ses armes.

Le Roi GIA-LONG ou empereur de la Cochinchine est sans
doute un homme supérieur dans son pays. Elève de feu Mgr.
l'Evêque d'Adran, avec qui il fit autrefois un voyage en
France [1], son éducation l'a rendu tel. Il a quelque teinture des

---

1. C'est le fils du roi actuel et non le roi qui a été confié aux soins
de Mgr. l'Evêque d'Adran : ce prince est mort. Note MS.

sciences ; notre langue ne lui est point étrangère, et dans des
circonstances difficiles il a montré du courage et de la présence d'esprit. Ce qui peut encore donner une idée de son
caractère et de sa résolution, c'est la manière dont il congédia
un agent anglais qui lui fut envoyé il y a environ quatorze
ans, peu de temps après qu'il eut soumis le Tonquin à sa
domination.

Cet événement qui plaçait le roi de Cochinchine au rang
des princes les plus puissans de ces contrées, devait attirer
l'attention des Anglais, qui jusque là avaient négligé la Cochinchine, tant à cause de l'étendue de leurs possessions dans les
parties de l'Inde que parce que leur commerce dans ces parages
se fait pricipalement à Canton ; et peut-être aussi parce qu'ils
ne voyaient point de rivaux dans ces pays-là dont ils eussent
à craindre une fâcheuse influence sur leur système de commerce universel.

Quoiqu'il en soit le Roy de Cochinchine ne leur parut pas
un homme à négliger, et la Compagnie des Indes résolut de
lui envoyer un de ses agens les plus distingués. Elle fit choix
du sieur Roberts, chef de ses subrécargues à Canton et le
chargea d'une mission à la fois diplomatique et commerciale.

Cet envoyé arriva en Cochinchine vers 1804 avec deux
vaisseaux chargés de marchandises et de présens. [Il commença par mettre dans ses intérêts les principaux Mandarins
auxquels il n'eut pas de peine à persuader combien le commerce avec les Anglais leur fournirait d'occasions et de
moyens de s'enrichir. Ces Mandarins à leur tour persuadèrent
à leur Roi d'accepter les présents qui lui étaient destinés et
d'accorder l'audience sollicitée par l'agent anglais qui déjà
se croyait assuré du succès de sa mission.

Les Anglais n'ignoraient pas l'estime particulière et la
faveur dont jouissaient les Français auprès de Gia-Long, aussi
ne négligea-t-on rien pour en prévenir les effets. Par exemple
en avait compris dans les présents destinés à ce prince, des
tableaux qui retraçoient les époques les plus funestes de notre
révolution, et rappelaient surtout les malheurs de l'infortuné
Louis XVI, au sort duquel Gia-Long avait souvent donné des
regrets.

On ne chercha point du reste à s'assurer des Missionnaires
français, dont on crut n'avoir rien à craindre, et qui, en effet,

à cette époque, étaient devenus, pour ainsi dire étrangers à leur patrie.

Mais deux autres Français, marins au service du Roi de Cochinchine, se trouvaient à la Cour vers ce même temps. Gia-Long les consulta sur la puissance Anglaise en Europe et dans l'Inde ainsi que sur la mission du Sr Roberts, qui ne demandait rien moins que la cession d'un port et le privilège exclusif du commerce de Cochinchine. Ces messieurs exposèrent au Roi que c'était à peu près de la même manière que les Anglais avaient commencé à s'établir dans d'autres pays dont, par suite ils s'étaient rendus les maîtres et étaient devenus les oppresseurs de ces mêmes Princes qui les avaient accueillis avec bienveillance.

Sur ce rapport, le Roi Gia-Long (quoique d'humeur intéressée jusqu'à l'avarice) renvoya sans hésiter tous les présens qu'il avait reçus et fit dire au Sr Roberts que les Anglais qui désormais viendraient commercer dans ses Etats y jouiraient sans distinction des mêmes privilèges que tout autre peuple.

Cette réponse fut un congé à l'agent anglais qui repartit aussitôt pour Canton [1].]

Une pareille cession et de pareils privilèges avaient été autrefois accordés à la France, par le traité qu'avait obtenu l'Evêque d'Adran lorsqu'il vint à Versailles accompagné de son jeune pupille (*le prince* régnant aujourd'hui).

On se rappelle que l'objet de ce voyage était de demander quelques secours au Gouvernement français en faveur du roi de Cochinchine alors engagé dans des guerres civiles qui lui avaient fait perdre presque tous ses Etats, et l'avaient réduit à chercher un asile à la cour de Siam.

Ce voyage fait en France lorsque le Prince était encore enfant a laissé dans son cœur de profonds souvenirs. L'éducation qu'il reçut de Mr l'Evêque d'Adran, les vertus, les lumières de ce digne prélat, pour qui ce prince eut toujours la plus profonde vénération et le plus tendre attachement, expliqueraient assez cette partialité en faveur de la France, si l'on ne se rappelait encore les services importants rendus à ce prince, dans ses différentes guerres, par un petit nombre d'offi-

1. La partie de cette lettre entre [ ] a été donnée dans le *T'oung Pao*, 1903, pp. 218-219.

ciers français. Les talents distingués de quelques-uns et la fidélité avec laquelle il fut servi de tous le confirmèrent dans cette haute opinion que l'Evêque d'Adran avait su lui inspirer pour notre nation.

Toutes ces circonstances ne sont-elles pas de nature à encourager les Français à chercher à rétablir avec ce pays là, des relations commerciales qui n'existèrent jadis qu'en projets que les malheurs des temps empêchèrent toujours de réaliser ?

Le temps est venu, ce me semble, où le commerce français peut se livrer avec confiance à des spéculations vers cette partie de l'Inde. Toutefois je ne voudrais pas assurer que les premiers voyages eussent un plein succès. L'interruption de toute espèce de communication pour ce pays là a été trop longue pour qu'on puisse espérer d'y réussir complètement dans une première opération isolée et inattendue.

Ainsi que je l'ai déjà observé, les Chinois et les Portugais exportent tous les ans à peu près la totalité des produits que le pays peut fournir dans l'état actuel de son agriculture. Il est douteux par conséquent, qu'un navire français que rien n'aurait annoncé d'avance pût y trouver dans un premier voyage de quoi fournir sa cargaison entière.

Ce n'est donc que par l'établissement d'une maison européenne parmi ces peuples que l'on peut prévenir un tel inconvénient ; parce que ces gens-là assurés, par l'effet de cet établissement même, de débouchés plus considérables qu'ils n'en ont eu jusqu'à présent, se porteraient d'avantage à la culture de ces articles qui formeraient la base de nos chargemens ; et nous en obtiendrions nous-mêmes la certitude de trouver en tout temps en Cochinchine des produits suffisans pour charger nos vaisseaux.

Un autre objet non moins important de l'Etablissement que je propose, serait d'y faire naître parmi les habitans le goût de ces objets produits de notre sol et de notre industrie que notre commerce pourrait leur fournir ; quoique les Cochinchinois aient, en général, une très-haute idée de ce qui vient d'Europe, ils ont eu jusqu'ici si peu d'occasions de s'en procurer et d'en faire usage, qu'ils n'ont pu en contracter et bien moins encore en répandre le goût ; il serait donc fort difficile pour ne pas dire impossible, d'y vendre dans un premier voyage pour une forte somme de ces mêmes objets.

Pour ouvrir avec succès le commerce de Cochinchine ce sont des espèces qu'il faut d'abord y porter ; et pour être assuré des retours sur lesquels sont toujours fondés les avantages du commerce de l'Inde, il faut y avoir un établissement permanent dont l'objet serait d'accumuler d'une année à l'autre tous les produits que nos vaisseaux viendraient y chercher.

C'est un Etablissement de ce genre que j'ai le dessein d'aller former en Cochinchine et en faveur duquel je sollicite l'appui du gouvernement.

Je demande : 1° à être accrédité comme sujet et négociant français auprès du Souverain qui règne aujourd'hui en Cochinchine, et sous la protection duquel je dois placer mon Etablissement et moi-même.

2° A être également recommandé par le Ministère aux différents Gouverneurs et chefs des possessions françaises dans l'Inde, afin de pouvoir en réclamer au besoin secours et protection et avec lesquels j'aurais soin d'entretenir une correspondance suivie sur tous les sujets qui me sembleraient devoir intéresser le gouvernement et le commerce français.

Indépendamment de l'objet particulier qui me conduit en Cochinchine, j'ose croire que pendant le séjour que j'y ferais, il ne me serait pas impossible d'y servir utilement ma patrie, et d'y obtenir des avantages importants en faveur du commerce français. Peut-être même pourrait-on s'assurer de certains privilèges, par quelque traité auquel on donnerait à peu près le caractère de nos capitulations commerciales en Turque.

Quoiqu'il en soit, Monseigneur, rien de ma part ne serait négligé pour cultiver et entretenir avec soin les heureuses dispositions du Souverain de ce pays et pour nous rendre également favorables les principaux mandarins de sa cour. Des attentions, des égards soutenus envers des hommes susceptibles et vains, quelques présens de temps à autre, sont les moyens les plus propres à nous conduire au but que nous nous serions proposé. Votre Excellence jugera si pour y parvenir avec plus de sûreté, il ne serait pas convenable que je fusse pourvu de quelque autorisation, de quelque titre, qui, aux yeux des personnes avec qui je pourrais avoir à traiter me donnât la consistance nécessaire pour agir avec fruit.

Je suis loin, toutefois, de prétendre à l'honneur d'être revêtu d'un caractére officiel. La chose serait peu compatible avec ma qualité de négociant ; et d'ailleurs, si le Gouvernement voulait être représenté dans ce pays là, cet honneur serait dû bien plutôt à l'un de ces dignes Français qui ont véritablement servi leur patrie en faisant échouer l'agent anglais dans la mission dont j'ai parlé plus haut.

Mais je suis persuadé qu'en agissant de concert avec Messieurs Vannier et Chaigneau on pourrait avec le temps et en profitant de toutes les circonstances favorables qui se présenteraient ou que l'on ferait naître, amener plus sûrement les choses au point souhaité que ne le ferait peut-être un agent envoyé exprès.

Lorsque je dispose tout pour l'exécution de ce projet en ce qu'il a de particulier, j'ai crû, Monseigneur, ne pouvoir me dispenser, en ma qualité de Français, de soumettre à Votre Excellence les vues les plus générales qui semblent naître du sujet même. Si Elle daigne y donner quelques moments d'attention, et qu'il en résulte pour elle la conviction que je puis être utile, elle me trouvera prêt à concourir avec tout l'empressement et le zèle dont je suis capable, à tout ce qui peut contribuer à la prospérité du commerce français.

Je n'attends que l'appel de Votre Excellence pour avoir l'honneur de lui présenter tels titres qu'elle pourra désirer pour déterminer le degré de confiance qu'elle croira pouvoir m'accorder.

Je suis avec un très-profond Respect,

Monseigneur

De Votre Excellence,

Le très-humble et très-obéissant serviteur,

M. J. Janssaud[1]

Aux bains de Tivoli, rue St. Lazare.

Paris, le 15 Novembre 1818.

---

1. *Archives de la Marine et des Colonies.*

Le projet de Janssaud arrivait trop tard.

Nous avons écouté les conseils donnés au Gouvernement et venus soit du Commerce, soit de l'initiative privée ; nous verrons quel fut le résultat des entreprises officielles et particulières commencées en Cochinchine sous la Restauration.

LE CONSULAT DE FRANCE A HUÉ

SOUS LA RESTAURATION [1]

De la brillante pléiade d'officiers français qui, appelés par l'évêque d'Adran, avaient aidé Gia-long à remonter sur le trône de ses pères, deux seulement, au commencement de la Restauration, avaient survécu et étaient restés à la cour du souverain qui leur devait son trône : Philippe Vanier et Jean-Baptiste Chaigneau.

Chaigneau, « appartenait, dit son fils [2], à une honorable famille de la Bretagne. Son père, chevalier de Saint-Louis, avait été capitaine de brûlot et commandant de vaisseau de la Compagnie des Indes. Un de ses frères, Étienne, officier de marine, embarqué sur la corvette française la *Bacchante,* fut tué, le 6 messidor an II, dans un combat contre la frégate anglaise l'*Endymion.* Il avait encore en France deux frères, qui ont occupé, sous le premier empire des grades élevés dans l'armée de terre ; un beau-frère, M. de Rosières, ancien commissaire général ordonnateur de la marine sous l'empereur Napoléon Ier ; tous trois étaient décorés de la croix de la Légion d'honneur. M. Chaigneau avait de plus, deux sœurs, dont l'une était veuve, avec une fille. Parmi ses alliés, il avait encore le vicomte de Chateaubriand, l'une des illustrations du siècle. »

Chaigneau « s'embarqua [3] à l'âge de douze ans, comme volontaire, dans la marine royale, sur la flûte le *Necker,* qui fut prise par le vaisseau anglais le *Petit-Annibal.* Conduit à Sainte-Hélène comme prisonnier de guerre, M. Chaigneau y

---

1. Extrait de la *Revue d'Extrême-Orient,* Paris, janvier — juin 1883, pp. 139- 267.

2. *Souvenirs de Hué,* p. 228.

3. *L. c.,* p. 16.

resta quelques mois et fut ramené en France par le parlemen-
taire le *Petit-Sévère,* de Nantes. Il s'embarqua de nouveau
sur la frégate l'*Arielle,* puis sur la frégate la *Subtile,* avec
laquelle il fit dans l'Inde une station de plus de quarante-trois
mois..... » Au retour de cette station, Chaigneau « était parti
de France, en 1791, sur le vaisseau la *Flavie,* commandé par
M. Magon de la Villaumont, qui devait faire un voyage autour
du monde, ayant pour but principal la recherche de La
Pérouse ; mais par suite des événements politiques, la *Flavie*
n'ayant pu poursuivre son voyage, fut désarmée à Macao. »

C'est de Macao que Chaigneau se rendit en Cochinchine et
offrit ses services à Gia-long qui les accepta. Lorsque Gia-
Long eut réuni sous un même sceptre la Cochinchine et le
Tongking, Chaigneau acheta à un kilomètre de Hué une
habitation ; il s'était marié, avait été élevé à la dignité de
grand mandarin et il paraissait devoir terminer ses jours
dans ce pays d'Annam où s'était passée la plus grande partie
de sa vie. Cependant la Restauration avait repris la tradition
de Louis XVI, interrompue pendant la Révolution et le
premier Empire, et cherchait à renouer avec les pays
d'Extrême-Orient, des relations brisées brusquement à la fin
du siècle dernier. En 1817, deux expéditions faites par des
maisons de commerce françaises ne furent pas très heureuses,
mais une troisième, composée de deux trois-mâts le *Larose*
et le *Henri,* réussit complètement. La vue de ces bâtiments
inspira ou raviva dans l'âme de Chaigneau le désir de revoir
son pays natal ; d'ailleurs, le gouvernement français réclamait
son concours ; il pensa que l'occasion était favorable pour
donner à la France les renseignements qu'elle demandait, et
pour revoir sa famille. Il obtint, non sans regret, du vieux Gia-
long un congé et il s'embarqua au mois de novembre 1819. Les
documents suivants diront quel fut le résultat de ce voyage.
En 1820, Chaigneau était nommé consul.

« Louis, par la grâce de Dieu, roi de France et de Navarre,
à tous ceux qui ces présentes lettres verront, salut.

« Ayant jugé convenable d'établir un consul dans les États
de la Cochinchine, pour veiller à la sûreté des personnes et
des propriétés de ceux de nos sujets qui y feront le commerce ;
et étant informé de l'intelligence, probité, zèle et fidélité à
notre service du sieur *J.-B. Chaigneau,* officier de la marine

et mandarin cochinchinois, qui, en outre, a une connaissance exacte des mœurs et usages de ces pays, par la longue résidence qu'il y a faite, nous avons fait choix de sa personne, et nous l'avons nommé et constitué, et par ces présentes, signées de notre main, nous le nommons et constituons notre consul dans tous les États de la Cochinchine, pour, en cette qualité, exercer avec l'autorité nécessaire les fonctions attachées à cet office, conformément aux lois, édits et ordonnances du royaume.

« Ordonnons à tous navigateurs, commerçants et autres, nos sujets, de le reconnaître et de lui obéir en tout ce qu'il leur commandera à raison de ladite charge de Consul dont il nous a plu de le revêtir.

« En foi de quoi nous avons fait mettre notre sceau à ces présentes.

« Donné à Paris, le douzième jour du mois d'octobre de l'an de grâce mil huit cent vingt, et de notre règne le vingt-sixième.

« Louis. »

Chaigneau, à son retour à Hué, trouva Gia-long mort depuis quelque temps (25 janvier 1820). Son fils, Minh-mang, n'avait pas les mêmes idées. Chaigneau ne put obtenir de lui aucun avantage pour la France et il quitta Hué le 15 novembre 1824 pour Saïgon où il tomba gravement malade ; il partit de cette ville le 21 mars 1825 pour aller s'embarquer à Sinpagore sur le brick le *Courrier de la Paix* qui le ramena en France. Le vice-consulat du neveu de Chaigneau fut également éphémère. Ce n'est que sous Napoléon III que la France prit en Cochinchine une position digne de ses efforts séculaires. Espérons que le gouvernement actuel ne faillira pas à la tâche qui lui incombe et que, puisant dans les leçons de l'histoire une force nouvelle, il répondra à ceux qui cherchent à l'arrêter dans la voie dans laquelle il est engagé, qu'il n'est que l'héritier de droit longtemps acquis.

M. Chaigneau fils, jadis attaché à l'École des Langues orientales, appartient aujourd'hui au Ministère des finances. Il a publié sur son père un volume des plus attachants [1], auquel

1. *Souvenirs de Hué* (Cochinchine), par Michel Dừc Chaigneau, fils de J.-B. Chaigneau, ancien officier de marine, consul de France à Hué et

nous renvoyons ceux qui sont désireux de connaître en détail
la carrière d'un homme qui a soutenu si honorablement
l'honneur du pavillon français dans l'Extrême-Orient.

Les documents que nous donnons aujourd'hui sont tirés
des archives des départements des Affaires étrangères et de
la Marine et des Colonies. Nous avons marqué d'un M à la
suite du numéro d'ordre les documents qui proviennent de ce
dernier dépôt. Ceux qui ne portent aucune indication d'origine appartiennent aux Affaires étrangères.

H. C.

I

M. Chaigneau, Chevalier de Saint-Louis en Cochinchine [1].

Paris, ce 17 Septembre 1817.

Monsieur, M. de La Bissachère [2] m'a instruit des
événements qui vous ont conduit dans les états de
l'Empereur de Cochinchine ainsi que de la considération que vous avez obtenue de ce Prince par le
mérite de vos qualités personnelles ; je sais en outre
que, constamment dévoué à votre souverain et attaché
à votre patrie, vous ne désirez rien tant que l'occasion
de faire preuve de ces sentiments honorables. C'est
dans cette persuasion que je n'hésite point à réclamer
le concours de votre zèle dans une conjoncture où
il peut être utile à la France. Quelques-uns de nos
armateurs ont fait ou se proposent de faire des
expéditions, pour le Tonquin et la Cochinchine. Le

grand mandarin, Paris, Imprimerie Impériale MDCCC LXVII, in-8, p.
xii-274, carte, plan et grav.

1. Minute.

2. Pierre-Jacques Lemonnier de la Bissachère, né à Angers vers 1764 ;
prêtre des Missions Etrangères ; parti le 11 décembre 1789 ; directeur au
Séminaire des Miss. Et., 21 juillet 1817 ; † 1er mars 1830. Auteur d'un *Etat
actuel du Tonkin*, 1812 ; nouvelle édition de C.-B. Maybon, Paris 1919.
in-8.

gouvernement a encouragé ces essais, surtout dans l'espérance qu'ils pourraient nous conduire à fonder dans ces pays un commerce permanent.

Vous pouvez, M., vous associer à ces vues bienfaisantes du gouvernement, d'abord en favorisant de tous les moyens que vous donne votre position actuelle les premières entreprises de nos armateurs, et ensuite en m'adressant les informations propres à m'éclairer sur ce qu'il y a de mieux à faire pour parvenir au but qu'il voudrait atteindre, c'est-à-dire l'établissement d'un commerce régulier et permanent avec le pays où vous résidez.

Ces informations, M., devroient présenter un exposé de la situation du pays considérée spécialement sous les trois points de vue suivants :

1° Quels seroient les moyens de protection et de sûreté pour notre commerce dans ce pays, telles que son gouvernement, sa police, les mœurs des habitants, leurs usages en fait de commerce ?

2° Seroit-il nécessaire de lui donner une organisation particulière, vu les circonstances propres au pays et quelle devroit être cette organisation ?

3° Quels sont les échanges qui peuvent constituer un commerce permanent soit en le supposant direct soit en le combinant avec le commerce de l'Inde et de la Chine ?

Les notions que nous avons sur ces pays sont trop incertaines pour que j'ajoute aucun développement aux deux dernières questions. Quant à la première, vous n'ignorez pas, M., qu'il a existé entre la France et ce gouvernement de Cochinchine des rapports assez intimes dont M. l'évêque d'Adran a été l'intermédiaire et qui devoient nous procurer les moyens de faire le commerce de cette contrée avec avantage et sûreté. Les événements survenus depuis, tant en Europe qu'en Asie, ont changé totalement l'état des choses, et il n'y a plus à penser aux arrangements projetés à cette époque, mais on peut supposer que l'esprit de bienveillance qui avoit rapproché les deux gouvernements, a continué de subsister, et que celui de Cochinchine nous a conservé des dispositions favorables. Il y auroit, M., à pressentir ces dispositions et à reconnoître jusqu'où elles pourroient s'étendre. Rien n'empêchera que vous n'entriez en explication à ce sujet si votre position vous met à même de le faire, mais alors il faudrait considérer quelles espèces de concessions sont réellement nécessaires pour l'établissement de notre commerce et borner les explications à ces points en écartant toute vue qui aboutiroit à des intentions politiques, attendu que le gouvernement de S. M. ne se propose rien autre chose que de faciliter au commerce la nouvelle voie qu'il paroit vouloir s'ouvrir.

Cette dépêche vous sera remise, M., par M. Meniolle qui dirige une expédition faite par la maison Opperman Mandrot. Je le recommande à votre intérêt particulier.

M. Meniolle est neveu de M. l'évêque d'Adran ; les souvenirs honorables que son oncle a laissés en Cochinchine doivent lui procurer dans ce pays un accueil plus favorable qu'à tout autre ; peut-être cette circonstance, bien ménagée, est-elle propre à assurer le succès de son entreprise et par suite des vues du gouvernement. Vous en jugerez, M., et je vous invite à lui donner dans cette intention tous les avis que vous croirez convenables et qu'il est d'ailleurs très disposé à suivre.

Recevez, M., etc.

II m. [1]

*A Son Excellence Monseigneur le Ministre Secrétaire d'État
au département de la Marine et des Colonies* [2].

MONSEIGNEUR,

MM. L. REY et BOREL n'ont pas mal préjugé de
mes sentiments pour notre chère patrie et notre
véritable Roi, lorsqu'ils mirent sous les yeux de
Votre Excellence, ce que j'avais senti en voyant des
compatriotes, aborder dans ces climats, sous la protection du Pavillon sans tache.

Tout ce que je fis alors et ce que j'ai tâché de faire
depuis, m'a été commandé par l'amour que je ressens pour ma première patrie ; car, Monseigneur,
servant un autre souverain, et forcé par les circonstances à l'emploi que j'ai près de S. M., mon cœur et
mes vœux ont toujours été pour mon roi légitime.

Agréez, Monseigneur, ma gratitude pour la bonté
que vous avez eue de me mentionner à notre bon
Roi. J'ai reçu avec enthousiasme l'Ordre que Sa
Majesté a bien voulu me conférer. Le meilleur remer-
ciement que je puisse faire entendre sera mon zèle à
servir les intérêts de ses sujets, dans ce pays où par
mes travaux j'ai pu acquérir quelque mérite.

Désirant être utile au commerce français je n'ai
cru mieux faire qu'en m'associant avec le peu de
fortune que je possède aux expéditions qui ont commencé à entamer les premières relations avec ce

1. Copie.
2. Écrit le 30 mai à S. E. M. le maréchal duc de Tarente, grand
chancelier de l'ordre Royal de la Légion d'honneur, en lui envoyant
l'accusé de réception du brevet de M. Vanier qui était ci-joint.

pays. S. M. l'Empereur *Gya-Long* ayant conclu le premier marché avec M. le Capitaine L. Rey, c'est aussi avec lui que je partage mes intérêts. L'Empereur l'a honoré de sa confiance et il pourra fournir les meilleures notions de commerce.

Ce pays sort d'une révolution qui a apporté peu de changement dans sa constitution politique, mais infiniment dans ses relations commerciales ; la culture avait été abandonnée pendant les troubles ; aucune apparition de vaisseaux n'avait engagé ces peuples à se procurer les produits qui alimentent le commerce, et on s'est même aperçu que leur industrie avait considérablement décru ; mais depuis deux ans tout reprend vigueur et, quoique la quantité des produits soit encore bornée, il est à espérer que dans peu tout aura repris son essor, surtout avec les Français, que les Cochinchinois préfèrent à toute autre nation.

Il serait à souhaiter que quelques traitants français voulussent s'établir dans ce pays. Je crois que S. M. l'Empereur ne refuserait pas leur établissement. Le capitaine L. Rey connaît à cet égard tout ce que l'on pourrait faire, et j'aime à croire qu'il continuera à servir notre commerce comme il l'a déjà fait.

Votre lettre obligeante du 23 novembre passé, m'est également parvenue. Je n'ai rempli qu'un devoir cher à mon cœur, en servant autant que je l'ai pu le commandant de la *Cybelle*.

J'ai fait part à M. Chaigneau de la sollicitude de Votre Excellence pour sa santé. Elle est heureusement entièrement rétablie, et il vient d'obtenir de S. M. l'Empereur un congé pour aller visiter sa famille en France.

J'ai l'honneur d'être, Monseigneur, de Votre Excellence, le très humble et très obéissant serviteur.

P. Vanier.

P. S. — Je prends la liberté d'adresser à Votre Excellence l'accusé de réception de l'envoi de la décoration de l'Ordre Royal de la Légion d'Honneur.

III m.

COLONIES
Bureau d'administrat.

N° 100

Envoi d'une copie du passeport du mandarin Chaigneau.

Bordeaux, 18 avril 1820.

Monseigneur,

J'ai eu l'honneur de vous rendre compte, le 16 de ce mois, de l'entrée en rivière de Bordeaux du navire le *Henry*, capitaine Rey, arrivant de la Cochinchine et de l'Ile de Bourbon. J'ai entretenu Votre Excellence du mandarin Chaigneau, de Lorient, passager sur ce navire avec sa famille. Je pense qu'il vous sera agréable de connaître le passeport accordé à ce mandarin par le Roi de la Cochinchine, et j'en joins ici une copie avant d'adresser l'original à M. le Préfet de la Gironde.

Daignez agréer, Monseigneur, l'assurance de mon respect.

Le commissaire général de la Marine,

Auguste Bergerin.

IV M.

L'Écrit du Roi, Gia-Long, *donné à* M. Chaigneau, *surnommé* thang, *de la famille Royale appelée* Nguyên, *mandarin du second ordre, du nombre de ceux qui ont le pouvoir d'entrer dans l'intérieur du palais et d'approcher de la personne de Sa Majesté, commandant de deux vaisseaux dont l'un s'appelle* Thoai *qui signifie* l'Heureux Pronostic, *et l'autre qui s'appelle* Phung, *qui signifie* l'Aigle.

M. Chaigneau, ci-dessus nommé, nous a présenté une requête par laquelle il déclare qu'étant parti de France, l'an 1791, et après avoir côtoyé un nombre presque infini de ports, vint dans la province de *Gia Dinh*, où nous étions alors, et nous offrit ses services, ce que nous acceptâmes bien volontiers; depuis qu'il s'est dévoué à notre service, dans toutes les campagnes que nous avons entreprises, soit par mer, soit par terre, il nous a toujours suivi avec la plus grande fidélité, et a affronté mille périls avec une constance immuable. A présent que par une grâce et une vertu spéciale d'en haut, nous avons terrassé et subjugué tous nos ennemis, et que nous avons le bonheur de jouir de la paix la plus désirable, nous tâchons de le combler de nos bienfaits; mais comme il y a déjà vingt-six ans qu'il se voit expatrié, et éloigné de tout ce qu'il a de plus cher au monde, il nous a témoigné le grand désir qu'il aurait de revoir sa patrie, et visiter ses chers parents; de plus il nous a supplié, en même temps, que nous daignions lui accorder la permission d'emmener avec lui sa femme et ses enfants, sur un vaisseau marchand qui doit bientôt faire voile pour France.

Nous avons cru devoir acquiescer à une si juste demande : C'est pourquoi nous lui permettons de s'absenter trois ans, en comptant l'année qui court; c'est-à-dire depuis l'an 1819, jusqu'à l'an 1821. De plus il nous a prié très instamment que nous daignions lui permettre de charger, à son retour, un bâtiment qui apportera ici trois mille pièces de marchandises, et lui en pardonner tribut pour une fois seulement, afin de l'obliger encore plus à notre égard : or, nous rappelant sa grande assiduité à notre service, son attachement à notre personne et sa fidélité inviolable, durant tout le temps qu'il a été avec nous, nous avons voulu manifester notre libéralité et ajouter cette grâce à toutes celles que nous lui avons accordées jusqu'ici. De plus nous voulons lui accorder encore son appointement ordinaire, pour l'année suivante, afin de faire voir combien nous estimons et sommes généreux envers les étrangers qui viennent de si loin pour se dévouer à notre service, et leur signifier qu'à quelque part qu'ils aillent, ou en quelque partie du monde qu'ils se trouvent, ils doivent sans cesse se souvenir que nous sommes toujours leur bon Roi, comme auparavant, sans jamais l'oublier, c'est par là qu'ils pourront correspondre à notre cœur plein d'amour et d'affection.

GIA-LONG,

de notre règne l'an 18.

Je soussigné, certifie que la présente traduction est exacte et conforme en tout à l'original de l'écrit

donné par le Roi Gia-Long à M. Chaigneau, en foi
de quoi je souscris.

† Jean [1],

Évêque de Veren, vicaire apostolique de Cochinchine,
de Cambodge et de Ciampa.

Pour copie, le Commissaire Général de la Marine
à Bordeaux.

Auguste Bergerin

V m. [2]

2ᵉ DIRECTION   Bordeaux, le 25 avril 1820.

PORTS

N° 113

Envoi d'une lettre du
Ministre de la Ma-
rine à la Cochin-
chine.

Monseigneur,

J'ai l'honneur de vous adresser une lettre du capitaine Rey, commandant le navire le Henry, arrivé
depuis quelques jours de la Cochinchine, à laquelle
est annexée une dépêche du mandarin chargé du
département de la marine à la Cochinchine, pour
votre Excellence.

Vous verrez avec plaisir, Monseigneur, le bon
accueil que le Roi de la Cochinchine fait aux bâtimens
français et combien ses dispositions sont heureuses
pour le commerce puisqu'il a fait remise des droits
de douane aux deux navires français qui y ont
abordé en 1819.

Le capitaine Rey s'occupe de rédiger un mémoire

1. Jean La Bartette, du diocèse de Bayonne, parti en 1773 du Séminaire des Missions étrangères de Paris ; † 6 août 1823.
   2. Rép. le 16 mai.

sur son voyage, auquel il joindra quelques plans,
et dès qu'il l'aura achevé il m'en fera la remise pour
votre Excellence.

Daignez agréer, Monseigneur, l'assurance de mon
respect.

Le Commissaire général de la marine,
Auguste BERGERIN.

VI m.

*Lettre écrite au Ministre de la Marine, en France, par le
Mandarin du premier ordre appelé Xuyen, qui a inspection sur tous les Élephans et les Navires étrangers[1].*

MONSIEUR,

Veuillez bien que j'aie l'honneur de vous prévenir
que cette année il y a eu deux navires marchands
qui sont venus ici de la France. Le Capitaine de l'un
s'appelle M. Ré, et le Capitaine de l'autre, M. Hardy.
Il y avait aussi avec eux un subrécargue nommé
M. Borel. Ces deux navires y ont apporté en tout
10177 fusils, parmi lesquels il y en a eu 685 dont le
prix de chaque fusil était de 10 piastres. Quant à
9492 fusils le prix de chaque fusil a été de 7 piastres.
Or dans la lettre dont vous avez bien voulu m'honorer, vous m'avez recommandé d'avoir soin que ces
deux navires fussent bien reçus et pussent faire leur
commerce pacifiquement. De plus vous attestiez que
ces fusils étoient bons. Sur ce témoignage nous les
avons tous reçus et en avons rendu le prix; mais,
lorsque nous avons voulu les éprouver, il est arrivé
qu'il y en a eu beaucoup qui ont crevé. M. Ré, voyant

---

1. Rép. le 27 juin 1821. Original joint à la lettre.

cela, a tout de suite présenté un écrit, par lequel il déclaroit que quant à sa part, il s'offrait à rembourser le prix des fusils qui avoient crevé, ou bien à les remplacer par d'autres à son prochain voyage; mais comme S. M. ne regarde pas les choses de si près et qu'elle agit toujours d'une manière noble et généreuse, elle n'exige pas qu'on en restitue le prix, ni qu'on les remplace par d'autres. Cependant comme messieurs les capitaines ont demandé qu'il fût fait mention de cet article dans la lettre, nous en parlons par déférence pour ces Messieurs et pour leur complaire seulement.

De plus il faut, Monsieur, que vous sachiez que cette année S. M. a daigné pardonner tous les tributs à MM. les capitaines des deux navires, et leur a permis d'acheter des soieries, soit en fil, soit en pièces, et du sucre en poudre pour en charger les deux navires. Voilà pourquoi je vous écris celle-ci, afin que vous soyiez au fait de tout et que vous sachiez comment les choses se sont passées ici.

J'ai l'honneur d'être avec un profond respect, etc.

Donné en Cochinchine, du règne de *Gia Long* l'an 18, le... de la neuvième lune.

Nous, soussigné, certifions que la traduction ci-dessus est exacte et conforme en tout à l'original, en foi de quoi nous souscrivons.

† JEAN,

Evêque de *Veren*, vicaire apostolique de la mission
de Cochinchine, Cambodge et Ciampa.

(Sceau de l'évêque.)

VII m. [1]

M. L. REY
capitaine du navire
le Henri.
—
*Second voyage du na-
vire* le Henri *à la
Cochinchine.*

Bordeaux, le 26 avril 1820.

MONSEIGNEUR,

J'arrive de la Cochinchine sur le navire le *Henri*, confié à mon commandement par MM. Philippon et Cie, négociants de cette ville; mon voyage a été de quinze mois; j'en ai passé six dans le royaume d'Annam. Pendant mes traversées, pendant mon séjour, j'ai examiné avec soin tout ce qui peut appeler la curiosité du voyageur, l'attention du marin, les spéculations du commerçant; et ami de tout ce qui peut être utile, j'ai relevé quelques plans, j'ai recueilli quelques notes que j'aurai l'honneur d'adresser à Votre Excellence.

J'ai ramené en France M. Chaigneau, un Français depuis longtemps établi en Cochinchine où l'Empereur l'avait appelé aux plus grands emplois; sa famille est avec lui.

Le premier Mandarin commandant de la marine m'a chargé pour Votre Excellence d'une dépêche que je joins à cette lettre; vous y verrez, Monseigneur, qu'une égale loyauté de la part du gouvernement annamite, et de la nôtre, a présidé à l'exécution du marché que j'avais contracté avec lui. De plus longs détails seront consignés dans mon rapport sur

---

1. Rép. le 23 mai. Voir la lettre écrite le même jour à M. le comte Béranger, conseiller d'Etat.

lequel j'appellerai la bienveillante attention de
votre Excellence.

J'ai l'honneur d'être avec respect, Monseigneur,
de votre Excellence, le très humble et très
obéissant serviteur,

L. REY.

VIII m.

*A Son Excellence le Ministre de la Marine
et des Colonies à Paris.*

Bordeaux, le 25 avril 1820[1].

MONSEIGNEUR,

Depuis quelques jours, je suis arrivé à Bordeaux
de la Cochinchine sur le navire le *Henri*, et mon
premier soin est d'accuser la réception à Votre
Excellence de sa dépêche du 31 août 1818, par
laquelle elle a bien voulu m'annoncer la faveur dont
le Roy a daigné m'honorer, en me nommant chevalier de son ordre Royal de la Légion d'honneur,
sur le rapport de Votre Excellence.

De retour dans ma patrie après une absence de
29 ans, j'ai l'intention de conduire à Lorient, où je
suis né, ma femme et mes sept enfants, pour les
confier aux soins de ma famille, et dès que j'aurai
rempli ce premier devoir, je m'empresserai de me
rendre à Paris, où j'aurai l'honneur de me présenter
à Votre Excellence, pour lui exprimer tous les sentiments de reconnaissance dont je suis pénétré pour
la faveur que S. M. a daigné m'accorder, et solli-

---

1. Rép. le 9 mai. — L. a. s.

citer celle d'être présenté au Roi comme un de ses plus fidèles sujets.

Je prie Votre Excellence d'agréer l'assurance du respect avec lequel je suis, Monseigneur, votre très humble et très obéissant serviteur.

J. B. CHAIGNEAU.

Mandarin en Cochinchine.

IX M.

PORTS

—

Nº 158

Renseignements sur le Mandarin Chaigneau et sur la Cochinchine.

Bordeaux, 2 mai 1820 [1].

MONSEIGNEUR,

M. Chaigneau, mandarin de la Cochinchine, a répondu directement le 25 avril, à la question que Votre Excellence me charge de lui faire, par sa dépêche du 27, nº 21, en vous mandant, Monseigneur, que son intention est de se rendre à Paris, dès qu'il aura conduit dans sa famille, sa femme grosse de six mois et ses sept enfants.

M. Chaigneau avait le projet d'aller à Lorient où il est né, mais M. Rosières, ancien secrétaire général du ministère de la marine, beau-frère de ce mandarin, s'est rendu à Bordeaux pour le conduire à Alby, lieu de sa résidence. Il compte partir du 10 au 12 de ce mois, et après avoir confié le soin de son intéressante famille à Mme Rosières, sa sœur, à Alby, il partira pour Paris, où dès son arrivée, il se pro-

---

1. Voir la lettre écrite le 9 mai à M. Chaigneau, à Alby. — Rép. le 16 mai.

pose de se présenter à Votre Excellence, et de vous communiquer, monseigneur, la statistique du royaume de la Cochinchine à laquelle il travaille de concert avec deux secrétaires intelligents de M. le comte de Tournon, préfet de la Gironde. Ce mémoire sera très intéressant et donnera une juste idée des mœurs, des productions, du commerce et de la force de la Cochinchine.

M. Chaigneau est marin depuis son enfance, il comptait dix ans de mer comme volontaire sur les bâtimens du roi, avant d'aller offrir ses services en 1793, au roi de la Cochinchine.

M. Chaigneau a le droit d'assister à tous les conseils du roi, ainsi que M. Vannier, autre Français également mandarin; mais pour ne pas exciter la jalousie des autres mandarins du pays, ils n'ont jamais voulu s'immiscer dans l'administration intérieure de la Cochinchine, ni entrer au conseil à moins d'y être appelés par le roi, dans des circonstances particulières. Par ce moyen ils se sont concilié l'estime des grands, et principalement celle du roi qui a une affection particulière pour M. Chaigneau.

M. Vannier revient également en France dans le courant de cette année; mais avec beaucoup de richesses, au lieu que M. Chaigneau, très désintéressé et achetant les cargaisons des navires français, sans en retirer aucune commission, n'est arrivé qu'avec un fonds de 30.000 fr. Le Commerce désire beaucoup qu'il retourne à la Cochinchine, parce qu'il y emploiera son crédit auprès du roi en faveur des navires français, et qu'il a réussi à faire fermer les ports de la Cochinchine aux Anglais. M. Chaigneau n'ayant plus retrouvé en France la fortune

dont jouissait sa famille avant 1793, est déterminé à
retourner à la Cochinchine, à la fin de l'année, après
avoir obtenu de la générosité du gouvernement français de placer son fils aîné, âgé de 18 ans, dans l'établissement oriental à Paris, et ses trois autres fils,
moins âgés, dans des lycées.

Le roi de la Cochinchine envoya en France, avant
la révolution, son fils aîné demander des secours
pour reconquérir son royaume envahi par quelques
sujets rebelles. Ce jeune homme, ami de la France,
est mort, et son père est remonté sur le trône qu'il
occupe encore. Si les secours eussent été accordés, il
aurait donné à la France les ports de St-Jacques et
de Touranne, qui peuvent chacun contenir plus de
cent vaisseaux de ligne. M. le général CONWAY refusa
de partir de Pondichéry avec les régiments suisses
et irlandais que la France y avait envoyés pour cette
expédition, et l'évêque d'Adran, mort depuis cette
époque, qui avait présenté le prince de Cochinchine
à la cour de France, ne put obtenir du général
Conway que deux navires de commerce, avec quelques hommes de troupes ; il se rendit auprès du
roi de la Cochinchine avec ces faibles moyens, et
contribua à faire remonter le roi sur son trône. C'est
par suite de ces services que le roi affectionne particulièrement les Français. Mais pendant la dernière
guerre maritime il a été fort aise que la France ne
lui ait pas fourni les forces promises, parce que les
Anglais auraient pris ce prétexte d'attaquer les ports
de St-Jacques et Touranne, comme possessions françaises, et d'après les différents entretiens que
M. Chaigneau a eus avec le roi, il est fort aise de
ne pas être obligé envers la France, et maintenant il
est dans l'intention de ne faire aucune concession à

la France pour ne pas attirer contre lui les forces
anglaises qui sont considérables dans l'Inde.

Je tiens ces différents détails, Monseigneur, de
M. Chaigneau et j'ai cru devoir vous les transmettre.

Agréez, monseigneur, l'assurance de mon respect,

Le commissaire général de la marine,

Auguste BERGERIN.

X m.

*Note relative aux expéditions faites pour la Cochinchine
et à M. Chaigneau.*

Juin 1820.

Balguerie Sarget et Cie, de Bordeaux, conçurent
les premiers le projet d'ouvrir des relations avec la
Cochinchine et de rétablir entre ce royaume et la
France, les liens d'amitié et d'intérêt qui existaient
avant la Révolution entre ce monarque et la famille
des Bourbons. Ils savaient que deux Français existaient encore dans ce pays, d'après les dernières
nouvelles que l'on avait pu en avoir, et qu'ils y entre-
tenaient l'affection que ce prince et son peuple portaient à la France.

Leur première expédition mit à la voile de Bordeaux le 12 mars 1817. Elle fut peu après suivie
d'une semblable[1], qui *obtint les mêmes encourage-
ments accordés à la première.*

Après plus de vingt-cinq ans de communication
d'aucune espèce, il était difficile de savoir ce qu'il
fallait apporter dans ces contrées, qui depuis si
longtemps n'avaient pas été visitées par des Fran-

---

1. Faite par la maison Philippon, de Bordeaux.

çais ; à quelle époque il fallait y arriver pour y acheter les denrées que l'on avait l'intention d'y prendre.

Ces deux premières expéditions y échouèrent complètement, leur cargaison ne convenait nullement au pays, on ne voulut point de leur argent et les Chinois avaient déjà enlevé les denrées.

Néanmoins ce monarque, flatté de revoir et de recevoir des Français qu'il avait toujours aimés et estimés, leur fit témoigner tout le regret qu'il éprouvait du peu de succès de leur premier début. Il ne voulut pas que ces deux expéditions fussent assujetties aux moindres frais. Il refusa les présents qui lui étaient offerts et prit seulement en payant quelques objets pour sa cour ; il fit engager les capitaines et subrécargues à revenir le visiter, et leur offrit un contrat qu'ils souscrivirent pour lui apporter des fusils et autres objets de nos manufactures en échange des produits de son sol.

Ces deux expéditions quittèrent les côtes de la Cochinchine en décembre 1817 après un séjour de plusieurs mois, allant chercher ailleurs le débouché des cargaisons qu'elles n'avaient pas pu y vendre.

Celle des sieurs Balguerie, Sarget et Cie périt dans l'ouragan de l'île de France, mais le subrécargue eut le bonheur de se sauver avec tous ses papiers ; l'autre, quoique plus heureuse par les événements de mer, n'en fut guère moins déplorable dans ses résultats, et ils perdirent à cette première recherche à peu près la moitié de la valeur de cette expédition qui s'élevait à près de quatre cent mille francs.

Mais néanmoins, confiants dans les suites que pourraient avoir pour la France de pareilles relations, dans l'accueil qu'ils avaient reçu du souverain par l'entremise des mandarins français attachés à cette cour et surtout de M. J.-B. Chaigneau qui leur avait prodigué toutes sortes de soins, d'affection et d'amitié; encouragés par lui, Balguerie, Sarget et Cie renvoyèrent le même subrécargue, sur leur plus beau navire, le *Larose*, d'environ 700 tonneaux, qui fut encore suivi peu de jours après par le *Henry*.

Ces deux expéditions, reparties dans les premiers jours de 1819, ont effectué leur retour en avril et mai dernier. L'accueil qui leur avait été promis a été fidèlement et ponctuellement exécuté, et malgré qu'il ait été reconnu à la livraison qu'une partie des fusils qui avaient cependant été garantis comme exempts de tous vices, ne fussent pas sans quelque défaut, ils ont tous été pris et payés avec la plus loyale et la plus scrupuleuse exactitude. Ces deux bâtiments s'y sont chargés en retour en sucre, thé et soie écrue, et ont en outre rapporté de l'argent du pays, dont ils ont employé partie dans les escales qu'ils ont faites.

Malgré que ces deux expéditions aient eu sous tous les rapports un succès complet, que les sucres qu'elles ont apportés ne soient assujettis qu'à un droit de 16 fr. 50 par 50 kilog. les bénéfices qu'elles pourront laisser ne combleront pas le vide du premier voyage.

Le gouvernement français reconnut en 1818 l'importance de ces relations. Il engagea les armateurs à ne pas se décourager et à donner suite à leur première entreprise; il leur donna des marques d'une flatteuse et honorable distinction.

Les sieurs Balguerie, Sarget et Cie soit leur subrécargue, M. BOREL, furent chargés d'apporter aux

deux mandarins français, résidant en Cochinchine,
la décoration de la Légion d'Honneur que Sa Majesté
avait bien voulu accorder à ces deux braves Français
pour prix de leurs services et de leur attachement à
sa personne.

Ils étaient en outre porteurs d'une dépêche du
gouvernement français, pour le mandarin des étrangers pour cimenter les rapports d'amitié et d'intérêt dans lesquels ce nouveau gouvernement paraissait si bien disposé envers la France.

Son Excellence le duc de Richelieu avait bien
voulu écrire en septembre 1817 à M. Chaigneau,
pour l'engager à fournir au gouvernement français
tous les renseignements qu'il pourrait lui donner
sur ce vaste et intéressant royaume.

Il fut chargé, de concert avec M. Vanier, de donner
aux bâtiments français les certificats d'origine des
denrées prises en Cochinchine.

M. J.-B. Chaigneau, voyant par ces expéditions
françaises une si bonne occasion de revoir sa patrie,
de donner lui-même au gouvernement les renseignements qui lui avaient été demandés, se détermina à
réclamer un congé du prince, qui lui fut accordé
pour trois ans, en termes d'une bien flatteuse et
honorable distinction.

M. Chaigneau savait qu'il lui restait des parents
en France, qu'il n'avait pas vus depuis trente ans.
Il comptait y retrouver une fortune qui pourrait lui
procurer ainsi qu'à sa nombreuse famille une existence honorable; mais il n'a retrouvé que les débris
d'un château dans la Vendée, seuls restes échappés
aux ravages de la révolution.

En sollicitant et obtenant ce congé de la cour de
Cochinchine, il pensait pouvoir terminer au sein de

sa famille et de sa patrie une carrière si péniblement et peu fructueusement conduite à un âge déjà avancé.

Mais en apprenant, à son débarquement à Bordeaux, le peu de ressources qui lui restaient en France, il dut songer aux moyens d'être encore utile à son pays et à sa famille, et il forma alors le projet de retourner en Cochinchine avec un ou deux de ses garçons, s'il pouvait laisser à sa femme et à ses cinq autres enfants actuellement en France une existence assurée et l'éducation qu'il désirait leur faire obtenir.

Son fils aîné, âgé de dix-sept ans, doué d'une rare intelligence, parle et écrit les langues de la Chine et de la Cochinchine, et il commence déjà, après moins de deux mois de séjour en Europe, à posséder parfaitement le français, ce qui pourra être bien précieux pour la France ; car ses navigateurs ne trouvent dans ces parages éloignés aucun interprète qui parle leur langue.

M. Chaigneau a principalement aussi été porté à ce projet par les navigateurs français qui ont visité et parcouru ces belles et fertiles contrées, qui savent et connaissent toute l'estime et la considération dont il jouit à la cour, comme chez le peuple, dont les titres et les honneurs sont héréditaires dans sa famille. Ils savent encore, ces navigateurs, qu'avec l'assistance de pareils Français, la marine marchande comme celle du roi, peut trouver en tout temps dans les rades et les ports de la Cochinchine un asile aussi salubre que sûr, et s'y ravitailler à bien peu de frais.

Que le commerce de la France pourra peu à peu y étendre et y accroître ses relations, et se les rendre pour ainsi dire exclusives; puisque, effrayé de l'empire des Anglais dans les Indes Orientales, c'est la seule nation que ce prince redoute, et celle des Français, la seule qu'il aime et qu'il estime en reconnaissance des services qu'elle avait voulu lui rendre, et dont le souvenir est, et sera toujours à la cour comme chez le peuple.

M. Chaigneau, embarqué en 1781 à l'âge de 11 ans sur les vaisseaux de l'État, a plus de cent trente mois de mer et plusieurs années de prison en Angleterre. Reparti en 1791 pour faire le tour du monde et aller à la recherche de M. de Lapeyrouse, il débarqua en 1794 à Macao. Poursuivi par une frégate anglaise qui leur apprit la guerre qui existait avec la France, et qui ne leur laissait ainsi aucun espoir de salut pour achever leur recherche et leur voyage, il se détermina alors à se rendre en Cochinchine où il est demeuré jusqu'à la fin de 1819. Il y compte vingt-six ans de campagne, dont les premières surtout furent aussi pénibles qu'orageuses. Lui et les autres Français n'ont pas peu contribué à rétablir le monarque sur son trône, et depuis lors il s'est plus occupé de conserver son estime et celle qu'il portait à la France que de sa fortune particulière, et en repoussant les offres des Anglais il n'a agi que par des sentiments si nobles et si naturels aux Français, qu'il est sans doute inutile d'en parler.

M. Chaigneau, en arrivant en France, s'est occupé de rédiger une note sur la situation de la Cochinchine. Il n'a traité que très succinctement la partie commerciale, parce qu'elle lui est toujours demeurée étrangère. Il s'est rendu à Paris; il en a remis des exemplaires aux Ministres de Sa Majesté et croit ainsi avoir répondu aux renseignements qui lui

avaient été demandés, et il est au reste, prêt à fournir
ceux qu'on pourrait lui demander encore.

Sa Majesté a bien voulu lui faire la haute faveur
de lui accorder une audience particulière et de s'entretenir avec lui de ces belles et fertiles contrées.

Maintenant il reste à examiner ce que l'on peut
faire pour le commerce et pour M. Chaigneau.

Dans la lettre que Son Excellence le duc de Richelieu lui faisait l'honneur de lui écrire en 1817 on lui
disait :

« Vous pouvez, Monsieur, vous associer aux vues
bienfaisantes du gouvernement, d'abord en favorisant de tous les moyens que vous donne votre position actuelle, les premières entreprises de nos armateurs, et ensuite en m'adressant les informations
propres à m'éclairer sur ce qu'il y aurait de mieux
à faire pour parvenir au but qu'on voudrait atteindre, *c'est à dire à l'établissement d'un commerce
permanent et régulier avec le pays où vous résidez.*

Les armateurs ayant eu à cet égard les mêmes
vues que le gouvernement et ayant été parfaitement
secondés par M. Chaigneau, ils ne se sont point
rebutés, comme il a déjà été dit, du mauvais succès
des premiers voyages et seraient prêts à en entreprendre de nouveaux et à exécuter les ordres qui
leur ont été confiés.

Mais la nouvelle loi de douane vient en quelque
sorte de prohiber ces relations, les vues de 1817 ne
sont sans doute plus celles de 1820, et les sucres qui
viennent de s'acquitter à 16 fr. 50, des 50 kilogrammes,
devraient maintenant payer, d'après la dernière loi
41 fr. 25, et 52 fr. 25, toujours des 50 kilogrammes,
soit plus de trois fois leur valeur primitive.

C'est donc avec l'étranger qu'il faut que les armateurs français, qui ne veulent pas perdre le fruit de leurs sacrifices et de leur recherche, établissent maintenant les rapports des agents qu'ils veulent y envoyer; si du moins le gouvernement français ne croit pouvoir rien accorder aux produits d'un pays qui reçoit les siens sans aucune espèce de droits, et qui n'en exige non plus aucun à la sortie de ses denrées.

Toutefois il paraîtra assez étrange que ces produits soient tarifés plus haut que les semblables qui nous parviennent des possessions anglaises par nos comptoirs français de nom et dans lesquels nous payons à nos rivaux de très gros droits à l'entrée et à la sortie qu'ils ne payent point eux-mêmes.

Que le gouvernement se détermine et juge; le soussigné, partie intéressée, n'ose se prononcer. Mais il n'hésite pas à dire que sans une protection quelconque, soit dans le tarif, soit par une prime de remboursement accordée selon le tonnage des navires, ces relations sont à abandonner avec les ports français.

Est-il cependant convenable, est-il politique de laisser perdre de pareilles dispositions, et de les faire passer en mains étrangères?

On ne peut le penser.

L'établissement de nom, d'un comptoir français en Cochinchine, pourrait mettre sur la voie de ce qu'il pourrait y avoir d'utile et de convenable à faire pour le commerce national. Il le ferait immédiatement jouir d'une diminution de 2 fr. 50, par 50 kilogrammes sur les droits qui viennent d'être cités; rabais trop inférieur sans doute pour permettre des introductions de ces denrées en France et trop éloigné de la réciprocité que semblerait indiquer l'exemption de tout droit.

Il faut donc espérer que le gouvernement trouvera moyen d'améliorer et de protéger davantage de pareilles relations.

Quant à M. Chaigneau, il ne réclame rien du gouvernement, mais il attend tout de lui. Il est prêt à retourner en Cochinchine, soit sur un bâtiment de l'État, soit sur celui que les sieurs Balguerie, Sarget et Cie, ont l'intention d'y renvoyer et sur lequel son passage lui sera toujours réservé avec honneur et reconnaissance.

Il ne voit aucun inconvénient à représenter le gouvernement français en Cochinchine, soit en qualité d'agent, soit de toute autre manière en conservant les titres et la confiance du souverain qui la lui a déjà si dignement accordée. Mais il a une nombreuse famille ; il faut qu'il pourvoie à son entretien et à son éducation, et le soussigné croit qu'en tout état de choses il est juste, il est utile et honorable de récompenser d'aussi nobles services ; et que le gouvernement fera encore une utile conquête en s'attachant son fils aîné en Cochinchine.

On pourrait encore faire élever deux de ses autres garçons en France, aux frais du gouvernement, leur faire conserver l'usage et la prononciation de leur langue en apprenant la nôtre.

Dans le pays des sciences et des arts, deux Français de plus parlant le Cochinchinois ne pourraient toujours qu'être précieux à la France.

Paris, le 22 juin 1820.

BALGUERIE STUTTENBERG [1].
Chef de la maison *Balguerie, Sarget et Cie*, de Bordeaux.

---

1. Voir *L'Armateur Balguerie-Stuttenberg et son œuvre* par Pierre de

XI m.

Points sur lesquels il faut statuer.

Droits sur les Douanes.

Consulat ou comptoir en faveur de M. Chaigneau ou de son fils aîné.

Passage sur un bâtiment du roi.

Faire élever deux de ses enfants en France en leur conservant l'usage de leur langue.

Appliquer à sa famille en France le traitement qui serait attaché à la place donnée en Cochinchine.

Dix mille francs, en outre des appointements. Il y aura des dépenses de représentation.

XII m.

Il a été convenu au conseil d'hier, vendredi, que les Ministres des affaires étrangères et de l'intérieur se concerteraient pour payer à M. Chaigneau une somme de dix mille francs avant son départ, et pour lui assurer en Cochinchine un traitement annuel de pareille somme.

M. Chaigneau aura à se pourvoir auprès du Ministre des affaires étrangères pour l'exécution des deux dispositions mentionnées ci-dessus.

Je prie M. Jurien de conférer avec moi sur les moyens de rendre M. Chaigneau en Cochinchine.

Samedi 22 juillet.

Joinville... Paris, Champion, 1914, in-8 Pierre Balguerie-Stuttenberg, † 19 août 1825.

*
* *

Le Ministre m'a dit qu'il avait informé M. Chaigneau de la décision du conseil et qu'il n'y avait rien à lui notifier, pour le moment, par la marine.

S'il faut lui donner 10,000 fr. actuellement et puis 10,000 fr. de traitement en Cochinchine, cela outrepassera mes moyens et je ne serai guère justifié d'une si grande dépense pour un seul vaisseau peut-être allant tous les ans dans ce pays. Il faudrait... peut-être... partager cette dépense.

*
* *

Il n'y a point de concession territoriale à espérer. Je sçais que le roi de Cochinchine s'est très souvent félicité de ce que les arrangements proposés n'avaient pas été exécutés, attendu que si les Français avaient été propriétaires des concessions indiquées, les Anglais n'auraient pas manqué de s'en emparer et qu'il n'est rien au monde que les Cochinchinois craignent et haïssent plus que les Anglais. Ainsi ne comptez pas sur des possessions territoriales.

Je comprends qu'il serait convenable que M. Chaigneau pût conférer avec vous ou avec Mons. Fleury, et que le parti ne fût pris qu'après cette conférence.

*
* *

Tout porte à croire qu'il y aura grande utilité à envoyer M. Chaigneau avec une qualité consulaire et indépendamment de l'utilité, je suis convaincu que le commerce saura gré au gouvernement d'ouvrir ce nouveau moyen de consommation et de navigation.

XIII m.

Demande de la décoration de l'Ordre royal et militaire de Saint-Louis, pour Jean Baptiste Chaigneau du Baizy, *Officier de la marine française, mandarin au service de l'empereur de la Cochinchine*[1].

2 juillet 1820.

Le soussigné, Jean-Baptiste Chaigneau, né à Lorient le 8 août 1769, de feu Alexandre-Georges Chaigneau, chevalier de l'Ordre royal et militaire de Saint-Louis, demande la faveur de cette décoration dont il fonde la prétention sur les services rendus dans sa jeunesse dans le corps royal de la marine, attestés par les trois certificats[2] ci joints qui prouvent qu'il a été embarqué pendant 88 *mois et 24 jours plus environ un an* sur la frégate l'*Ariel* ; par continuation en 1783 dont le certificat est attendu, sur quatre vaisseaux de S. M. destinés à des expéditions lointaines et importantes dans les mers de l'Inde, à la recherche de l'expédition commandée par M. de la Peyrouse, la dernière sur le vaisseau la *Flavie*, que la guerre déclarée en 1792 obligea d'abandonner à la Chine. Le soussigné passa alors en Cochinchine, où il savait qu'un traité passé avec la France par le jeune Prince royal qui y était venu lui-même, y offrait un accès aux Français. Il s'attacha donc à cette cour en conservant toujours le titre honorable d'officier de la marine française. Des témoignages flatteurs parvenus à LL. EE. les Ministres des affaires étrangères, de l'intérieur et de la marine, attestent qu'il y a servi sa patrie avec zèle et quelques succès dans les rela-

---

1. Urgent, conférer.
2. Les certificats n'étaient pas joints.

tions politiques et commerciales ; se proposant de
continuer à servir de même son roi naturel, en
retournant dans le pays dont il ne s'est absenté qu'a-
fin de venir prendre des instructions et fournir tous
les renseignements désirables pour le faire désormais avec encore plus d'avantage, il pense même
que cette décoration devant ajouter à la considération dont il jouit dans le pays, le mettra à même de
mieux remplir son but.

Paris, le 2 juillet 1820.

J.-B. CHAIGNEAU.

XIV m.

*J.-B. Chaigneau, officier de la marine française, mandarin
en Cochinchine.*

A Son Excellence le Ministre de la Marine et des Colonies.

MONSEIGNEUR,

Votre Excellence a daigné me prescrire de lui présenter une petite note sur mes intérêts particuliers,
dans le retour qu'il a été jugé utile que je fasse à
la Cochinchine. Votre bonté m'enhardit à traiter un
article pour lequel je ne dissimule pas que j'éprouve
quelque répugnance, car, Votre Excellence n'ignore
pas que j'ai trop négligé de m'en occuper, même
relativement à la nombreuse famille qui doit me
survivre.

Des lettres bien flatteuses que j'ai reçues, il y a
deux ans, en Cochinchine, de Leurs Excellences le
Président du Conseil des Ministres et de l'un de vos
prédécesseurs, dans lesquelles on me témoignait de
la satisfaction des services que j'ai rendus à la France

et à mes compatriotes, sans autre titre que celui de simple Français dont je me suis toujours honoré, en servant un souverain bien disposé pour nous. On me demandait aussi des renseignements sur cette belle contrée et sur les relations que l'on pourrait établir entre les deux États. Ces lettres, en me comblant de satisfaction me firent penser qu'il serait fort avantageux que je vinsse en France, où, j'avoue que je me sentais attiré par le désir si naturel aux Français, de revoir ma patrie et ma famille. Je sentais très bien l'utilité de mon retour à la Cochinchine, je ne savais pas si on en jugerait de même. Je suis donc venu mettre aux pieds de Sa Majesté elle-même, et offrir à ses respectables Ministres, mon zèle et mon dévouement sans borne, et je m'estime heureux en voyant qu'ils les ont appréciés et que l'on juge convenable que je retourne mieux instruit de ce que l'on désire de moi et par conséquent plus à même de me rendre encore plus utile.

Dans l'incertitude de mon retour je n'ai ménagé que la bienveillance du Souverain pour moi et celle de quelques amis puissants dans le pays. J'ai abandonné ou aliéné à vil prix mes propriétés et tous les effets que j'avais et j'ai passé la mer avec toute ma famille. Mon âge déjà un peu avancé me portait à rêver le repos dans la médiocrité de mes moyens de fortune, je ne me fais pas un mérite de renoncer à ce projet. Je me félicite, au contraire, de pouvoir employer encore quelques années de force, de santé et d'activité à un objet, celui du bien de la France et du bien-être de ma famille que j'attends de la générosité et de la bienveillance du gouvernement français.

Devant donc former un nouvel établissement à la

cour de Cochinchine, revêtu d'un caractère convenable à la dignité de la France et à ses intérêts j'aurai à me monter ma maison, à recevoir et traiter les Français qui, je l'espère, fréquenteront désormais ce pays, encouragés par les sages mesures et les dispositions connues du gouvernement, j'aurai à figurer avec tous les principaux de la cour et à leur offrir des présents suivant l'usage du pays.

D'après cet exposé je soumets à la décision de Votre Excellence, la proposition de m'accorder un traitement annuel de dix à douze mille francs, avec une pareille somme une fois comptée pour me défrayer de mon nouvel établissement et de mes déplacements et autres dépenses, me référant d'ailleurs à la justice et à la bienveillance de Votre Excellence.

Daignez agréer l'hommage du profond respect avec lequel j'ai l'honneur d'être, Monseigneur, de Votre Excellence, le très humble et très obéissant serviteur.

J.-B. CHAIGNEAU.

Paris, le 13 juillet 1820.

XV

A Son Excellence Monseigneur le Ministre des affaires étrangères [1].

MONSEIGNEUR,

Son Excellence Monseigneur le Ministre de la marine et des colonies m'a informé de la décision du

1. L. A. S.

conseil des ministres qui a décidé que je devais
retourner à la Cochinchine. Je viens vous exprimer
que c'est sans regrets que j'abandonne le projet que
j'avais formé de me fixer en France et que je
retourne à la cour de Cochinchine, où mieux instruit des intentions du gouvernement, je pourrai,
sans doute plus fructueusement, employer les
moyens que je me suis ménagés dans ce pays et
satisfaire au désir dont j'ai toujours été pénétré de
travailler à y établir des relations que je crois avantageuses à ma vraie patrie.

Je crois devoir déclarer à Votre Excellence que le
long séjour que j'ai fait dans cette contrée éloignée,
privé par la guerre maritime de relations fréquentes
avec la France et des Français, j'ai un peu perdu
l'usage de parler et d'écrire la langue, je viens en
conséquence supplier Votre Excellence de vouloir
m'accorder un aide de confiance et vous proposer de
désigner à cet effet, sous le titre qu'il plaira à Votre
Excellence, mon neveu Eugène-Louis Chaigneau,
fils de mon frère, ancien officier supérieur au corps
royal du génie, chevalier de St-Louis et de la
Légion d'honneur. Ce jeune homme, âgé de vingt-
deux ans, a fait de très bonnes études aux frais
du gouvernement, dans un collège royal, et les a
perfectionnées depuis en travaillant dans une
célèbre maison de commerce de Nantes. Je demande
à Votre Excellence de vouloir lui fixer au traitement
annuel de douze ou quinze cents francs, avec une
année d'avance pour le mettre à même de s'établir
dans le pays. Les heureuses dispositions de ce jeune
homme me portent à assurer qu'il ne pourra qu'être
très utile dès le premier moment et bien davantage
encore lorsqu'il aura appris la langue. C'est princi-

palement sous ce rapport que je demande cette grâce
à Votre Excellence.

Daignez agréer, etc.

J.-B. Chaigneau.

Paris, ce 25 juillet 1820.

XVI

*J.-B. Chaigneau, officier de la marine française, mandarin
à la cour de Cochinchine.*

*A son Excellence Monseigneur le baron Pasquier, Ministre
des affaires étrangères* [1].

Monseigneur,

Son Excellence le Ministre de la marine et des
colonies m'ayant informé que le conseil des ministres
avait arrêté que je devais retourner en Cochinchine
et recevoir de Votre Excellence les instructions dont je
dois être pourvu et les lettres qui doivent me constituer agent du gouvernement français dans ce pays,
j'ai cru devoir attendre à Paris, sacrifiant à cet objet
la principale partie du temps que je puis passer en
France et donner à ma famille et à mes affaires ; la
conviction confirmée par l'accueil flatteur et les assurances que m'ont données Vos Excellences que mes
services peuvent être utiles dans cette contrée, m'ont
déterminé à ce retour qu'il importe que j'exécute
promptement. Voilà deux mois que je suis à Paris
sans avoir pu être expédié. Ce séjour qui n'a d'autre
but que de me rendre aux ordres de Vos Excellences,
m'emploie un temps bien précieux et me constitue

1. L. A. S.

dans des dépenses que je désire faire cesser promptement.

C'est pourquoi je viens supplier Votre Excellence de vouloir presser l'expédition des papiers qui doivent me constituer et me servir de guide dans mes fonctions suivant la demande que j'en ai adressée à son Excellence le ministre de la marine le 13 juillet dernier et à vous monseigneur le 25 suivant.

J'ose recommander à la bienveillance que vous avez daigné me témoigner, cette prompte expédition que je réclame afin de pouvoir me mettre à même de me préparer à repartir au moment favorable pour la navigation qui ne laisse désormais que deux ou trois mois disponibles.

J'ai l'honneur d'être, etc.

J.-B. Chaigneau.

Paris, ce 5 août 1820.

XVII

A son Excellence Monseigneur le Ministre des affaires étrangères à Paris [1].

Monseigneur,

Jugeant qu'il importe pour le bien de la mission dont V. E. veut bien me charger près de la cour de Cochinchine que j'arrive à cette cour avec la première expédition française, je crois devoir profiter de celle que préparent à Bordeaux MM. Balguerie, Sarget et Cie par le navire le *Larose*, du port de sept cent cinquante tonneaux, qui doit partir sous un

1. Voir la lettre écrite à M. Chaigneau le 7 octobre 1820. — L. s.

mois. Quelque précipité que soit ce départ, je crois
si indispensable d'être rendu sur les lieux en même
temps que ce premier navire, que je me détermine
à abandonner mes affaires en France, et à renoncer
aux jouissances que je m'étais proposées dans ma
famille et avec quelques anciens amis, pour profiter
de cette occasion.

J'ai l'honneur de prévenir Votre Excellence que je
me propose de quitter Lorient vers le 15 présent
mois, et d'être rendu à Bordeaux du 20 au 25. Je la
prie de vouloir bien m'y adresser ses ordres et ses
instructions.

Comptant sur la bienveillance que Votre Excellence a bien voulu me témoigner, j'emmène avec
moi mon neveu Louis-Eugène Chaigneau, qu'elle
veut bien m'accorder comme chancelier de notre
agence consulaire. La connaissance que je viens de
faire de ce jeune homme me fait présumer qu'il sera
pour moi un collaborateur fort utile, et me donne à
regretter de n'avoir pu le présenter à votre Excellence.

Permettez-moi, monseigneur, de vous exprimer
ici ma reconnaissance pour l'accueil flatteur et plein
de bonté que j'ai reçu de vous. En stimulant mon
zèle pour l'honorable mission dont je suis chargé, il
m'a pénétré pour vous-même des sentiments de
dévouement et de considération dont je vous prie
d'agréer l'hommage.

J'ai l'honneur d'être, etc.

J.-B. CHAIGNEAU.

Lorient, le 4 octobre 1820.

XVIII m.

A Son Excellence Monseigneur le Ministre de la Marine et des colonies, à Paris [1].

MONSEIGNEUR,

Mon départ pour retourner en Cochinchine se trouve encore plus précipité que je ne l'avais prévu, MM. Balguerie, Sarget et Cie, de Bordeaux, préparant pour cette destination une expédition par le vaisseau le *Larose*, qui doit partir au commencement du mois prochain. Je crois qu'il importe, à raison de l'honorable mission dont le gouvernement veut bien me charger, que j'arrive au moins en même temps que ce vaisseau. C'est pourquoi je me décide à laisser mes affaires à terminer à des personnes de confiance, et à abréger le séjour agréable que je me proposais de faire parmi mes parents et amis que je revois avec tant de satisfaction après une si longue absence, dans l'espoir d'y revenir lorsque j'aurai satisfait à ce que je dois à mon roi naturel et au bien de l'État.

Je viens prier Votre Excellence de vouloir me faire adresser à Bordeaux, avant la fin de ce mois, les ordres et les instructions qu'elle pourrait juger convenable de me donner, aussi bien que tout ce qui pourrait lui être particulièrement agréable dans ce pays où je serai fort heureux de trouver des occasions d'employer tout mon zèle pour lui prouver mon respect et mon dévouement.

Je crois, monseigneur, qu'il importe à ma mission

---

1. Voir la lettre écrite le 10 Octobre au Ministre des affaires étrangères en lui envoyant copie de la lettre de M. Chaigneau.

que l'agence française en Cochinchine soit pourvue
des règlements et ordonnances de la marine, relatifs
à toutes les relations politiques, commerciales et à
la police à l'étranger; du Bulletin des lois; et que,
pour nous tenir au courant des affaires nous rece-
vions, par toutes les occasions, un journal détaillé de
toutes les nouvelles, tel que le *Moniteur*.

Je désire que Votre Excellence en reconnaisse
l'utilité et veuille donner des ordres en conséquence.

Permettez, monseigneur que je place ici l'expression des sentiments de la gratitude la plus respec-
tueuse que je ressens pour les bontés dont vous
m'avez comblé.

J'ai l'honneur d'être, etc.

J.-B. CHAIGNEAU.

Lorient, le 4 octobre 1820.

XIX

M. Chaigneau, consul en Cochinchine[1].

Nº 1.

Paris, le 7 octobre 1820.

J'approuve, monsieur, la nomination que vous
avez faite de M. Louis-Eugène CHAIGNEAU en qualité
de chancelier de votre consulat en Cochinchine, et
je vous autorise à lui allouer un traitement de
1,500 fr. par an ; cette dépense vous sera remboursée
sur l'état que vous produirez à mon ministère.

Recevez, monsieur, etc.

---

1. Minute. — Eugène Chaigneau fut plus tard consul à Singapore ;
voir *infra*.

XX ᴍ.

J.-B. Chaigneau, officier français, mandarin à la cour
de Cochinchine,

A Son Excellence Monseigneur le Ministre de la marine et
des colonies, à Paris[1].

ᴍᴏɴsᴇɪɢɴᴇᴜʀ,

Je viens invoquer votre sollicitude pour l'importation de la vaccine dans l'empire de la Cochinchine. La petite vérole fait dans cette contrée de bien grands ravages auxquels il devra être facile de remédier par ce préservatif. Il y sera reçu avec bien de la reconnaissance et je le regarderai comme le plus précieux des objets que je suis chargé d'offrir au souverain de la part de S. M. le Roi de France.

M. Lᴇғᴏʀᴛ, officier de santé à bord du navire le *Larose*, qui va nous ramener dans ce pays, me paraît bien propre à être chargé d'enseigner aux habitants les moyens d'employer le vaccin et les traitements à suivre pour les sujets vaccinés. Il est déjà fort avantageusement connu en Cochinchine par des cures heureuses et savantes, autant que par son zèle pour son art et ses soins empressés et attentifs pour ses malades ; la connaissance particulière que j'ai été à même d'acquérir de toutes ces excellentes qualités me portent à le recommander à Votre Excellence.

Je la supplie encore de vouloir ordonner que tous les vaisseaux du Roi qui seront destinés pour la

---

1. Rép. le 17 octobre et écrit le même jour à M. Bergerin, commissaire général à Bordeaux.

Cochinchine soient porteurs d'une certaine quantité
de vaccin conservé avec toutes les précautions nécessaires pour un aussi long trajet, et qu'il soit ordonné
aux officiers de santé de donner leurs soins à la propagation de ce précieux préservatif.

Daignez agréer, etc.

J.-B. CHAIGNEAU.

XXI

*J.-B. Chaigneau, officier français, mandarin à la cour de
Cochinchine, à Son Excellence le Ministre de l'Intérieur,
à Paris*[1].

MONSEIGNEUR,

J'ai eu l'honneur de réclamer la bienveillance de
Votre Excellence, en la priant, par ma lettre du 4 de
ce mois, de vouloir bien accorder à deux de mes fils,
Pierre et François Chaigneau, des places gratuites
dans un collège du roi.

J'avais témoigné à Votre Excellence le désir de les
faire entrer à celui de Sainte-Barbe ; mais j'ai su,
depuis ma demande, que cet établissement n'est
qu'un pensionnat particulier, où par conséquent
aucun sujet n'est admis aux frais de l'État. J'oserai
exposer aujourd'hui à Votre Excellence qu'il devient
fort essentiel pour mes enfants d'obtenir de votre
sollicitude la faveur d'être nommés au collège royal
de Pontivy : là ils seraient à portée d'avoir avec leur
famille des relations qui leur seraient presque interdites dans des villes moins rapprochées. L'éloigne-

____

1. Ecrit au ministre de l'intérieur le 27 octobre 1820. — L. s.

ment de la capitale et de presque toutes les maisons d'instruction du royaume, ne leur permettrait pas non plus de jouir des vacances qui leur seraient accordées, et qu'en province ils pourront passer tous les ans, près de leurs parents dont ils réclament pour longtemps encore les bons soins et la surveillance.

Permettez-moi, Monseigneur, d'appuyer fortement sur ces motifs auprès de Votre Excellence, et de faire valoir auprès d'Elle que les places gratuites dans les collèges de provinces, et en Bretagne surtout, sont moins ambitionnées que dans ceux de Paris et des villes qui en sont plus rapprochées.

Daignez agréer, Monseigneur, etc.

J.-B. CHAIGNEAU.

Lorient, 8 octobre 1820.

XXII

DIVISION
des
CONSULATS

A Son Excellence Monseigneur le Ministre des Affaires Étrangères à Paris[1].

MONSEIGNEUR,

Votre Excellence m'ayant chargé d'acquérir et d'offrir moi-même divers objets destinés pour les présents de Sa Majesté le roi de France à l'Empereur de la Cochinchine, j'ai l'honneur de lui proposer un objet que je regarde comme bien précieux, et que ce Souverain recevra sûrement avec bien de la satisfaction et de la reconnaissance : c'est le vaccin. J'ai vu

---

1. Ecrit au ministre de l'intérieur le 14 octobre 1820 — L. s.

les ravages qu'a fait la petite vérole dans ces contrées lointaines, et je juge que c'est servir l'humanité même que d'y faire connaître et répandre le précieux préservatif employé en Europe avec tant de succès.

Un essai a été fait par le chirurgien d'un vaisseau français, mais sans réussite; il y a lieu de présumer que le virus, conservé entre deux verres, suivant l'usage adopté pour le transporter moins loin, aura perdu sa vertu dans une longue traversée, de 6.000 lieues.

Je supplie Votre Excellence de vouloir s'intéresser à ma demande, et d'ordonner toutes les mesures nécessaires pour qu'il me soit adressé à Bordeaux d'où je dois partir dans les premiers jours du mois prochain, sur le vaisseau le *Larose*, expédié par la maison Balguerie, Sarget et Cie, une provision de bon vaccin renfermé avec toutes les précautions possibles afin qu'il arrive en bon état, et de faire accompagner cet envoi des instructions convenables et des ordonnances de police et d'administration qui ont été employées pour la propagation de ce préservatif.

M. Lefort, officier de santé du navire le *Larose*, me paraît bien propre à être chargé des premiers essais; il est très avantageusement connu en Cochinchine, même à la cour, par des cures heureuses et par son zèle et ses connaissances dans son art, aussi bien que par sa bonne conduite. Je me fais un devoir de le recommander à Votre Excellence.

Daignez agréer, etc.

J.-B. CHAIGNEAU.

Officier français, mandarin à la cour de Cochinchine.

XXIII m.

J.-B. Chaigneau, officier français, mandarin à la cour dé Cochinchine, à Son Excellence le Ministre de la Marine et des Colonies, à Paris.

Monseigneur,

Ayant été instruit à Paris que je devais recevoir en Cochinchine, par l'expédition partie il y a deux ans, du port de Rochefort, des paquets contenant spécialement une décoration de la Légion d'honneur enrichie qui m'était envoyée au nom de Sa Majesté, comme une preuve de sa satisfaction de mon zèle et de mon dévouement; informé aussi que les deux vaisseaux qui composaient cette expédition sont de retour en France sans avoir touché Cochinchine, j'ai l'honneur de supplier Votre Excellence de vouloir ordonner que ce paquet me soit promptement adressé à Bordeaux où je me rends, ainsi que j'en ai prévenu Votre Excellence, afin de m'y embarquer sur un navire du commerce qui doit me reporter au même lieu.

Daignez agréer, etc.

J.-B. Chaigneau.

Lorient, 13 octobre 1820.

XXIV

J.-B. Chaigneau, officier français, mandarin à la Cour de Cochinchine, à M. Jurien, conseiller d'État, directeur des approvisionnements de la Marine, au Ministère à Paris.

Monsieur,

J'ai recours à la bienveillance que vous m'avez témoignée, pendant mon séjour à Paris, pour me

faire recevoir promptement à Bordeaux la brillante
décoration de la Légion d'honneur que vous m'avez
dit m'avoir été adressée à la Cochinchine par l'expédition partie de Rochefort, il y a deux ans, et revenue
depuis peu sans y avoir jeté l'ancre. Je désire recevoir cette bien flatteuse distinction avant mon prochain embarquement pour retourner en Cochinchine.

Agréez ici l'expression de ma reconnaissance pour
l'accueil gracieux que j'ai reçu de vous. J'emporte le
désir bien sincère de trouver l'occasion de vous
prouver combien je suis pénétré de ce sentiment.

J'ai l'honneur d'être, etc.

J.-B. CHAIGNEAU.

Lorient, 13 octobre 1820.

XXV

Paris, le 14 octobre 1820.

AFFAIRES ÉTRANGÈRES

Don Cle

N° 2. 14 pièces

*M. Chaigneau, Agent et Consul de France en Cochinchine,
présentement à Bordeaux[1].*

J'ai l'honneur de vous adresser ci-joint, Monsieur :

La lettre du Roi à l'Empereur de Cochinchine, par
laquelle vous êtes accrédité comme *Agent de France*
auprès de ce Prince (ainsi qu'une copie de cette
lettre),

Une commission de *Consul,*

---

1. **Minute.**

Une commission spéciale de *Commissaire du Roi*
pour la conclusion d'un traité de commerce entre la
France et la Cochinchine,

Vos instructions particulières,

Enfin, plusieurs instructions, circulaires et ordonnances (numéros 1 à 9) rédigées pour les Consuls à
diverses époques.

Je crois devoir également vous faire parvenir, par
la diligence, les sceaux de votre *Agence* et de votre
Consulat, ainsi que des exemplaires de l'ordonnance
du 3 mars 1781, des tarifs de nos douanes, du code
des prises, de nos cinq codes, du cours de droit commercial, de la collection des *Annales maritimes* et
enfin du *Bulletin des Lois* depuis 1814.

Je prie le Ministre de l'Intérieur de vouloir bien
accéder au désir que vous auriez d'emporter en
Cochinchine du vaccin ainsi qu'une collection de
graines appropriées au climat de ce pays. Je vais
d'ailleurs rappeler à ce ministre la promesse qui vous
a été faite de bourses dans nos lycées pour deux de
vos enfants.

Agréez, Monsieur, etc.

XXVI

*Instructions pour M. Chaigneau, Agent et Consul de France
en Cochinchine* [1].

Octobre 1820.

M. Chaigneau est accrédité comme *Agent de France*
auprès de l'Empereur de Cochinchine par la lettre du
Roi à ce Prince.

Il est investi en outre de l'office et de l'autorité

---

1. Minute.

de *Consul* à l'égard des sujets français qui se rendront en Cochinchine, par une commission également émanée de S. M.

Enfin, par une autre commission, il reçoit le titre et les pouvoirs spéciaux de *Commissaire du Roi* pour la conclusion d'un traité de commerce entre la Cochinchine et la France.

Les présentes instructions sont destinées à diriger la conduite de M. Chaigneau sous ces divers rapports :

1° Le titre d'*Agent de France* est le seul que M. Chaigneau devra prendre avec le gouvernement cochinchinois.

C'est en vertu de ce titre qu'il adressera à l'Empereur et aux dépositaires de son autorité toutes les demandes et représentations tendantes à garantir aux sujets du roi, d'abord la sûreté de leurs personnes et de leurs propriétés, et ensuite le traitement le plus favorable à leurs intérêts, conformément aux stipulations positives du traité projeté ou seulement à l'équité naturelle, ainsi qu'à l'amitié qui unit les deux gouvernements.

Cet exposé succinct des devoirs qu'impose à M. Chaigneau son titre d'*Agent* peut d'ailleurs lui en fournir la définition et l'aider ainsi à le traduire dans l'idiome cochinchinois.

2° Quant au titre de *Consul*, qui d'ordinaire établit entre ceux qui en sont revêtus et les gouvernements près lesquels ils résident, les mêmes relations à peu près que celles que M. Chaigneau entretiendra comme *Agent*, il n'a été conféré à cet officier que

pour déterminer ses relations avec les sujets de S. M.
et c'est avec eux seuls qu'il en fera usage.

En vertu de ce titre :

Il aura sur eux le droit de juridiction en matière
civile ; si nos lois s'opposent à ce qu'il ait le même
droit en matière criminelle, il aura du moins celui
de faire arrêter, avec l'assistance des autorités
locales, et de renvoyer en France par la même occasion, les sujets de S. M. qui se rendraient coupables
d'une action comportant peine afflictive et infa-
mante.

Il pourra également renvoyer en France ceux, qui,
méconnaissant son autorité et ses avertissements,
risqueraient par leur mauvaise conduite, de compromettre les intérêts nationaux.

Il exercera une police et une inspection spéciales
sur les gens de mer et sera en droit, toujours en
réclamant l'assistance des autorités locales, non seulement de faire arrêter les capitaines et les matelots,
mais encore de faire séquestrer les bâtiments et les
cargaisons, dans tous les cas prévus par nos lois, à
moins toutefois que les gens du pays n'y soient intéressés ; il recevra d'ailleurs les nolissements des
capitaines, leurs déclarations, fera constater et
régler les avaries et procédera au sauvetage des
bâtiments naufragés.

Enfin il dressera les actes de l'état civil de tous
ses nationaux, ainsi que l'inventaire de leurs successions, dont il recueillera le montant pour le
remettre à qui de droit ; il recevra tous les actes
qu'ils demanderont à passer dans sa chancellerie
ainsi que les dépôts qu'ils voudront y laisser ; il
leur délivrera des certificats de vie, des passe-
ports, etc.

La marche à suivre pour ces diverses fonctions de l'office consulaire se trouve indiquée avec les plus grands détails dans l'édit du mois de juin 1778, l'ordonnance du 3 mars 1781, l'instruction du 3 mai de la même année, les instructions générales et particulières du 8 août 1814, et enfin plusieurs ordonnances et circulaires des années suivantes. Quoique toutes ces pièces, rédigées pour des pays où l'institution consulaire a acquis un développement plus ou moins complet, ne soient par conséquent pas applicables à la Cochinchine dans la plupart de leurs détails, elles seront cependant remises à M. Chaigneau. Il y distinguera fort bien ce dont il devra faire usage et il pourra d'ailleurs tirer quelques points de comparaisons utiles des détails mêmes qu'il devra négliger.

3° Le traité que M. Chaigneau négociera en sa qualité de *Commissaire du Roi* doit avoir pour résultat d'abord de procurer aux sujets du roi sûreté pour leurs personnes et leurs propriétés et liberté pour leur commerce, et ensuite d'assurer à M. Chaigneau le plein exercice de ses fonctions comme *Agent* et comme *Consul*.

Les stipulations suivantes paraissent les plus essentielles pour parvenir à ce double but :

Toutes les contestations qui s'élèveront entre les sujets de S. M. seront jugées par l'Agent de France, conformément à nos lois et sans qu'aucun officier du pays puisse en prendre connaissance ;

Il en sera de même en cas de meurtre et de toute espèce de désordres commis entre Français, soit à terre, soit à bord des bâtiments du roi ;

Toutes les affaires au contraire où les sujets de l'Empereur se trouveront mêlés avec ceux de S. M.

seront jugées par les autorités locales et compétentes,
mais dans le plus court délai possible conformément
aux règles les plus exactes de l'équité, et toujours
après que l'Agent de France aura été appelé et entendu pour la défense de ses nationaux.

Si un Français est débiteur de quelques sujets du
pays, il pourra sans doute être poursuivi selon les
formes légales, mais aucun autre sujet de S. M. ne
devra être recherché ni pris à partie en sa place, à
moins qu'il ne l'ait cautionné.

Les sujets de l'Empereur pourront faire valoir
leurs droits sur les successions des Français morts
leurs débiteurs, mais la totalité de cette succession
n'en sera pas moins remise préalablement à l'Agent
de France, qui prendra pour la conserver, toutes les
mesures voulues par nos lois, et sans qu'aucune
autorité du pays puisse intervenir dans ces mesures.

En cas de naufrage d'un bâtiment français, les
commandants des vaisseaux de l'Empereur aussi
bien que les autorités de la côte lui prêteront toute
assistance; ils remettront les effets qu'ils pourront
recueillir au chef de ce bâtiment, s'il n'a pas péri
dans le naufrage, et, dans le cas contraire, ils les
conserveront sous la foi publique et à la disposition
soit de l'Agent de France, soit de la personne qu'il
commettra pour les reprendre.

Les sujets de sa S. M. pourront aller, venir et
séjourner dans tous les états de l'empereur de Cochinchine, sans aucun empêchement et sans payer aucun
droit pour leurs personnes, au moyen d'un passeport
qui leur sera délivré soit par le gouverneur de la
province où ils se trouveront, soit par le Mandarin
des étrangers à Hué.

Dans aucun cas et sous aucun prétexte leurs vais-

seaux chargés ou sur lest ne pourront être retenus
dans les ports de l'Empire, et leur départ ne pourra
être différé.

Les sujets du roi pourront importer en Cochinchine toutes les marchandises d'Europe et des autres
parties du monde, et en exporter toutes celles qu'ils
y trouveront, soit qu'elles proviennent du pays même,
soit qu'elles y aient été apportées des pays voisins ;
il n'y aura d'exceptions à cet égard que pour les
marchandises qui sont ou seront prohibées par les
lois du pays.

Aucune nouvelle prohibition ne sera appliquée au
commerce français que deux années au moins après
qu'elle aura été publiée.

Les sujets du roi payeront les mêmes droits d'entrée et de sortie en Cochinchine que ceux auxquels
sont actuellement soumis les naturels, sans que
d'ailleurs ces droits puissent être augmentés à l'avenir en aucun cas et sous quelque dénomination que
ce soit.

Les Français jouiront des privilèges de toute
espèce qui seront accordés par la suite à d'autres
peuples, soit par traité, soit de toute autre manière.

Les sujets de l'Empereur attachés au service de
l'Agent de France, ou employés par nos armateurs
ou négociants dans les affaires de leur commerce,
seront considérés comme sujets français tant que
dureront ces fonctions, et jouiront en conséquence
de tous les bénéfices de la protection du Roi, par
l'entremise de son Agent.

Enfin l'Empereur prêtera l'assistance nécessaire
pour l'exécution des décisions qui seront prises par
l'Agent de France à l'égard des sujets de S. M.,
marins et autres.

M. Chaigneau rédigera ces diverses stipulations dans la forme qu'il jugera la plus adaptée aux tournures de l'idiome cochinchinois, et il y ajoutera d'ailleurs toutes celles qui, tendant au même but, pourront se rapporter à quelques circonstances locales. Par exemple, l'office de mandarin, dont M. Chaigneau est revêtu en Cochinchine et qu'il est autorisé par le roi à conserver, doit par le facile accès qu'il lui laisse chez l'Empereur, lui donner une influence très favorable à nos intérêts. Il serait donc à désirer d'obtenir dans le traité à conclure la promesse du même titre pour les Agents successeurs de M. Chaigneau, ou du moins celles des prérogatives de ce titre les plus utiles au succès des affaires, et notamment d'entrer dans l'intérieur du palais et d'approcher la personne du Souverain.

La correspondance de M. Chaigneau avec le département des Affaires étrangères aura pour principal objet nos intérêts commerciaux en Cochinchine, et contiendra naturellement l'exposé de toutes ses démarches comme *Commissaire* et comme *Agent du roi*, ainsi que celui de tous les actes de son administration comme *Consul*. Il trouvera toutes les directions nécessaires pour la tenue de cette partie de sa correspondance dans les *instructions générales et particulières* du 8 août 1814. Mais M. Chaigneau recueillera en outre et consignera dans un journal, dont il enverra copie au ministère par les occasions qui se présenteront, toutes les informations possibles sur les événements qui auront lieu, non seulement en Cochinchine, mais encore en Chine, dans les îles Manilles et dans les colonies anglaises et hollandaises, particulièrement dans celles de Sumatra et de Java, où il paraît que des contestations se

sont élevées entre les autorités des deux nations.
M. Chaigneau indiquera enfin, pour les transmettre
au ministère, des mémoires particuliers sur les
diverses parties de la statistique de la Cochinchine,
telles que les lois, l'administration, la population,
l'industrie, les arts, les mœurs, l'état militaire de
terre et de mer, etc.

Il est encore un objet sur lequel M. Chaigneau
portera son attention et fera parvenir des renseignements au Ministère. Peut-être l'Empereur de Cochinchine verrait-il avec plaisir passer dans ses États,
pour s'employer à son service, quelques Français
d'une capacité éprouvée dans la marine, le génie ou
d'autres parties scientifiques ; et s'il était disposé
d'ailleurs à leur faire un sort avantageux, on s'occu-
perait ici de faire un choix de sujets qui répondissent
à ses vues. Ces Français utiles au gouvernement de
Cochinchine attireraient la faveur sur nos établissements, leur donneraient de la consistance et concour-
raient avec l'Agent du roi au maintien et à l'accroissement de notre crédit.

XXVII

*J.-B. Chaigneau, officier français, mandarin à la cour
de Cochinchine,*

A Son Excellence le Ministre des affaires étrangères, à Paris[1].

Monseigneur,

Je crois devoir soumettre à Votre Excellence l'idée
d'un nouveau bienfait pour le pays où je suis appelé

______

1. Écrit au Ministre de l'intérieur le 28 octobre 1820. Voyez la
réponse du Ministre de l'intérieur du 24 novembre 1820. — L. s.

à résider encore, et très utile à mes yeux pour le succès de ma mission.

C'est la propagation des arts de l'Europe au moyen desquels les besoins des peuples de la domination cochinchinoise devront s'accroître, et par là fournir un débouché aux produits de l'industrie française. Je crois que si l'agence était munie des principaux livres relatifs aux manufactures et aux arts, on avancerait beaucoup vers ce but : l'ENCYCLOPÉDIE, dernière édition, me semble être bien propre à cet effet. Cet ouvrage est trop considérable pour que je me le procure à mes frais. C'est pourquoi j'ai l'honneur de supplier Votre Excellence de vouloir ordonner qu'il m'en soit fourni de suite un exemplaire à Bordeaux, où je m'embarquerai vers les premiers jours du mois prochain, sur le navire le *Larose*. Je suis convaincu que nous trouverions dans l'*Encyclopédie* les moyens de satisfaire à une foule de questions qui nous sont adressées très fréquemment par le Souverain luimême, par son héritier et associé à l'empire, et par toutes les personnes prépondérantes du pays. Je prie Votre Excellence de vouloir bien prendre cette demande en considération.

J'ai l'honneur d'être avec respect, etc.

                              J.-B. CHAIGNEAU.

Lorient, 15 octobre 1820.

XXVIII m.

J.-B. Chaigneau, Agent et Consul de France, mandarin
à la cour de Cochinchine,

A Son Excellence lé Ministre de la Marine et des Colonies,
à Paris.

Monseigneur,

J'ai reçu avec les deux lettres que Votre Excellence m'a fait l'honneur de m'adresser sous les dates des 12 et 13 de ce mois, toutes les expéditions qui y sont mentionnées et qui m'ont paru bien propres à me guider dans les relations qui devront avoir lieu entre la France et la Cochinchine, et seront relatives à votre département.

J'ai reçu aussi la lettre que Votre Excellence m'a fait parvenir depuis, en date du 20 du courant et qu'accompagnaient plusieurs paquets dont M. Philibert avait été chargé pour M. Vanier et pour moi; outre le brevet et la décoration de chevalier de la Légion d'honneur qui me concernaient, j'ai aussi ceux destinés à M. Vanier, dont Votre Excellence a bien voulu me charger et la lettre de votre prédécesseur adressée au Mandarin des Étrangers. Je prie Votre Excellence d'être assurée que ces missives seront remises à l'un et à l'autre lors de mon arrivée en Cochinchine.

Permettez-moi de vous faire agréer l'hommage du profond respect avec lequel, etc.

J.-B. Chaigneau.

Bordeaux, 30 octobre 1820.

XXIX

*J.-B. Chaigneau, Agent et Consul de France, mandarin
à la cour de Cochinchine,*

*A monsieur de Rayneval, Sous-Secrétaire d'État au
département des affaires étrangères, à Paris*[1].

MONSIEUR,

Permettez-moi de vous faire agréer mes sincères
félicitations sur la nouvelle preuve que vous recevez
de la bienveillance et de la confiance du roi; S. Exc.
le Ministre, en me faisant part de votre nomination,
sous la date du 21 octobre dernier, a bien voulu
m'informer que je devrai désormais correspondre
avec vous directement pour tout ce qui aura rapport
aux affaires particulières, contentieuses et adminis-
tratives de mon consulat, et pour celles relatives à
la comptabilité des agents du ministère en Cochinchine.

Comptez, monsieur, que j'apporterai tout le zèle
et l'exactitude qui dépendront de moi pour donner
à la correspondance que j'aurai l'honneur de suivre
avec vous de l'intérêt et de l'activité.

S'il vous devenait personnellement agréable de
m'adresser quelques demandes, ou de recevoir quelques renseignements, veuillez user de mes services
en toute circonstance et sans réserve. Il me serait
bien doux de pouvoir reconnaître l'accueil flatteur
dont vous avez bien voulu me favoriser pendant
mon séjour à Paris, et dont le souvenir ne s'effacera
point de ma mémoire. Le vaisseau qui doit m'emme-

1. L. s.

ner au lieu de ma résidence prendra probablement
la mer dans quelques jours, à moins de contrariétés
imprévues.

Agréez donc, je vous prie, avec mes adieux, l'hommage de la considération distinguée avec laquelle
j'ai l'honneur d'être, etc.

J.-B. Chaigneau.

Bordeaux, 15 novembre 1820.

XXX

Bordeaux, 15 novembre 1820.

A monsieur de Rayneval, Sous-Secrétaire d'État à Paris[1].

Monsieur,

Comptant sur votre bienveillance et vos bontés,
je viens me recommander à vous, pour me faire
obtenir, par votre intercession, une réponse conforme à la décision du conseil des Ministres qui
m'accordait deux places gratuites dans un collège
royal pour deux de mes fils que je laisse en France.
J'ai eu l'honneur d'entretenir plusieurs fois Son
Excellence le Ministre de l'intérieur à ce sujet : mais
toutes mes lettres sont restées sans réponse. Je vous
serai bien obligé de rappeler à Son Excellence à
l'occasion, qu'elle a bien voulu me flatter de s'intéresser à ma demande, et d'y faire droit.

Le peu de temps que j'ai à passer en France m'ôte
l'espoir d'être honoré de votre réponse ; mais mon
frère, à Lorient, s'est chargé de mes fils, et je vous

----

1. Écrit au frère de M. Chaigneau, le 20 décembre 1820. L. s.

prierai de lui participer ce que vous pourrez savoir relativement à eux.

Il me reste aussi à vous recommander une autre affaire : Je remets par ce courrier à MM. Gorgerat, Gaccon et Cie, à Paris, un État des avances que je me suis vu dans la nécessité de faire à mon chancelier pour le couvrir de ses frais de voyage, d'établissement et autres, outre quatre mois de son traitement. Je vous prie de vouloir bien m'en faire rembourser au trésor, s'il y a lieu, dans ce moment.

Agréez, monsieur, avec mes adieux, l'hommage du profond respect avec lequel, etc.

J.-B. CHAIGNEAU.

XXXI

*A Monsieur de Rayneval, Sous-Secrétaire d'État
au département des Affaires étrangères, à Paris*[1].

MONSIEUR,

J'ai eu l'honneur de solliciter votre bienveillance pour me faire obtenir une décision conforme à l'arrêté du conseil des Ministres par lequel LL. EE. ont bien voulu m'accorder, en juillet dernier, deux places gratuites dans un collège royal. En vous exprimant combien j'ai été personnellement satisfait de la justice qui vient de vous être rendue par S. M. je vous priais d'accueillir mes adieux, me croyant à l'heure de mon départ : mais, depuis lors, des vents contraires nous ayant constamment empêché de prendre la mer, j'ose vous réitérer ma demande et

---

1. Écrite au frère de M. Chaigneau, le 20 décembre 1820. — L. s.

vous prier de presser, en ce qui vous sera possible, l'exécution de la promesse qui m'a été faite.

Tout est disposé aujourd'hui pour le départ du vaisseau sur lequel je m'embarque; au premier vent favorable, nous devons appareiller.

Permettez-moi donc, Monsieur, de vous exprimer combien je suis peiné de quitter la France sans avoir pu fixer le sort de mes deux fils, et combien il me tardera d'apprendre que mes vœux à leur égard auront enfin été exaucés.

Agréez, je vous prie, avec mes derniers adieux, l'hommage de ma haute considération et du profond respect avec lequel, etc.

J.-B. CHAIGNEAU.

Au bas de la rivière de Bordeaux, le 27 novembre 1820.

XXXII

Manque la lettre de Chaigneau, Hué, 15 octobre 1821, qui devait porter le nº 1 de la correspondance et qui devait accompagner la pièce suivante.

XXXIII

Traduction des pièces venues de la Cochinchine en mai 1822, par M. ABEL-RÉMUSAT, *membre de l'Institut, professeur de chinois au Collège Royal, etc.*[1].

Les pièces venues de la Cochinchine en 1822 sont renfermées dans une enveloppe de papier sur laquelle on lit d'un côté :

« Dépêches du Commandant des Éléphans de

---

1. Note ajoutée en tête : Joint à la lettre du C. en Cochinchine du 15 octobre 1821. — P. a. s.

guerre, officier du royaume de Viet-nam, intendant des haras d'éléphans et aussi de la marine marchande, Commandant de place.

« Au noble *Pa-tchouï-kouëï-i*, intendant de la marine marchande du royaume de Fou-lang-cha,

Pour être ouvertes par lui. »

Et de l'autre côté :

« Deuxième année de la Brillante Providence (1821), à la neuvième lune, le douzième jour.

« Ici sont renfermées deux pièces. »

Le sceau qui est imprimé trois fois sur cette enveloppe est en caractères antiques ; il porte : « Sceau du Commandant des Éléphans. »

La première des deux pièces renfermées dans l'enveloppe est ainsi conçue :

« *Communication officielle (L. S.)* »

L'Envoyé du royaume de Viet-nam, chargé du commandement des Éléphans de guerre, et de l'administration de toutes les affaires de la marine marchande, Prince de Tchouan-kiun, fait la communication suivante :

Feu l'Empereur de ce pays a terminé ses jours la dix-huitième année Kia-loung, Ki-mao du cycle (1819), le jour de la douzième lune[1]. Conformément à ses ordres suprêmes, renfermés dans son testament, le Prince Impérial, maintenant l'Auguste Empereur, est monté sur le trône. Il a donné à la première année de son règne le nom de *Minh-minh* (Brillante Providence). Il a pris entre ses mains le

---

1. Il y a dans l'original : le Dragon s'est élevé dans les régions supérieures.

gouvernement de ses sujets, et l'administration de tous les royaumes qui dépendent de son empire et qui tous, jouissent de la plus profonde tranquillité.

Maintenant Tsi-jou (Chaigneau), de votre précieux royaume, est venu dans celui-ci il y a trente ans, et comme il y a rendu d'importants services, il a obtenu une place dans l'administration. Dans l'année Ki-mao (1819) il a demandé à retourner dans votre pays, pour visiter son lieu natal et sa famille. Cette année, à la quatrième lune, il est revenu dans ce royaume, et il a apporté une lettre accompagnée de divers objets. Il a représenté que le Roi de votre pays l'avait chargé de faire une communication à l'Empereur.

Or les frontières de notre royaume sont situées aux extrémités du midi, et celles du vôtre sont aux extrémités de l'occident. Les limites des deux États sont séparées par plusieurs mers, et par une distance de plusieurs milliers de lieues. Les gens de notre pays peuvent rarement arriver jusqu'au vôtre. C'est ce qui fait que quand il vient des lettres, les interprètes de notre pays ne sont pas très habiles, et nous n'avons pu savoir qu'en un ou deux mots ce qui y était dit du désir que vous aviez d'établir pour les gens de votre pays, des règles et un arrangement relatifs au commerce. La liste des objets envoyés en présent n'était pas non plus relatée dans la lettre.

En réfléchissant à cette affaire, tout ce qui tient au commerce et à la vente (des productions) est soumis chez nous à des règles déterminées. Tous les marchands qui viennent des divers royaumes ont soin de s'y conformer. Si les gens de votre pays désirent venir commercer dans notre royaume, ils se conformeront à ces règlements, comme cela est raisonnable.

Maintenant, j'ai reçu de l'Empereur l'ordre de disposer des marchandises de ce pays comme échantillons, et de charger Tsi-jou (Chaigneau) de prendre soin de vous les faire passer, pour que vous les offriez au Roi de votre pays. C'est la communication que j'avais à faire.

La précédente communication est adressée à vous, seigneur Pa-tchouï-koueï-i, intendant de la marine marchande du royaume de Fou-lang-cha.

Deuxième année de la Brillante Providence, neuvième lune, douzième jour. (L. S.) »

La seconde des deux pièces n'offre autre chose que la liste des présents qui doivent être offerts au Roi. On y lit :

CATALOGUE

Objets pour servir de spécimen des productions du pays.

Catalogue des objets pour servir de spécimen des productions du pays.

    200 pièces d'étoffe du midi, de couleurs assorties,
    200 pièces de taffetas du midi, de couleurs assorties,
    100 pièces de toile,
      2 cornes de rhinocéros, pesant 4 livres,
      2 dents d'éléphant, pesant 50 livres,
  1,000 livres de Mo-thang (sorte de sucre),
  1,000 livres de sucre candi,
 10,000 livres de sucre en poudre,
    100 livres de peau d'éléphant,
     10 peaux de tigre,

> 30 livres de peau de rhinocéros,
> 100 peaux de buffles,
> 500 peaux de cerfs. »

On a apposé un sceau sur les chiffres qui expriment la quantité de chaque objet, *ne varietur*.

J.-P.-Abel Rémusat.

XXXIV

N° 2.

Hué, Cochinchine, le 17 octobre 1821.

J.-B. Chaigneau, Chevalier de Saint-Louis et de la Légion d'honneur, Consul de France et Mandarin en Cochinchine,

A Son Excellence le Ministre des Affaires étrangères, à Paris[1].

Monseigneur,

J'ai eu l'honneur, à mon passage en France, d'informer Votre Excellence que M. Vannier, mandarin comme moi près le roi de Cochinchine, et fixé dans ce pays depuis de longues années, avait toujours fait ses efforts, en servant ce souverain, pour assurer à la France l'ancienne amitié et la bienveillance dont je dois aujourd'hui réclamer ici les effets.

Dévoué longtemps à l'intérêt général plus qu'au sien particulier, M. Vannier a ressenti longtemps le vif désir de revoir sa patrie, et c'est encore aujourd'hui l'espoir du bien public qui vient arrêter un élan si naturel à tous les Français. Il avait tout préparé déjà pour profiter de l'occasion du premier bâtiment français venant dans ce pays, attendant

---

1. Rép. le 27 juin 1822. — L. s.

d'ailleurs avec quelque certitude le navire le *Larose*.
Mais à la première nouvelle de l'arrivée de ce navire,
et du sujet qui m'a ramené en Cochinchine, M. Vannier, renonçant à des projets bien chers, et n'hésitant pas à prolonger son exil, a résolu de contribuer
en tout ce qui dépendra de lui, à l'établissement et
au maintien des nouvelles relations qui font l'objet
des vœux de la France. Déjà il a bien voulu se joindre
à moi dans plusieurs audiences que nous avons obte-
nues du roi de ce pays, et prendre à cœur les affaires
que j'ai entamées, et dont il ne désire pas moins
vivement que moi l'heureuse réussite.

J'ai cru devoir informer Votre Excellence de ces
bons sentiments de M. Vannier, sur lesquels on peut
compter à l'avenir aussi bien que précédemment. Il
me charge du reste de supplier Votre Excellence
d'accueillir favorablement l'hommage de son parfait
dévouement.

Daignez agréer aussi, Monseigneur, etc.

Le Consul de France en Cochinchine,
J.-B. Chaigneau.

XXXV

Hué, Cochinchine, 18 octobre 1821.

*A Monsieur N. Flury, Chef de la division commerciale, au
département des Affaires étrangères, à Paris*[1].

Monsieur,

L'intérêt bien vif que vous m'avez constamment
témoigné, pendant mon séjour à Paris, et l'empressement que vous avez bien voulu apporter à me ser-

____
1. L. s.

vir auprès de Son Excellence le Ministre, m'engagent à vous prier de daigner prendre lecture de ma correspondance ci-jointe avec Son Excellence, et la lui faire accueillir vous-même. Je ne doute pas que votre bienveillance ne me soit encore d'un grand secours à l'avenir; et en vous demandant la continuation, c'est assez dire que je m'efforcerai de m'en rendre digne.

Les circonstances qui ont accompagné mon arrivée en Cochinchine ayant été fatales au sujet de la mission qui m'est confiée par le Roi, j'en fais à Son Excellence un rapport pour lequel je réclamerai son indulgence et la vôtre, en faveur des soins que j'ai pris d'y relater exactement tout ce que l'on peut craindre et ce que l'on doit espérer du nouveau Souverain qui gouverne depuis deux ans ce pays.

Vous permettrez que je me rapporte entièrement aux renseignements que je participe à Son Excellence, pour vous tenir instruit vous-même des changements survenus dans l'empire de la Cochinchine.

Daignez en agréer la nouvelle assurance, ainsi que celle des sentiments de considération distinguée et de parfait dévouement avec lesquels, etc.

J.-B. CHAIGNEAU.

XXXVI

Nº 3.

Hué, Cochinchine, le 19 octobre 1821.

A Son Excellence le Ministre des Affaires étrangères,
à Paris[1].

MONSEIGNEUR,

J'ai l'honneur d'adresser à Votre Excellence, par le retour du navire le Larose, un exposé succinct de

1. Rép. le 27 juin 1822. — L. s.

tout ce qui concerne l'objet de la mission dont le roi et vous-même avez bien voulu m'honorer. Votre Excellence y verra que des circonstances fâcheuses ont ajourné le moment de mes négociations, et me donnent à craindre de leur voir éprouver quelques entraves de la part du gouvernement cochinchinois.

Il m'est possible de n'avoir à vous rendre, Monseigneur, qu'un compte peu satisfaisant de mes démarches, dont j'ai cru devoir vous informer aussi dans les notes que j'ai eu l'honneur de soumettre à Votre Excellence.

Je joins aussi à ces notes une lettre relative aux bons services que M. Philippe Vannier, comme Français et comme mandarin, est disposé à rendre ici à ses compatriotes, toutes les fois qu'il s'agira du bien général.

Espérons que la réunion des bons sentiments chez tous les Français qui viendront résider en Cochinchine, ne contribuera pas peu à la formation et au maintien des relations amicales que la France veut établir entre elle et ce royaume ; relations qui, en étendant les vues et les opérations de son commerce, lui assureront de plus en plus la conservation de la paix dont elle jouit par les bienfaits de son auguste Souverain.

Daignez, Monseigneur, mettre aux pieds de S. M. l'hommage de mon parfait dévouement, et veuillez agréer pour vous-même, etc.

Le Consul de France en Cochinchine,

J.-B. Chaigneau.

XXXVII

*Notes soumises à Son Excellence le Ministre des affaires
étrangères, par J.-B. Chaigneau, Consul de France en
Cochinchine, en date du 19 octobre 1821[1].*

Le 17 mai 1821, le navire le *Larose* se trouvant
mouillé, dès le matin, devant l'embouchure de la
rivière de Hué, où il avait fait flotter déjà le pavillon
français à un précédent voyage, le capitaine fit saluer
cette capitale de 21 coups de canon. Le salut venait
d'être achevé lorsqu'on vit sortir de la rivière une
embarcation se dirigeant vers le navire qu'elle ne
tarda pas à accoster. Elle avait été expédiée par le
mandarin du port qui nous envoyait en reconnaissance ses écrivains ou lettrés. Je répondis promptement aux demandes qu'ils avaient été chargés de nous
faire, et leur fis avec empressement toutes celles qui
devaient intéresser le plus l'objet de ma mission.

Ce fut avec un bien vif sentiment de peine que
j'appris la mort de l'empereur Gia-long : ce prince
avait expiré vers la fin de l'année 1819[2]. Je devais
craindre que cet événement n'eût apporté dans ce
pays des changements très défavorables aux relations dont j'allais devenir le médiateur ; les faits ont
malheureusement confirmé en partie ces premières

1. Copie. — Cette copie est la *première* d'un registre sur lequel on
avait commencé à copier les dépêches du Consulat de Cochinchine ; le
registre ne contient que seize pièces copiées sur les quarante-cinq
premiers feuillets du registre. — La plupart de ces pièces existent en
original dans le dossier *Chaigneau* ; les autres pièces originales sont
probablement égarées. — Naturellement, nous ne reproduisons d'après
les copies que celles qui n'existent pas en original.
2. Le 25 janvier 1820.

craintes, comme on le verra dans la suite de ce rapport ; mais j'avais regardé comme certain que cette
mort avait dû causer de grands troubles dans l'Empire ; et je fus très satisfait en apprenant qu'ils
avaient eu lieu, de savoir aussi qu'ils étaient tout à
fait terminés.

Après avoir donné aux écrivains tous les détails
concernant leur message à bord, je me fis aussitôt
conduire à terre chez le mandarin du port qui me
confirma la nouvelle de la mort de l'empereur, et
m'annonça l'avènement au trône du prince qu'avant
mon départ j'avais vu nommer héritier de la couronne de son père. L'Empereur Gia-long, comme je
l'ai déjà fait connaître, n'ayant pas d'enfant légitime, avait longtemps fait consulter toutes les lois
du pays, avant de se prononcer en faveur de son fils
naturel ; il n'ignorait pas que ces lois lui étaient contraires ; mais il ne pouvait dissimuler aux yeux de
ses mandarins combien il penchait pour le prince.
Ceux-ci ne pouvant s'appuyer de l'autorité de la loi
que pour contrarier ce choix, avaient hésité longtemps à se prononcer à cet égard ; l'un d'eux, même,
chargé plus spécialement de l'interprétation des lois,
avait préféré se donner la mort que de s'opposer aux
désirs de son souverain ; d'autres n'avaient pu s'empêcher de faire éclater quelques murmures, mais
tout cela ne produisit aucun effet, et Gia-long enfin
avait nommé son fils pour son successeur. Ainsi, au
préjudice d'un oncle du roi actuel, et de ses deux
neveux, fils du prince légitime qui a visité la France
en 1786, le fils naturel avait obtenu de son père l'hé-
ritage du royaume et le gouvernait, à l'époque de
mon arrivée, depuis près de deux ans.

Je fis informer S. M. de mon retour dans ce pays,

et reçus aussitôt l'ordre de paraître au palais. Le roi
m'ayant expédié à cet effet quelques galères bien
armées, je me rendis promptement à la cour, où je
n'eus qu'à me louer de l'accueil que me fit le nouveau souverain. Il versa, en me voyant, des larmes
que je n'ai pu attribuer qu'aux bonnes recommandations du roi son père. En effet, S. M. voulut bien
me rappeler que l'empereur Gia-long, avait daigné
s'occuper de moi avant sa mort, et me recommander
dans les termes les plus flatteurs et les plus exprès
à la bienveillance de son successeur. Il n'avait pas
moins compris dans sa recommandation tous les
Français, en disant à son fils : « C'est une bonne
nation qui mérite de toi la considération et la reconnaissance des services qu'elle m'a rendus dans la
personne des mandarins qu'elle m'a procurés. »

Le vieux roi avait ajouté à tout cela les choses les
mieux faites pour inspirer à son fils en notre faveur
les sentiments dont il fut toujours pénétré lui-même.

Après un court entretien au sujet de mon arrivée,
j'annonçai au roi que j'étais porteur pour lui d'une
lettre de S. M. le roi de France. Je le priai de m'accorder pour le lendemain matin, la permission de
venir la lui présenter. Le roi acquiesça à ma
demande, et fit donner sur le champ les ordres
nécessaires pour qu'elle fût honorée de toute la
pompe et des cérémonies que comportent, en pareil
cas, les usages du pays. Ces ordres ne tardèrent
pas à être mis à exécution.

Le 18 mai, au lever du soleil, on dépêcha de la
cour plusieurs galères dont l'une avait été désignée
pour être favorisée de l'honneur de recevoir la lettre
de S. M. Louis XVIII. Ces galères étaient accompagnées, aux deux rives du fleuve, par plusieurs régi-

ments d'infanterie commandés par leurs mandarins respectifs. Tout ce cortège vint se réunir en bon ordre, à l'embouchure de la rivière, près du fort qui en défend l'entrée. Les galères sortirent alors du port, et vinrent se ranger des deux bords du navire le *Larose*, où je les avais devancées, pour y faire la remise de mes dépêches. Je descendis aussitôt à bord de la galère d'honneur, où je posai la lettre de S. M. sous la garde du commandant, dans une boîte destinée à la recevoir, et où elle fut aussitôt recouverte des sombraires [sic] royaux. Le fort salua aussitôt après la réception de la lettre, et le salut fut répété à bord du navire le *Larose*.

Nous reprîmes alors le chemin de la capitale, avec la même escorte qu'auparavant, et je me rendis ensuite au palais où je rendis au roi de Cochinchine la lettre de Sa Majesté le roi de France. Sans faire ici de remarques sur la manière dont le roi agit à mon égard et avec M. Vannier, Français et mandarin comme moi, et par conséquent capable aussi de lui donner une interprétation fidèle de cette lettre, je dois dire qu'au mépris de la confiance dont nous avait constamment honoré son père, le prince ne nous en demanda point d'abord la communication, et fit appeler, pour cet effet, d'une province assez éloignée, un Cochinchinois qui a quelque notion de de la langue française, mais dont le savoir est trop limité pour qu'il en puisse peser les expressions et les rendre dans sa propre langue. Cet homme n'ayant donc pu remplir les intentions du roi, ce dernier a été forcé de recourir à notre ministère, et ce fut d'après ce que M. Vannier et moi lui traduisîmes fidèlement qu'il eut connaissance de ce que contenait la lettre de S. M. le roi de France.

Après en avoir pris lecture, le roi parut flatté de
tout ce que S. M. Louis XVIII voulait bien lui écrire
dans les termes les plus amicaux, et sembla de même
répondre favorablement à ses intentions. Il voulut
bien approuver le choix dont m'a honoré le roi pour
être ici son agent à l'égard des Français, et me
déclara alors que s'il avait hésité à me demander
l'interprétation de la lettre, c'était parce qu'il croyait
que les convenances l'exigeaient, vu que j'en avais
été le porteur.

J'ignore encore aujourd'hui quelles avaient été ses
idées réelles à ce sujet; mais je ne puis m'empêcher
d'attribuer sa conduite à des sentiments de défiance
dont j'aurais été à l'abri sous le gouvernement de
son père, et qui, probablement lui furent inspirés,
dès mon arrivée, par le Mandarin des Étrangers.

Ce mandarin ayant eu connaissance, par la communication qui lui avait été donnée de la lettre du
roi, que je devais être chargé à l'avenir des intérêts
des Français dans ce pays, s'imagina que par là je
lui enlevais une partie essentielle de ses pouvoirs,
et, qui pis est, des nombreux présents qu'on ne peut
se dispenser de lui faire. Sa manière d'être à mon
égard pendant quelque temps, et le peu de dissi-
mulation dont il usait alors pour témoigner sa jalousie, curent bientôt changé mes soupçons en certitude. Je crois même pouvoir assurer qu'il avait
voulu faire entendre au roi que la France en vien-
drait bientôt à lui demander des concessions de
terres ou des avantages qu'il ne pourrait accorder
qu'à son détriment.

Dans les différentes audiences que j'ai eues depuis
du prince, il m'a souvent accueilli moins bien qu'il
n'avait fait d'abord; mais jamais assez mal pour me

faire renoncer à l'espoir d'obtenir de lui quelques avantages pour la France. J'ai sondé souvent sa pensée pour m'assurer s'il n'ajoutait point foi aux insinuations du Mandarin des Étrangers, et j'ai mis tout en œuvre pour l'en dissuader. Cependant, lorsque je lui ai adressé, au nom du roi, quelque demande, il a toujours évité d'y répondre d'une manière bien positive, se réservant, m'a-t-il dit, de s'expliquer à cet égard dans la réponse qu'il désire faire parvenir à S. M. Louis XVIII par le navire le *Larose*. Il m'a fait donner, il y a peu de jours, lecture de cette réponse projetée; mais il a paru exiger que je n'en donnasse point la traduction, et ne m'en a point fait remettre de copie, quoiqu'il m'ait formellement autorisé à en donner le sens : « Le roi de France, m'a-t-il dit, a auprès de lui des hommes assez éclairés pour lui interpréter fidèlement mes écrits; et d'ailleurs il m'a écrit seulement dans sa langue, n'est-il pas naturel que j'en use de même avec lui, et que je n'aie recours qu'à la mienne? »

Il a paru craindre de ne pas répondre à S. M. Louis XVIII d'une manière qui soit digne d'elle, et commence sa lettre par s'en excuser. Cependant la distance qui sépare les deux royaumes est immense, et tolère la grande différence de leurs usages. Le roi de Cochinchine est flatté des avances amicales que lui fait le roi de France : Il retrouve dans son cœur les mêmes intentions que ce souverain, et il verra toujours avec plaisir que ses sujets franchissent l'immensité des mers pour venir commercer dans son pays. Il leur fera toujours bon accueil; mais ils devront se conformer aux usages du pays. A l'égard des droits d'ancrage, il pourra, comme son père, les leur pardonner suivant son bon plaisir, mais les

Français seront toujours soumis aux lois et aux tarifs qui s'y rapportent, sans que l'exemption accordée à tel ou tel navire puisse jamais prévaloir en faveur de tel ou tel autre. En un mot, les lois du pays, concernant les droits, demeureront intactes, et leur pardon sera toujours arbitraire.

Le roi fera remettre à bord du *Larose*, avec sa lettre, des présents qu'il y annonce, et qu'il prie S. M. Louis XVIII d'accueillir favorablement; mais j'en ignore le détail. Comme je suis de jour en jour, dans les attentes des ordres du roi pour aller à Tourane déposer à bord la lettre et les présents, j'aurai sans doute sous peu quelques notions à cet égard, et je m'empresserai alors de les faire connaître plus particulièrement.

Après avoir ainsi fait mention des dispositions où j'ai trouvé le souverain de ce pays à l'égard des Français en particulier, il convient sans doute d'entrer dans quelques détails sur sa conduite politique plus générale, et surtout sur sa manière d'agir envers ses mandarins.

Ce prince, bien jeune encore au moment de son avènement au trône, et sans doute ébloui par l'éclat de sa nouvelle puissance, a négligé longtemps de donner à l'Empire les soins qu'il lui devait; au mépris des dernières volontés de son père, qui l'avait recommandé à ses mandarins et remis en quelque sorte à leur discrétion, il a opéré des changements et des innovations qu'aucun d'eux ne peut approuver. Il a changé plusieurs lois et blessé les usages du royaume dans les matières les plus graves. Son père, en le remettant sous la garde des anciens mandarins, leur avait recommandé de lui servir de guides et de n'obéir à ses ordres qu'autant qu'ils

seraient dictés par la justice. Cependant le prince a
commencé par disgracier les plus anciens et les plus
zélés serviteurs du roi son père : mais c'était peu
encore pour satisfaire à ses nouvelles idées, et il n'a
appelé autour de lui pour remplacer ces mandarins,
que ses agents particuliers et même ses anciens serviteurs dont il s'est fait des sujets très dévoués;
affectant de ménager le peuple et de veiller à ses
intérêts; voulant paraître grand par des largesses
qu'il fait sans discernement et sans choix; mais du
reste occupé de ses plaisirs privés beaucoup plus
que du bien public.

Depuis plusieurs mois le prince veille avec assiduité à ce qu'on prépare avec pompe une suite
innombrable qui va l'accompagner dans un voyage
au Tonquin. Il y va, suivant les usages du pays et
ceux de ses ancêtres, pour se faire sacrer et reconnaître par les ambassadeurs de l'empereur de Chine.

Il avait adressé lui-même à ce souverain des envoyés chargés de lui annoncer la mort du roi Gia-
long, et son avènement au trône. Le retour de ces
mandarins au Tonquin sera très prochain, ainsi que
l'arrivée des ambassadeurs chinois. Le roi doit
quitter Hué le 15 de la présente lune, répondant au
10 octobre de notre année.

Les grands préparatifs pour ce départ, qui, comme
je viens de le dire, occupent ici depuis plusieurs mois
le prince et toute sa cour, n'ont pas peu contribué à
le détourner de toute décision qu'il eût pu prononcer
en faveur du commerce français. Tout est déjà dans
l'attente de son passage sur la route du Tonquin, où
plusieurs mandarins l'ont devancé avec plusieurs
milliers d'hommes. Il fait depuis longtemps aux
mandarins et aux employés de toutes classes et de

tous grades des distributions d'habits et de numéraire pour ressortir lui-même au milieu d'eux avec
plus d'éclat. Il a du reste exempté deux années de
suite son peuple de tous impôts ou tributs pour l'aider à se remettre des calamités qui avaient pesé sur
lui ; c'est-à-dire, la disette du riz, et une maladie
épidémique dont la contagion avait été funeste à un
très grand nombre de Cochinchinois.

Mais au milieu de cette grandeur apparente et de
ces faux airs de libéralité, il est facile d'apercevoir
que le roi prend souvent l'intérêt pour guide au préjudice de ses peuples.

J'en puis citer une forte preuve dans le projet qu'il
avait formé, et déjà exécuté en partie, de s'approprier le commerce du sucre, seul article, pour ainsi
dire, que la Cochinchine fournisse, depuis peu d'années, à l'Europe.

Mais les agents à qui il avait confié l'exécution de
ce dessein, c'est-à-dire, les mandarins et autres personnes chargées par lui d'acheter le sucre dans les
provinces où il se fabrique, et des fabricants mêmes,
prélevant l'un à l'envi de l'autre des commissions
plus ou moins fortes sur les prix qu'ils élevaient
beaucoup dans leurs additions de comptes, il s'en
est peu fallu que le roi n'éprouvât de forts mé-
comptes dans ses opérations commerciales. En effet,
malgré que les fabricants n'eussent reçu de leur
sucre que le prix de sa valeur ordinaire, et souvent
moins, le roi se trouvait l'avoir toujours payé bien
au delà de ce que les vendeurs en peuvent exiger.
L'attente du navire le *Larose* et peut-être de quelques
autres navires français avait pu seule déterminer le
roi à tenter de leur livrer lui-même le sucre que produit le pays, en échange de ce qu'il se procurerait

provenant d'Europe; mais il avait assez mal pris ses mesures pour ne pas les réduire par ses achats, à ne pouvoir recourir qu'à lui.

M. Borel, subrécargue du navire le *Larose*, qui avait traité avec S. M. pour majeure partie de sa cargaison, en échange de laquelle le roi lui offrait son sucre, n'ignorait pas que plusieurs marchands en avaient secrètement conservé en quantité considérable, et pouvaient par conséquent le céder à un prix beaucoup moins élevé. Il a donc refusé avec obstination de se rendre aux offres exorbitantes qui lui avaient été faites, et au lieu de recevoir en aucune manière les conditions du roi, il a fini par les lui imposer lui-même.

Le roi, pénétrant sans doute la vérité, parut comprendre, dès cette leçon, qu'il ferait bien d'abandonner à ses sujets le commerce que peut offrir ce pays; et il y fut tout à fait déterminé par un incident qui survint vers la même époque.

N'ayant pu trouver à se défaire de la totalité de son sucre, il avait formé le projet d'en expédier en Chine, et avait fait charger, pour cet effet, un de ses plus grands vaisseaux. Ce navire outre du sucre, emportait une somme considérable en argent et autres objets précieux. Déjà tout était préparé pour le voyage; on avait quitté la rivière et pris mouillage hors du port, lorsqu'un vent très violent venant à souffler du large, et portant le navire en côte, sans lui laisser le moyen d'appareiller, vint l'assaillir avec force et l'engloutit en peu d'heures avec toutes les marchandises de S. M. Cette leçon valut bien la première qu'il avait reçue dans son commerce, et il déclara formellement alors qu'il y renonçait sans retour.

Le roi, instruit par là des chances malheureuses
du commerce, devint dès lors plus traitable en
faveur du navire le *Larose*. Il avait pardonné à ce
navire les droits d'ancrage, parce que, disait-il, il
m'avait ramené dans ce pays; mais ce pardon n'a
pas été moins dû à l'effet des dépêches dont le roi a
bien voulu m'honorer, et aux sentiments même du
prince envers les Français, puisque le navire français, la *Constance*, arrivée ici des Isles de France et
Bourbon peu après le *Larose*, a été comme ce dernier exempté de tous droits. Il est vrai que le capitaine de la *Constance* était porteur d'un contrat du
roi que lui avait cédé M. Rey, capitaine du navire le
Henry, venu deux fois en Cochinchine; mais il n'en
avait que fort mal exécuté les clauses.

Outre le pardon de l'ancrage accordé à ces deux
navires, le prince comme je l'ai fait entendre plus
haut, avait fait achat de la presque totalité de leurs
cargaisons, quoiqu'il n'ait contracté avec le *Larose*
aucun engagement, et que le capitaine de la *Constance* n'eut point satisfait à ses commandes en produits d'Europe.

Il a toujours donné les ordres les plus sévères
pour que les livraisons de sucres et les réceptions
des objets d'Europe se fissent suivant le même mode,
et conformément à ce qu'exige l'équité. Les navires
ne manquent pas au reste des facilités désirables
pour le débarquement des cargaisons d'aller, et pour
l'embarquement de celles de retour; et pour ce qui
concerne les achats faits par le roi, il tient toujours
à leur disposition les valeurs en numéraire. Il ne
veille pas moins aujourd'hui à ce que les princes ses
frères et les princesses fassent exactement solder le
montant des achats qu'ils ont pu faire, et a réprimé,

par cette mesure, des abus dont les Français, à
leurs premiers voyages, avaient été quelquefois les
victimes.

On peut conclure de ce qui vient d'être dit, que
quelques navires français expédiés pour ce pays, à
des époques peu rapprochées, peuvent compter
encore à l'avenir sur un accueil favorable quoique
arbitraire. Malheureusement, les besoins sont encore
fort limités, et ne peuvent offrir qu'à un petit nombre de produits de nos manufactures des débouchés
qui, par la suite, devront s'étendre et devenir plus
certains.

Il est cependant quelques articles que le roi ne
peut manquer de rechercher toutes les fois qu'ils
seront d'un travail soigné ou de qualité reconnue
supérieure. Tels sont entre autres : Les armes de
nos premières manufactures ; le soufre rafiné ; les
pierres à fusil de guerre, et quelques autres objets
dont la défaite n'est pas moins certaine.

Mais il faudrait éviter autant que possible, pendant quelques années, que des expéditions de
navires du commerce ne se suivissent de trop près ;
sans quoi les commerçants ne sauraient atteindre le
but qu'ils se seraient proposé, et perdraient tous, par
une concurrence mal entendue, le fruit de leurs travaux.

La Cochinchine, dont tous les terrains sont susceptibles de produire, ne fournissait de sucres même
qu'aux Chinois qui en enlèvent annuellement de
faibles quantités comparativement à ce qu'en
devront exporter des navires d'Europe.

Déjà quelques voyages des Français dans le pays
ont considérablement augmenté l'exportation de
cette denrée, et ont suffi pour faire prendre à sa

culture un accroissement sensible. Mais, comme je viens de le dire, les besoins de nos marchandises fabriquées sont bien loin de se faire sentir en raison de celui du numéraire. Depuis la paix, un ou deux navires ont suffi, et au delà, chaque année, à toutes les demandes qui avaient pu être précédemment faites, et aux désirs des Cochinchinois curieux. Du moins ont-ils pu, du montant de leurs ventes, former complètement leurs cargaisons de retour, sans émission d'espèces pécuniaires ; ce qui ne pourrait avoir lieu dès que les navires français se trouveraient ici en plus grand nombre. D'un autre côté les monnaies d'Europe sont encore à peu près inconnues dans ce pays, sans même en excepter la piastre d'Espagne que peu de personnes veulent accepter bien au dessous de sa valeur. Le temps seul et l'habitude de traiter de part et d'autre les affaires de commerce avec franchise pourront trancher cette grande difficulté, et permettre de faire des échanges avantageux d'espèces en attendant qu'on puisse effectuer ceux des produits de nos manufactures.

Nous avancerons à l'appui des bonnes intentions que nous supposons au roi de Cochinchine, le projet qu'il a manifesté d'entreprendre, d'après nos avis, la culture du café et de l'indigo. Déjà il a été fait récolte, dans plusieurs quartiers, de quelques quintaux du premier, qui paraît être d'une fort bonne qualité. Quant au second, tout s'est borné jusqu'ici à lui en fournir quelques échantillons supérieurs du Bengale dont je me suis trouvé possesseur. Sans doute il sera réservé aux Français de venir chercher ici ces produits précieux d'une nouvelle industrie ; et peut-être en est-il qui déjà semblent, par leur position, appelés à les exporter de préférence.

Le roi n'ignore pas que MM. Balguerie, Sarget et
Cie, de Bordeaux, ont fait constamment leurs efforts
pour rendre plus importantes et plus étendues les
relations entre la France et son pays, et qu'ils ont
contribué pour beaucoup par eux-mêmes à entretenir celles qui existent. Déjà il y a vu, dans trois
voyages différents, M. Auguste Borel, chargé des
intérêts de cette maison, dont s'honore le commerce
de France ; et la franchise que ce jeune homme a
toujours apportée dans ses derniers traités, comme
dans les précédents, lui sera un sûr garant de l'estime du roi et de sa confiance dans les affaires qu'il
pourra traiter encore avec lui. L'aménité, qui fait le
fond de son caractère, ne peut manquer de lui attirer aussi la considération et l'attachement des naturels. Nul doute que la loyauté avec laquelle tous les
Français seront disposés à se porter aux affaires, ne
leur assure la bienveillance générale, et par suite
l'espoir des avantages commerciaux.

Le prince, sur la première demande que je lui ai
faite, n'a pas hésité à accorder ici un domicile au
petit nombre de Français qui doivent y résider : l'un
est mon neveu et mon chancelier, M. Eugène-Louis
Chaigneau, qui fera ses efforts pour obtenir la considération qu'on doit à des agents du roi, quels qu'ils
puissent être ; M. P. Diard, jeune naturaliste français qui, depuis plusieurs années, a parcouru le
Bengale et les isles de Sumatra et Java, ayant pris
passage à Batavia sur le navire qui me portait en
Cochinchine, se détermine à rester dans ce pays,
pour y explorer l'histoire naturelle, et s'est livré
déjà à des travaux qui ne peuvent manquer d'avoir
d'heureux résultats. Enfin M. Auguste Borel, conjointement avec son jeune frère, représentera ici la

maison de commerce de MM. Balguerie, Sarget et
Cⁱᵉ; et en soignant les intérêts de ses commettants,
se rendra utile, autant qu'il dépendra de lui, à ceux
de tous les Français que le commerce attirera dans
ce pays.

C'est avoir obtenu bien peu sans doute en raison
de ce que nous devons désirer d'obtenir; mais de
plus grandes faveurs suivront peut-être ces légères
concessions; il est indispensable pour y parvenir,
que l'esprit du roi ne se laisse pas dominer par des
craintes qui influent journellement sur ses décisions.

Je crois devoir appuyer encore ici plus spécialement sur ce qui a rapport aux droits d'ancrage et
développer ce qu'en dit le roi dans la réponse qu'il
fait à S. M. Louis XVIII.

Ce prince sait jusqu'où s'étendent la puissance et
la domination des Anglais dans l'Inde; son père,
sans les redouter, s'en méfiait beaucoup, et a fait
part de sa défiance à son fils chez qui elle a pris une
augmentation peut-être fondée. Or, en accordant
ouvertement à la France, par un traité quelconque,
des exemptions de droits ou d'ancrage pour ses bâtiments ou des faveurs quelconques pour son commerce, il craint d'attirer sur lui l'attention de l'Angleterre et d'exciter une rivalité qui pourrait lui
devenir fatale.

C'est là, je pense, l'unique motif qui s'oppose aux
épanchements du roi sur ses véritables sentiments
pour la France, et je dois supposer qu'il s'en est
expliqué devant quelques-uns de ses mandarins qui
m'ont affirmé la chose, en me disant que le roi était
particulièrement bien disposé en ma faveur, suivant
ce qu'il leur avait plusieurs fois déclaré lui-même.

J'espère le trouver, à son retour du Tonquin, d'un abord plus facile, et je m'empresserai alors de saisir toutes les occasions qui se présenteront d'en obtenir quelque chose de favorable aux intérêts de la France. Dans ces derniers temps, où je l'ai toujours vu préoccupé et livré à des idées étrangères à mon objet, j'ai cru devoir ménager son caractère ; et j'aimerai mieux mériter le reproche d'avoir agi trop prudemment dans cette circonstance, que d'avoir mis obstacle, par trop de précipitation, à l'espoir de voir un jour les affaires prendre une tournure moins défavorable.

Je ferai constamment mes efforts pour exciter et maintenir, dans l'esprit du prince, les sentiments qui pourront assurer à la France les faveurs qu'elle vient implorer par mon organe ; si, d'un autre côté, le gouvernement français juge convenable de protéger les opérations qui se dirigeront vers la Cochinchine, et qui semblent réclamer, au moins pour quelques années, son assistance et des privilèges particuliers ; si les commerçants sont de quelque manière, dédommagés des charges que leur imposent une navigation si lointaine et des spéculations encore douteuses, alors on pourra compter sur la stabilité des relations réciproques, devenues de part et d'autre plus avantageuses, et atteindre par conséquent le but où tendent nos vœux et nos travaux les plus assidus.

Le retour des ambassadeurs cochinchinois envoyés près de l'Empereur de Chine pourra faire rapporter ici des nouvelles intéressantes concernant ce vaste empire, où il paraît que des altercations ont eu lieu entre les habitants de Canton, soutenus de l'autorité, et quelques équipages anglais. Je me propose

ultérieurement d'en donner communication à Votre
Excellence, dès que les faits me seront rapportés
plus officiellement.

Les troubles survenus à Manille, il y a un an, et
dont Votre Excellence ne peut manquer d'être instruite puisqu'il s'y trouvait alors des bâtiments
français, seraient totalement apaisés, si l'on en croit
ce que mandent ici des négociants de ce pays-là. Il
paraît qu'on y a pris les mesures nécessaires pour
assurer à l'avenir la tranquillité du public, et la
sécurité pour les affaires du commerce. Cependant,
suivant les rapports que m'en a fait le capitaine du
navire le *Larose*, les étrangers sont encore dans le
cas de recourir aux précautions de la prudence la
plus sévère, pour être à l'abri de toute crainte;
surtout ceux qui prennent à terre un domicile pour
la nuit, doivent agir avec la plus grande circonspection.

L'état sanitaire et politique de l'île Java, et de
Batavia, pendant le court séjour que j'y ai fait,
n'était rien moins que satisfaisant pour les Hollandais; depuis un an, disait-on, la maladie habituelle
du pays y avait fait de grands ravages; et malgré
que son influence fût devenue beaucoup moindre,
j'ai vu moi-même des exemples très répétés de ses
cruels effets. Je crois devoir rendre hommage à la
sage prévoyance de MM. Balguerie, Sarget et Cⁱᵉ et
aux soins vigilants de M. Hardy, capitaine de leur
navire, qui, au milieu de plusieurs équipages plus
ou moins infectés de maladies, a conservé tout le
sien en aussi bon état qu'au départ de France.

Cependant, au milieu des malades et des mourants, les Hollandais ne laissaient pas de faire de
grands préparatifs pour une troisième expédition

contre le sultan de Calimban, et se flattaient qu'elle aurait une meilleure issue que les deux premières. J'ai vu se réunir à Batavia une partie de leurs forces navales, et toutes les troupes destinées à opérer le débarquement. Il paraît que les sujets du sultan, encouragés par leurs premiers succès, et soutenus par de forts approvisionnements d'armes d'Europe, étaient devenus pour les Hollandais des puissants adversaires. Ceux-ci donc, malgré leurs forces beaucoup plus grandes qu'aux deux autres expéditions, ne pouvaient être sans quelques craintes.

Le capitaine du navire le *Larose*, arrivé depuis peu de jours de Manille, m'apprend qu'il a su là que les Hollandais avaient réussi au gré de leurs désirs à l'exécution de leurs projets. Il a vu arriver à Manille il y a un mois, le navire français le *Jean Jacques*, de Bordeaux, parti à la fin de janvier dernier et venant de Batavia, où il avait appris le succès des Hollandais.

La Cochinchine ne laisse en ce moment aucun doute sur la salubrité ni l'influence de quelque maladie contagieuse que ce soit. Le climat est sain par lui-même, et les naturels n'y sont sujets qu'à des affections dartreuses ou galeuses très répandues, qui ne sont dues qu'à leur négligence et à leur excessive malpropreté.

Tel est le rapport exact que m'ont dicté les conjonctures où je me suis trouvé jusqu'à ce jour, et que j'adresse à Votre Excellence en le priant de l'accueillir favorablement.

J'ai l'honneur d'être, etc., etc.

Le Consul de France en Cochinchine,

J.-B. CHAIGNEAU.

XXXVIII

19 octobre 1821.

A Son Excellence le Ministre de l'Intérieur [1].

Ayant pris congé de Votre Excellence vers la fin du mois de novembre dernier, je m'embarquai pour cette destination où je me trouve bien arrivé depuis le 17 mai. Je suis déjà informé que Votre Excellence a bien voulu mettre à exécution la promesse dont elle m'avait flatté pour deux places dans un collège, en faveur de mes deux fils restés en France. J'ai su que vous avez daigné les admettre au collège royal de Pontivy, et je prie Votre Excellence d'agréer à ce sujet l'expression de ma bien vive gratitude.

Je crois devoir informer Votre Excellence que M. DIARD [2], naturaliste, parti de France, il y a quelques années, se trouvant à Batavia au moment où j'y suis passé sur le navire le *Larose*, a profité de cette occasion pour venir dans ce pays, et tâcher d'y faire quelques recherches fructueuses. Ce jeune homme, à ce qu'il paraît, s'est depuis son départ livré sans relâche à l'étude la plus assidue dans les pays qu'il a visités, et n'est pas sans avoir fait quelques rencontres heureuses. L'isle de Java, surtout, l'a rendu possesseur de quelques nouveautés curieuses qui doivent être parvenues au Muséum à Paris. Sans doute la Cochinchine ne peut manquer aussi d'objets inconnus dans les trois règnes ; et l'on ne peut douter que M. Diard n'en découvre quelques-

---

1. Copie.
2. Il a été l'objet d'un travail de M. Brébion.

uns, mais il est fort difficile dans le pays, d'obtenir pour les Européens de voyager dans l'intérieur du royaume et hors des routes ordinaires. Ces difficultés pourront apporter beaucoup d'entraves aux succès de ses travaux, qui, sans cela, devraient avoir les plus heureux résultats.

L'envoi que Votre Excellence me fit faire, avant mon départ d'une boîte contenant du virus-vaccin, avait éprouvé en route une humidité qui lui enleva sa propriété variolique. J'ai bien regretté que la précipitation de mon départ de Bordeaux ne m'ait pas permis de recevoir un nouvel envoi dont j'avais fait la demande à Votre Excellence.

Du moins en passant à Batavia ai-je pu m'en procurer un peu et, tout mauvais qu'il fût, on était enfin parvenu à en faire prendre sur quelques sujets. M. LE FORT, médecin du navire le *Larose*, aidé de M. Diard, a donné tous ses soins à le propager dans les quartiers où se trouvait mouillé ce navire, et j'ai veillé moi-même longtemps à ce que cet heureux antidote ne fut pas négligé dans les parages que j'habite. Après quelques succès assez répétés sur bon nombre de personnes, nous étions réduits à voir manquer absolument le vaccin. Cela provient toujours de la négligence des parents des vaccinés ou des vaccinés eux-mêmes, qu'il est impossible de revoir aux jours où il convient d'enlever le virus.

Le capitaine du *Larose*, nouvellement arrivé de Manille, m'apprend que son chirurgien s'en est procuré, et je vais tâcher de le répandre sur divers points pour mieux assurer sa propagation.

Peut-être ici pouvons-nous espérer de nous procurer ce virus par la voie de Macao. Ces raisons m'ont déterminé à ne point faire de demande à

Votre Excellence pour un envoi que la grande distance rendrait problablement sans effet.

Permettez-moi, Monseigneur, de terminer en recommandant à votre bienveillance, mes deux jeunes fils que vous avez bien voulu déjà faire jouir des bienfaits du roi, et d'en solliciter pour eux la continuation auprès de Votre Excellence.

Daignez agréer, etc.

XXXIX

Hué, Cochinchine, le 20 octobre 1821.

N° 3 *bis*.

A Monsieur le Sous-Secrétaire d'État au département des Affaires étrangères, à Paris[1].

Monsieur,

J'ai eu l'honneur, avant mon départ de France, de vous informer combien j'ai pris part aux marques de confiance que Sa Majesté, aimant toujours à récompenser le vrai mérite, venait de vous accorder; et combien je me félicitais particulièrement d'être appelé, par mes nouvelles fonctions dans ce pays, à correspondre avec vous sur plusieurs points qui en dépendent.

La comptabilité de l'Agence remise à mes soins, devant spécialement faire partie de la correspondance que j'aurai l'honneur de suivre avec vous, Monsieur, vous me permettrez de recourir à vos bons avis et d'attendre vos ordres avant de produire au Ministère de l'État quelques dépenses extraordi-

_____

1. Rép. le 22 juin 1822. — L. signée.

naires qu'ont nécessitées mes premières démarches auprès des autorités de ce pays.

Vous n'ignorez pas, Monsieur, que l'offre de quelques présents est, en Cochinchine, même parmi les particuliers les moins fortunés, un usage de rigueur et qu'on ne saurait s'en dispenser lorsqu'on traite quelque affaire que ce soit.

D'après ces considérations, que j'ai l'honneur de rappeler à Son Excellence le Ministre dans les notes que je lui soumets, j'ai jugé qu'il était convenable de me munir, avant mon départ, des objets qui devraient convenir le mieux aux personnes distinguées du pays, auxquelles je puis avoir recours pour l'objet de ma mission. Le mandarin des étrangers, le gouverneur de la province et quelques autres, semblaient surtout par leur rang élevé et leur grand pouvoir à la cour, mériter des offrandes de quelque valeur, et je n'ai point balancé à les leur faire, pensant bien qu'ils m'en témoigneront leur reconnaissance en s'employant à servir les intérêts des Français en ce qui dépendra d'eux. J'ai fait aussi pour cet effet quelques achats d'objets choisis dans la cargaison du *Larose* et fort prisés par les mandarins.

Mais ayant pris sur moi de faire l'achat de ces objets, sans savoir d'ailleurs si vous voudrez bien approuver que je produise dans mes comptes cette dépense et celles de la même nature qui pourraient se reproduire par suite, je viens solliciter votre autorisation avant d'en faire mention dans ma comptabilité. Je désire bien aussi savoir de vous-même, Monsieur, s'il conviendra que j'y fasse paraître le montant de l'achat ou des loyers d'une maison que j'ai dû me procurer à mon arrivée dans ce pays.

Je n'ai, outre les deux articles que je viens de citer, aucun remboursement à attendre du Ministère, si ce n'est celui de quelques fournitures de bureaux dont j'ai fait l'emplette en France, et dont la somme est trop modique pour que j'en dresse l'état en particulier.

Son Excellence le Ministre et vous-même, Monsieur, voudrez peut-être excuser les demandes de ces renseignements et autres que je pourrai vous faire ; du moins deviennent-elles plus excusables après le long séjour que j'ai fait en Cochinchine, étranger à toutes nos formalités.

J'espère du moins que mon zèle et mon exactitude à me conformer à mes instructions qui seront mes seuls guides, lèveront les difficultés qu'aurait pu causer l'ignorance de certains usages.

Veuillez agréer, Monsieur, etc.

Le Consul de France en Cochinchine,

J.-B. Chaigneau.

XL

20 octobre 1821.

A Son Excellence le Ministre de la Marine[1].

Après avoir quitté Bordeaux le 28 novembre 1820, je m'embarquai, suivant l'avis que j'avais eu l'honneur de participer à Votre Excellence sur le navire le *Larose*, armé par MM. Balguerie, Sarget et Cie et me trouvai en mer le 1er décembre. Le vaisseau fit voile pour Batavia, où il mouilla le 7 avril suivant,

---

1. Copie.

sans avoir éprouvé d'autres contrariétés que quelques calmes ou vents défavorables. Durant le cours de cette traversée, on n'a reconnu qu'une fois le pavillon français, vers le cap de Bonne-Espérance ; mais la différence des routes respectives du *Larose* et du navire en vue, dans ces parages critiques, ne permit point de se rapprocher assez de ce dernier pour le reconnaître ou pour savoir le lieu de sa destination.

L'état sanitaire et politique de l'île Java, et de Batavia surtout pendant le court séjour que j'y ai fait, n'était nullement satisfaisant pour les Hollandais. Depuis un an, disait-on, la maladie habituelle y avait fait d'affreux ravages, et malgré que son influence fût devenue beaucoup moindre, je fus témoin moi-même d'exemples très fréquents de ses cruels effets.

Cependant au milieu des mourants et des morts, les Hollandais ne laissaient pas de faire de grands préparatifs pour une troisième expédition contre le sultan de Palimbam, et se flattaient qu'elle aurait une meilleure issue que les deux premières. J'ai vu se réunir à Batavia une partie de leurs forces navales, et toutes les troupes destinées à opérer le débarquement. Il paraît que les sujets du Sultan, encouragés par leurs premiers succès et soutenus par de forts approvisionnements d'armes d'Europe, étaient devenus pour les Hollandais de puissants adversaires. Ceux-ci donc, quoiqu'ils fussent beaucoup, ne pouvaient être sans quelques craintes ; le capitaine du *Larose*, arrivé depuis peu de Manille, m'apprend qu'il a su là que l'expédition des Hollandais leur a complètement réussi ; il a vu arriver à Manille, il y a un mois, le navire français le *Jean-Jacques*, parti de Bordeaux à la fin de janvier dernier, et venant de

Batavia, où son capitaine a appris le succès des Hollandais.

Les troubles survenus à Manille, il y a un an, et dont Votre Excellence ne peut manquer d'être instruite, puisqu'il s'y trouvait des navires français, seraient aujourd'hui totalement apaisés si l'on en croit ce que mandent les négociants de ce pays-là, mais les rapports du capitaine du *Larose* semblent être en opposition à l'égard de plusieurs circonstances.

L'état de choses actuel en Cochinchine n'offre à la France et à son commerce qu'une perspective peu favorable ; mais peut-être est-il encore permis d'entrevoir dans l'avenir une situation plus heureuse. Je m'en flatte du moins, et c'est là ce qui me détermine à tenter encore quelques négociations auprès du roi. L'empereur Gialong, mort peu de temps après mon départ pour la France, se trouve depuis cette époque remplacé par son fils ; mais il s'en faut beaucoup qu'il ait été remplacé à l'égard des Français. Le nouveau prince, jeune encore et ébloui peut-être de sa puissance, a donné jusqu'à ce jour ses premiers soins à des choses fort indifférentes. Il a opéré des changements que n'approuvent aucun des anciens mandarins de son père, en disgraciant les plus zélés serviteurs de l'ancien roi, et appelant à leurs places ses agents particuliers et même ses anciens domestiques dont il s'est fait des sujets dévoués. Il affecte du reste de ménager le peuple ; mais s'occupe réellement de ses plaisirs privés plus que de l'intérêt général. Depuis plusieurs mois, il veille à ce qu'on prépare avec pompe la suite qui va l'accompagner dans un voyage au Tonquin, où il va être sacré et reconnu par les ambassadeurs de l'empereur de

Chine. Tous ces préparatifs dont il se fait des affaires fort importantes, ne contribuent pas peu en ce moment à le détourner de toute décision favorable qu'il eût pu prononcer en faveur de la France. Je compte, à son retour du Tonquin, le trouver plus traitable, et j'attends tout d'une bonne occasion pour en obtenir quelque chose. Son caractère exige tous ces ménagements, et j'ai jugé plus convenable en ce moment d'agir de prudence que de trop brusquer les choses.

Le retour des ambassadeurs cochinchinois de Chine pourra procurer ici quelque connaissance certaine de l'état présent de la Chine, tant à l'intérieur qu'en ce qui concerne ses relations politiques.

Je m'empresserai, dans ce cas, d'en dresser communication à Votre Excellence, et de la tenir instruite plus spécialement de ce qui pourra concerner les relations politiques ou commerciales entre la France et ce pays-ci.

XLI

21 octobre 1821.

A Son Excellence le Ministre de la Marine[1].

Le 16 juin dernier, le brick la *Constance*, capitaine A. Doret, ex-officier de la marine royale et chevalier de la Légion d'honneur, est arrivé en Cochinchine et a mouillé à l'embouchure de la rivière qui conduit à cette capitale. Ce navire venait des Iles de France et Bourbon qu'il avait quittées le 12 mars précédent, et se trouvait muni d'expéditions délivrées dans le premier lieu, et signées par le consul M. Kbalanec.

1. Copie.

Il était aussi muni d'un acte de francisation. J'ai cru devoir accueillir ce navire comme expédié d'un établissement français, et le faire jouir, autant qu'il a dépendu de moi, des faveurs qui sans doute seront réservées ici aux bâtiments français expédiés en bonne forme. Ce navire était, depuis le *Larose*, le premier qui eût paru sur ces bords, et la seule reconnaissance de son pavillon lui a procuré l'exemption des droits d'ancrage.

Le capitaine Doret était porteur d'un contrat avec le roi que lui avait cédé M. L. Rey, capitaine du *Henry ;* mais il n'en avait que fort mal rempli les clauses. Il avait apporté dans ce pays une cargaison dont la moindre partie ne pouvait se placer sans beaucoup de peine, étant composée presque uniquement d'objets dont l'usage est ici méconnu ou dont les prix étaient fort élevés. Induit sans doute dans une erreur grossière par quelqu'un qui n'avait point connaissance des affaires praticables en Cochinchine, il n'en a fait que de pitoyables. Sans avoir égard aux lois de la justice, il prétendait concourir avec la cargaison du navire le *Larose* composée en France avec le plus grand soin et d'objets recommandés à un précédent voyage.

M. Doret s'est plaint très amèrement de ce que les affaires du *Larose* éprouvassent moins de difficultés que celles de son navire, et attribuait en partie les obstacles qu'il a rencontrés au refus de la protection que je lui devais. Je dois donc informer Votre Excellence que j'ai agi dans les intérêts de ce capitaine, autant qu'il a dépendu de moi, et que j'agirai toujours à l'égard de tous les Français avec l'impartialité que je dois apporter aux fonctions dont le roi m'a revêtu. Mais l'exigence de M. Doret, et la difficulté qu'éprouvait son caractère de se soumettre aux usages de ce pays, a pu seule accroître celles qui ont entravé son opération.

XLII

27 octobre 1821.

A son Excellence le Ministre de la Marine [1].

Au moment du départ du brick, la *Constance*, capitaine A. Doret, au sujet duquel j'ai eu l'honneur d'écrire à Votre Excellence sous la date du 21 de ce mois, trois des matelots indiens faisant partie de son équipage, avaient pris la fuite et s'étaient enfoncés dans les terres. Le capitaine, en me donnant avis de la désertion de ces hommes, m'en a fait la réclamation dans les termes les plus pressants. Je les ai fait en conséquence poursuivre et rechercher avec soin, et après deux jours de désertion, ils furent ramenés vers la baie de Touranne où ils avaient quitté le navire.

Mais le capitaine Doret, oubliant sans doute la réclamation qu'il m'avait faite, ou commandé par le temps et les circonstances, avait gagné le large sans attendre le retour de ces matelots. Ils ont été détenus pendant quelques jours ; mais le roi ne voulant pas les garder à sa charge, les a remis à ma discrétion comme provenant d'un navire français, en témoignant le désir qu'ils ne restent pas dans le pays.

Le brick la *Constance* ayant fait voile pour Batavia, lieu de première destination du *Larose*, il est probable que ces deux navires s'y retrouveront, le

1. Copie.

premier devant être depuis son départ contrarié par
les vents de contre-mousson.

Dans cette conjoncture j'ai prié le capitaine Hardy
de se charger jusqu'à Batavia des trois déserteurs en
question ; et d'en faire la remise à leur capitaine,
s'il y est encore ; et dans le cas contraire, à tout autre
navire que ce soit. Ce capitaine n'a pas hésité de se
rendre à mes propositions, et prendre à son bord ces
Indiens, ne tenant compte de leur passage que par
les services qu'ils pourront rendre à bord.

Mais si, contre son attente et ma propre espérance,
le capitaine Hardy se voyait réduit à emmener en
France ces matelots dont il n'a nul besoin, je l'ai
autorisé à recevoir au bureau de la marine, à
Bordeaux, une somme de quatre-vingt centimes par
jour pour chaque homme depuis le jour de son
embarquement en Cochinchine jusqu'à celui du
débarquement.

Je donne avis à M. le Commissaire Général de la
marine, à Bordeaux, du certificat dont sera porteur le
capitaine Hardy, mentionnant les clauses de l'embarquement des trois hommes susdits à bord de son
navire.

XLIII

30 octobre 1821.

*A M. le Commissaire Général de la Marine,
à Bordeaux*[1].

J'ai l'honneur de vous informer que j'ai fait
embarquer à bord du navire le *Larose*, capitaine
Hardy, trois hommes provenant de l'équipage du

1. Copie.

brick français la *Constance*, capitaine Doret, arrivé dans ce pays le 16 juin dernier, et reparti le 25 septembre. Ces hommes avaient déserté, et pendant qu'ils s'étaient enfoncés dans les terres, ils m'ont été réclamés par le capitaine. J'ai apporté les plus grands soins à les faire rechercher, et ils ont été saisis deux jours après leur désertion ; mais le capitaine Doret se trouvant prêt à appareiller au moment où ces hommes lui avaient manqué, avait profité d'un vent favorable et avait déjà gagné le large lorsqu'on lui ramena ses déserteurs.

L'équipage de ce brick, dont l'armateur est établi dans l'Inde, se trouvait composé de sept Français et de huit Indiens ; ce sont trois de ces derniers dont il est question ; après leur saisie, ils ont été quelques jours détenus en prison ; mais ils m'ont été ensuite remis comme provenant d'un navire français ; et je crois devoir les retirer de ce pays par l'occasion présente. Le capitaine Hardy, malgré qu'il ait encore son équipage en fort bon état, veut bien recevoir comme prix du passage de ces trois matelots, mais d'ici Batavia seulement, les services qu'ils pourront rendre à bord de son navire. Il espère là pouvoir les remettre à leur capitaine à bord de la *Constance* ou à tout autre navire que ce soit.

Mais si, contre son attente, et ma propre espérance, le capitaine était réduit à emmener ces Indiens jusqu'en France, il a été convenu, conformément à la circulaire de S. Ex. du 12 mai 1817, qu'il devra lui être alloué par votre bureau une indemnité de quatre-vingt centimes par jour, pour chaque homme, depuis le jour de leur embarquement, constaté dans un certificat dont M. Hardy sera porteur, jusqu'à celui du débarquement.

XLIV

N° 4.

Tourane, 5 novembre 1821.

*A Son Excellence Monseigneur le Ministre des
affaires étrangères, à Paris*[1].

Monseigneur,

Conformément aux avis que je donnais à Votre Excellence dans les notes que j'ai eu l'honneur de lui adresser de Hué, dans le courant du mois dernier, je lui remets ci-joint le connaissement d'une lettre remise à son adresse à bord du navire le *Larose* par S. Ex. le mandarin des étrangers en Cochinchine, ainsi que quelques objets de présent qui l'accompagnent, le tout destiné à parvenir ensuite à Sa Majesté Louis XVIII.

Le roi de Cochinchine a jugé convenable de n'envoyer en France que des produits de son pays, comme on en pourra juger par l'ensemble des objets que mentionne le connaissement.

Je donne avis à MM. Balguerie, Sarget et Cie de Bordeaux, armateurs du navire le *Larose*, de vouloir en faire retirer les objets susdits, confiés provisoirement au capitaine, et d'attendre à leur égard les ordres de Votre Excellence.

Daignez agréer, monseigneur, etc.

Le Consul de France,

J.-B. Chaigneau.

1. Rép. le 27 juin 1822 — L. s.

XLV

N° 5.

Tourane, 10 mars 1822.

A Son Excellence le Ministre des Affaires étrangères,
à Paris [1].

MONSEIGNEUR,

En confirmant à Votre Excellence les lettres que j'ai eu l'honneur de lui adresser en novembre dernier, par le navire le *Larose*, de Bordeaux, j'ai aujourd'hui celui de vous informer que le 28 février, la frégate de S. M., la *Cléopâtre*, commandée par M. Courson de la Ville Hélio, est venue mouiller dans cette baie. Ce commandant m'en ayant donné avis le jour même, ainsi que du désir particulier qu'il avait de saluer l'empereur, en qualité de capitaine des vaisseaux du roi de France, j'en ai fait sur-le-champ la demande à l'empereur dont je n'ai obtenu qu'une réponse peu favorable. Il paraît que, malgré les soins que j'ai apportés à convaincre ce souverain des intentions pacifiques du gouvernement français, et quoiqu'il ait paru deux fois particulièrement flatté de ce que les navires du commerce vinssent visiter ses ports, une sombre méfiance l'agite encore, et lui laisse probablement des doutes sur le but des relâches d'un navire du roi. Cette méfiance est d'autant plus nuisible en ce moment au progrès et à l'extension des relations réciproques, qu'il n'est, je crois, aucun moyen de la dissiper promptement.

Les avantages qui devraient résulter des faveurs à obtenir par les voies d'insinuation et de ménagements, sont peut-être trop considérables, pour qu'on

1. Rép. le 7 décembre 1822. — L. s.

ne donne pas les plus grands soins à l'emploi de
quelques mesures plus efficaces que celles adoptées
jusqu'à ce jour. Peut-être aussi l'emploi bien combiné de quelques fonds destinés à captiver la bienveillance des principaux dignitaires du pays produi-
rait-il quelque heureux effet, comme déjà nous avons
pu nous en convaincre. Au reste, la position un peu
équivoque où je me trouve, par suite de ma qualité
de mandarin, m'empêche d'agir avec un caractère qui
serait plus convenable à un autre chargé d'affaires
autorisé à agir d'une manière plus convenable au
moyen de pouvoirs plus spéciaux. En parlant de la
sorte, je prie Votre Excellence de demeurer convain-
cue que je ne persisterai pas moins dans le désir
d'améliorer les choses en tout ce qui dépendra de
moi ; mais je dois lui faire connaître les idées que
m'inspireront toûjours le bien général et l'intérêt
du commerce en particulier. Au surplus, ce que j'ai
l'honneur de lui exposer est parfaitement d'accord
avec ce que j'ai pu énoncer antérieurement, et j'ose
me permettre d'attendre à cet égard vos avis sans
improbation.

Daignez agréer, Monseigneur, etc.,

Le Consul de France en Cochinchine,

J.-B. CHAIGNEAU.

XLVI

10 mars 1822.

A Son Excellence le Ministre de la Marine[1].

Donné avis, de Tourane, à Son Excellence de l'arrivée de la frégate de S. M la *Cléopâtre*, commandée

1. Copie.

par M. le chevalier de Courson de la Ville-Hélio, le
2 du présent mois, venant des Moluques, Manille et
Macao, et se dirigeant par Malaca vers Pondichéry.
Le commandant me chargea de demander pour lui
au roi la permission de venir à Hué lui présenter ses
hommages. Mais S. M. n'ignorant pas combien était
prochain le renversement de la mousson de N. E.,
m'a chargé de le remercier et de l'engager à poursuivre sa route. Ce que fit de suite cet officier, après
m'avoir accueilli deux ou trois jours à bord de la
frégate où je m'étais rendu pour le visiter.

XLVII

N° 3.

Paris, le 27 juin 1822.

M. Chaigneau, Agent et Consul de France en Cochinchine[1].

J'ai reçu, Monsieur, les dépêches que vous avez
adressées à mon ministère jusqu'au n° 4 inclusive-
ment, ainsi que celle que vous avez écrite à M. de
Rayneval le 20 octobre dernier.

J'ai lu avec beaucoup d'intérêt les notes contenues
sous le n° 1.

La lettre dont vous annoncez l'envoi et dont vous
trouverez ci-joint la traduction, n'est point, ainsi que
vous le supposiez, une réponse de l'empereur ; elle est
écrite par le mandarin commandant des éléphants
de guerre à un des Ministres du roi. Ce procédé n'aurait dû paraître qu'extrêmement inconvenant, si on
avait pu l'attribuer à une autre cause qu'à une mé-
prise résultant de l'ignorance où la cour de Cochin-

---

1. Minute.

chine est de la langue française et qui ne lui a pas permis de prendre connaissance de la lettre que vous avez été chargé de lui remettre. Le gouvernement du roi n'a pas cru en conséquence devoir s'y arrêter et S. M. a agréé les présents qui lui ont été offerts.

La mort de l'empereur Gia-long est un incident malheureux qui paraît avoir rendu votre position moins favorable ; mais j'espère que cet effet n'aura point été de longue durée. Je ne doute pas que votre expérience et votre habileté ne vous aient promptement mis à même de vous concilier la faveur du nouveau souverain et que vous ne vous soyez ainsi trouvé en état de poursuivre avec succès la négociation qui vous est confiée. La permission que ce prince s'est empressé de donner à quelques Français de s'établir dans ses États semble à cet égard d'un augure favorable pour l'avenir. D'ailleurs les demandes que nous formons sont d'une nature si modérée qu'il vous aura probablement été facile, aussitôt que vous aurez eu trouvé la possibilité de traiter de semblables affaires, de détruire dans l'esprit de l'empereur toute incertitude sur la pureté de nos intentions et de le convaincre que les relations que nous cherchons à établir avec son pays ne peuvent qu'être également utiles aux deux peuples et qu'il est de son intérêt comme du nôtre de les voir prospérer. Dans le cas où l'expérience qu'il en a faite ne lui aurait pas suffisamment démontré les inconvénients des spéculations commerciales auxquelles il paraît disposé à se livrer pour son propre compte, vous ne devriez pas manquer de lui présenter toutes les considérations qui doivent le porter à y renoncer. Du reste, il ne me paraît nécessaire d'apporter aucun changement aux instructions que vous avez reçues

en partant de France et je vous invite à vous y conformer exactement.

Vous ne devez négliger aucun moyen de vous ménager l'amitié des personnes qui ont de l'influence
sur l'empereur, et puisque vous pensez qu'il peut
être utile d'employer quelques présents pour parvenir à ce but, je vous autorise à disposer annuellement jusqu'à la concurrence de 4,000 francs, tant
pour cet objet que pour toutes les autres dépenses
que vous seriez dans le cas de faire dans l'intérêt
du service. Cette somme vous sera remboursée sur
les états que vous en fournirez à mon Ministère, à
la fin de chaque trimestre. Je vous ferai observer
que vous ne devrez porter sur ces états aucune
dépense qui, comme celle de votre loyer et de vos
fournitures de bureaux, au sujet desquelles vous
me consultez dans votre dépêche du 20 octobre dernier, vous sont propres et restent à votre charge.

J'ai été surpris de l'opinion que vous émettez sur
la nécessité de limiter le nombre de nos expéditions
pour la Cochinchine. Elle semble, au premier abord,
en contradiction avec l'extension que nous désirons
donner à nos relations commerciales avec cet
empire ; je vous engage en conséquence à me soumettre les considérations qui vous ont porté à
l'adopter, ainsi que les faits sur lesquels elles s'ap-
puient.

J'ai communiqué aux Ministres des finances et de
l'intérieur vos observations sur l'élévation des droits
qui pèsent sur les marchandises provenant de la
Cochinchine à leur introduction en France.

J'ai lu avec intérêt les nouvelles que vous m'avez
transmises sur Manille et Java. Je vous serai obligé
de continuer à m'adresser avec exactitude tous les

détails qui viendront à votre connaissance sur ces
pays et sur les autres contrées qui vous avoisinent.

Je désire que vous portiez une attention particulière sur la Chine et sur les facilités que nous pourrions rencontrer à établir un entrepôt des marchandises de cet empire dans le pays que vous habitez ;
la proximité des deux États et les relations qui existent déjà entre eux paraissent favorables à l'exécution
de ce projet. Cet objet n'est pas un des moins importants que nous ayons à nous proposer dans la formation d'un établissement en Cochinchine. Je vous
invite en conséquence à me fournir tous les renseignements convenables sur la manière dont ce commerce indirect devrait se faire et sur son importance
probable.

J'ai été très sensible à l'assurance que vous me
donnez des bons sentiments qui animent M. Vannier
et qui le portent à seconder vos efforts. Je vous prie
de lui en témoigner toute ma satisfaction.

Je crois superflu, Monsieur, de vous recommander
de ne laisser échapper aucune occasion de me faire
parvenir de vos nouvelles.

Agréez, etc.

XLVIII

N° 4.

Paris, le 27 juin 1822.

M. Chaigneau, Agent et Consul en Cochinchine[1].

J'ai l'honneur de vous adresser, Monsieur, une
lettre qui vous est écrite par M. Rémusat, membre

---

1. Minute.

de l'Institut et secrétaire de la Société asiatique. Je verrais avec plaisir que vous pussiez être utile à l'objet des recherches de ce savant.

Agréez, etc.

XLIX

N° 6.

Hué, Cochinchine, le 15 octobre 1822.

A Monsieur le Sous-Secrétaire d'État au département des affaires étrangères à Paris[1].

MONSIEUR,

J'ai eu l'honneur de vous écrire l'année dernière à cette époque par le navire français le *Larose*, et je l'aurais fait depuis lors si je n'avais totalement manqué d'occasions. Je me bornerai, dans cette lettre, à vous faire savoir qu'une ambassade expédiée, par M. le gouverneur général du Bengale, vient d'être dirigée sur ce point, et que M. l'ambassadeur, après avoir sollicité du roi des liaisons de commerce pour les nationaux qu'il représente, va reprendre la mer sous peu de jours pour effectuer son retour au Bengale et rendre compte de sa mission en Cochinchine et à Siam, où il a passé précédemment quatre mois.

Cette occasion m'a paru convenable pour vous adresser une lettre où la prudence ne confie au papier aucun détail qui puisse compromettre les intérêts français ou favoriser ceux de nos rivaux dans ce pays.

Veuillez, monsieur, donner à Son Excellence la communication de la présente, et l'informer que je

1. Rép. le 11 décembre 1823. — L. s.

me réserve de lui donner plus ample connaissance
des faits par un moyen plus direct, dès qu'il viendra
à se présenter.

Je dois recommander à votre bienveillance mon
neveu et chancelier, M. Eugène-Louis Chaigneau,
qui a l'honneur de vous écrire lui-même aujourd'hui
relativement à ses intérêts, et vous supplier conjointement avec lui de vouloir faire droit à sa
demande.

Agréez, je vous prie, monsieur, etc.

Le Consul de France en Cochinchine,

J.-B. CHAIGNEAU.

L

Nº 5.

Paris, le 7 décembre 1822.

*M. Chaigneau, Consul et Agent de France
en Cochinchine[1].*

J'ai reçu, Monsieur, la lettre que vous m'avez fait
l'honneur de m'écrire le 10 mars dernier.

Je n'y ai point trouvé des détails aussi étendus
que je les aurais désirés sur l'état de nos affaires
dans le pays où vous résidez ; la rareté de vos moyens
de communication avec la France exige cependant
que vous ne laissiez échapper aucune occasion de me
faire parvenir toutes les informations qui sont de
nature à intéresser le gouvernement de S. M. et qu'il
attend de vous.

J'ai d'ailleurs vu avec peine, d'après ce que vous
me mandez, et le refus fait par l'empereur de Cochin-

____
1. Minute.

chine d'admettre en sa présence M. le Commandant de la frégate du roi la *Cléopâtre*, que vous n'étiez point encore parvenu à dissiper dans l'esprit de ce prince, à l'égard de la France, le sentiment de méfiance qu'il porte aux étrangers en général et dans lequel pour tant de motifs il ne devrait point nous comprendre. Je ne doute pas cependant, ainsi que je vous en ai renouvelé la recommandation par ma dépêche du 27 juin de cette année, que vous ne lui ayez présenté, aussi bien qu'à ses ministres, toutes les considérations capables de l'éclairer sur nos intentions tout à fait pacifiques et bienveillantes envers lui et ses sujets. L'apparition d'un armement français dans la baie de Tourane paraît n'avoir point produit un effet aussi avantageux sur ses dispositions qu'on aurait pu l'attendre. Mais, d'un autre côté, vous ne me dites pas que vous vous soyez appliqué à lui faire connaître le véritable but du voyage de ce bâtiment et vous ne me dites pas non plus si de telles expéditions sont positivement une chose désagréable pour le gouvernement cochinchinois, et s'il nous convient d'y renoncer pour quelque temps.

La réunion dans votre personne du titre de mandarin avec le caractère d'agent du roi avait paru, ainsi que vous l'aviez vous-même fait espérer, une circonstance heureuse qui ne pouvait qu'être utile au succès de votre mission. J'ai donc été fort surpris de vous voir aujourd'hui d'une opinion pour ainsi dire contraire. Il est dans tous les cas fort important que vous m'adressiez à cet égard des explications détaillées et positives afin de me mettre à même de proposer à S. M. les mesures qu'exigerait l'intérêt de son service.

Agréez, etc.

LI

25 septembre 1823.

A Monsieur le Directeur des Douanes, à Bordeaux[1].

J'ai l'honneur de vous informer que le navire le *Neptune*, du port de Bordeaux, armé par MM. Balguerie et Cie, étant arrivé dans ce pays à la fin de novembre dernier avec de fortes avaries qui ont occasionné par suite la perte et le bris de la coque de ce navire ainsi que de ses agrès et apparaux, je vous adresse, conformément aux instructions qui me guident pour cet objet :

1° L'acte de francisation du dit navire le *Neptune* délivré à l'Administration des Douanes sous le n° 2,378 et enregistré à votre bureau le 8 mars 1816, sous le n° 96 ;

2° Un congé délivré au sieur Cormier, capitaine dudit navire, et enregistré à Bordeaux le 3 avril 1822.

Ces pièces devront vous parvenir par le vaisseau marchand le *Larose*, de votre port, au capitaine duquel elles sont remises et recommandées spécialement.

Veuillez agréer, etc., etc.

LII

30 octobre 1823.

Monsieur le Commissaire général de la Marine à Bordeaux[2].

J'ai l'honneur de vous informer que le navire le *Neptune*, armé dans votre port par MM. Balguerie et Cie, arriva à Tourane à la fin de novembre de l'an-

1. Copie.
2. Copie.

née dernière. Ce navire avait essuyé à la mer de fortes avaries, par suite desquelles, faute de moyens de réparations, il a été échoué dans la baie dudit lieu, où il se brisa le 11 décembre suivant. Les débris de sa coque, agrès et apparaux, furent ensuite vendus au gouvernement de ce pays pour la modique somme de 2,111 piastres dont le produit a soldé les gages de l'équipage jusqu'au jour du bris, et une partie seulement des dépenses que j'ai effectuées pour la subsistance et le rapatriement dudit équipage.

Vous verrez par le rôle, que je vous renvoie ce jour, que la somme de 218 fr. 25 c., provenant de la retenue des 3 0/0 sur le décompte montant à 7,276 fr. 67 c., a été perçue par moi au profit de la caisse des invalides à qui j'en ai fait remise en une traite de pareille somme à l'ordre de M. le Trésorier général.

Vous verrez aussi par ce même rôle que quatre des marins qui y sont inscrits sont morts en Cochinchine dans le courant de cette année; et vous trouverez ci-joints les actes respectifs qui constatent leur décès. L'un de ces marins étant cousin du capitaine Cormier, ce dernier a seul agi pour ce qui concernait cette succession; quant aux trois autres, j'ai reçu, comme en fait foi l'état que je vous adresse, une somme de 1,087 fr. 50 c. laissée par eux en numéraire après leur décès. J'en ai aussi crédité M. le Trésorier général des Invalides, ne voulant pas faire courir à ces fonds la chance périlleuse de mer et de guerre dont on a ici la nouvelle, et sauf les ordres ultérieurs de Son Excellence le Ministre pour les répartitions à faire, à qui de droit, des produits partiels.

Aux pièces susdites est joint encore un engagement passé par M. Chemisard, capitaine du navire le *Larose*, de solder entre vos mains une somme de 377 fr. 50 c. provenant de la vente faite à des matelots de son bord des effets appartenant aux défunts Gracieux et Beaumartin.

L'impossibilité d'effectuer cette vente argent comptant, et la crainte de voir se perdre totalement des effets qui déjà menaçaient plus ou moins de ruine, m'ont seules fait accepter le mode de payement mentionné. D'ailleurs, dans un pays où nos navires ne se montrent que très rarement, et songeant que les familles à qui ces produits appartiennent seront sans doute pressées d'en jouir, j'ai cru qu'il était impossible d'agir mieux dans leurs intérêts.

Enfin, je vous transmets, Monsieur, un chiffon de papier où sont tracées, sans clarté et sans ordre, quelques lignes auxquelles il sera bon que vous donniez toute votre attention. D'après les renseignements que j'ai fait prendre à l'égard de son contenu, il paraît que le signataire dudit billet, doit être aubergiste et domicilié à Bordeaux; et qu'avant le départ du *Neptune* de ce port, il avait reçu du nommé Gracieux, comme dépôt, une somme de 1,292 fr. 40, suivant ce bordereau. Le fait paraît avoir été à la connaissance de quelques amis du défunt. Au reste, je m'en remets à votre prudence et à la connaissance que vous avez des localités, pour faire vérifier cette affaire dans l'intérêt de qui il appartiendra.

LIII

Hué, le 30 octobre 1823.

Agence de France en Cochinchine,
A Son Excellence le Ministre des affaires étrangères, à Paris[1].

Monseigneur,

J'ai eu l'honneur de recevoir les dépêches de Votre Excellence datées jusqu'au 27 juin 1822, où elle daigne m'accuser la réception de celles que je lui avais adressées l'année précédente.

J'ai vu avec autant de peine que de surprise, par la traduction de la lettre adressée à Votre Excellence par le Mandarin des Étrangers, que ce dernier ait prétendu que la cour de Cochinchine n'avait pu prendre qu'une connaissance très inexacte des lettres de S. M. dont j'avais été porteur. Il est ici de notoriété publique que M. Vannier et moi, réunis collectivement, en avons donné à l'empereur l'exacte et entière interprétation, et qu'en outre feu Mgr l'Évêque de Véren en avait, dans le temps, fait une traduction semblable en caractères chinois. Mais je dois aujourd'hui m'en expliquer clairement auprès de Votre Excellence ; et une réponse tellement évasive n'était que le prélude de tout ce qui s'est fait ici par continuation.

Ce même Mandarin des Étrangers qui, par son crédit et la nature de ses fonctions, pouvait concourir puissamment à déterminer le roi et à le fixer sur l'objet des demandes que je lui ai soumises, semble

---

1. Rapport au Ministre le 28 août 1824. Ecrit au Préfet de la Gironde le 10 septembre. — L. s.

au contraire l'avoir fixé à un tel état d'irrésolution
qu'il m'est impossible d'espérer de l'en faire sortir.
Adulateur complaisant du jeune souverain, il se
borne à entrer dans ses vues, et redoute trop lui-
même d'encourir sa disgrâce pour lui faire comprendre que ses craintes sont mal fondées.

Or, j'ai déjà entretenu longuement Votre Excellence de la timidité de l'empereur actuel pour tout
ce qui concerne sa manière d'agir avec les Européens;
j'avançais qu'en parvenant à détruire la crainte, j'aurais facilement aplani les difficultés et par suite obtenu les faveurs. Mais (il ne faut plus se le dissimuler)
à mesure que la bienveillance paternelle du gouvernement français tente ici tous les moyens d'assurer
à notre commerce national de précieux débouchés
et une extension si désirable, une autre nation,
rivale, envieuse de notre puissance maritime, con-
tremine sans cesse tous nos efforts, et vient récemment encore d'anéantir l'espoir que nous concevions
de jouir bientôt de nos travaux.

L'effet qu'a produit ici l'arrivée d'un ambassadeur
du gouvernement Anglais en septembre 1822, a été
tel qu'on pouvait aisément le prévoir.

Cet envoyé, Mr. John Crawfurd, était porteur des
dépêches de S. Ex. le Gouverneur général du Bengale, et accrédité par son gouvernement pour solliciter de l'empereur de Cochinchine la libre permission, pour les commerçants anglais, de visiter tous
les ports de l'empire, et d'y faire leur commerce aux
mêmes conditions que les autres nations qui y sont
admises. A son arrivée à Hué, Mr. Crawfurd sollicita une audience de l'empereur, qui lui fut refusée
avec représentation qu'il n'était que le fondé de
pouvoirs d'un gouverneur général, et qu'on avait

même regardé comme contraire aux usages que
S. Ex. eût adressé directement ses lettres à S. M. Il
traita ensuite avec le Mandarin des Étrangers qui
lui accorda, au nom de son maître, la permission
de venir commercer dans tous les ports de l'empire,
ceux du Tonquin exceptés, et en se conformant toutefois aux lois et aux usages du pays.

C'est sans doute en raison de cette permission
que nous avons vu arriver ici, depuis peu, deux
navires venant d'Angleterre avec des cargaisons
d'armes et d'autres objets destinés en majeure partie
pour l'empereur lui-même. L'un de ces navires est
reparti peu de jours après son arrivée, sans avoir
pu rien obtenir. L'autre est encore ici, mais il va
repartir avec sa cargaison.

Tous les objets qui composaient ces chargements
ont tous été reconnus ici de qualité inférieure à ceux
de nos manufactures qu'ont importés depuis la paix
nos navires marchands, et ils sont tous cotés à des
prix beaucoup plus élevés. Cinq mille fusils de
guerre, par exemple, que nous avons fournis jusqu'ici à sept piastres, l'un, sont portés en compte à
dix piastres, et sont bien loin de pouvoir supporter
la comparaison. Il en est à peu près ainsi de tout le
reste. Aussi l'empereur a-t-il refusé, pour ainsi dire,
le tout, et n'a fait emplette de quelques bagatelles
des Anglais, que dans la crainte, comme il l'a déclaré
lui-même, de montrer trop d'obstination à les faire
échouer dans leurs opérations.

D'après ce que je viens de dire, Votre Excellence
comprendra que les Anglais se flatteraient en vain
d'obtenir ici sur nous le moindre avantage. Mille
autres raisons qui tiennent aux localités, et l'opinion
publique surtout, déclarée ouvertement en notre

faveur, autant qu'elle l'est contre nos rivaux, s'y
opposeront longtemps encore. Mais il n'en est pas
moins vrai que le but essentiel, et peut-être le but
unique que se propose constamment la Compagnie
anglaise, est pleinement atteint par elle : c'est à
dire, que, sans se procurer ici aucun bien pour son
commerce, elle empêche qu'aucune nation de l'Europe ne puisse s'y établir à son détriment, et en
effet, cette année et en ce moment même où nous
nous trouvons en concurrence avec les Anglais, le
gouvernement cochinchinois vient d'exiger du navire
le *Larose* le payement du droit d'ancrage dont jusqu'ici nos navires avaient été exemptés depuis la
paix.

La facilité que nous trouverions à former ici un
entrepôt général des marchandises et des produits de
la Chine, les fera marcher longtemps sur nos brisées, et l'on doit craindre que la Compagnie ne se
décide à faire, au besoin, de grands sacrifices pour
tout ce qui lui porterait ombrage.

Le but qu'elle s'est proposé dans la formation de
son nouvel établissement de Sincapore (établissement qui prend tous les jours un accroissement incroyable) n'est autre que d'y attirer les navires chinois dont le nombre y augmente tous les ans dans
une énorme progression. Elle s'est ainsi dédomma-
gée au centuple de la suspension momentanée de
son commerce à Canton; puisque, au lieu d'aller
payer en Chine des droits énormes sur les objets
d'achats, elle perçoit aujourd'hui à Sincapore une
partie de ces droits et se procure en outre ces objets
à bien plus bas prix.

La proximité entre ce nouvel établissement (dont
Mr. John Crawfurd a été depuis plusieurs mois

nommé gouverneur) et les ports de la Cochinchine,
rend faciles les moyens de navigation entre ces
mêmes ports et tous ceux des possessions britanniques dans l'Inde ; et déjà tout semble annoncer
qu'ils ne tarderont pas à étendre jusque vers ces
points la ligne de leurs vastes possessions.

Que ces présomptions soient fondées ou non, elles
sont tellement enracinées dans l'esprit du jeune
empereur de Cochinchine, que de grandes circonstances pourront seules l'en détourner. Outre les
craintes du dehors, il est vivement ému par celles
qui lui sont inspirées au dedans du royaume. Déjà
j'ai eu l'honneur d'en informer Votre Excellence,
mais les choses sont tellement répétées et outrées
que je ne saurais trop les répéter moi-même. Aujourd'hui, tout ce qu'il reste ici d'hommes jadis
dévoués à l'empereur Gia-long, et attachés encore à
sa mémoire, se trouvent compris dans un état de
disgrâce sensible quoique légèrement dissimulée, et
livrés à la merci des favoris du moment. Un mécontentement assez général éclate chez la plupart des
mandarins et se manifeste ouvertement chez le
peuple dont la misère est en ce moment à son
comble.

Dans un tel état de choses, et me voyant moi-
même, en particulier, l'objet d'une méfiance qui tous
les jours devient plus marquée et finirait par être
humiliante, je prends la liberté de prier Votre
Excellence d'excuser le projet que je forme d'effectuer mon retour en France par la première occasion
propice qui se présentera ; et peut-être aurais-je profité en ce moment du navire le *Larose* si les nouvelles
de la guerre contre l'Espagne ne mettaient obstacle
à mon départ.

Votre Excellence daignera avoir égard à ce que, dès l'époque où j'eus l'honneur de recevoir du roi les marques de confiance dont S. M. me revêtit en France, les relations à entamer avec ce pays se présentaient sous les plus heureux auspices, et l'amitié dont m'avait toujours honoré le vieux empereur de ce pays m'était un sûr garant du résultat que je devais en attendre. Mais les événements ont complètement déçu mes espérances, et je regretterai toujours pour la France que Gia-long n'ait pas vécu quelques années de plus.

D'un autre côté, mon âge déjà avancé, et l'état chancelant de ma santé me firent alors un devoir de n'accepter que pour quatre ans le poste honorable que me confiait le roi, afin de pouvoir, après cette époque, songer à établir en France ma nombreuse famille. C'est cette dernière considération surtout qui me presse aujourd'hui de me rapâtrier au plutôt.

M. P. Vannier, ne jugeant pas plus que moi convenable à la dignité européenne de séjourner ici dans la fausse position où nous sommes placés aujourd'hui, et pressé aussi vivement par l'âge, est résolu de m'accompagner et d'emmener en France ses nombreux enfants. Il me charge d'en informer Votre Excellence, et de vous offrir le tribut de ses hommages et de son profond respect.

Je crois, après tout ce que je viens d'exposer à Votre Excellence, devoir lui exprimer aussi que, malgré le peu de succès obtenu par les moyens tentés jusqu'à ce jour, combien il serait à regretter d'avoir renoncé tout à fait aux avantages politiques et commerciaux que nous offrirait ce pays si, par suite, on parvenait à y obtenir et y former des établissements de quelque importance. Nul doute que, dans ce cas, ces établissements ne tarderaient pas à rivaliser avec les possessions les plus florissantes des Anglais dans l'Inde. J'ai chargé à cet égard mon chancelier de soumettre à Votre Excellence quelques notes détaillées qu'il aura l'honneur de lui adresser à son retour en France, qu'il se propose d'effectuer sur le navire le *Larose* en vertu de l'autorisation que je lui en donne.

Il s'agirait donc d'examiner soigneusement aujourd'hui par quels moyens nous pourrions concevoir et assurer quelques succès à de nouvelles tentatives ; et sans doute il en est de très puissants, qui, sans avoir été totalement négligés, pourraient être reproduits et employés fort utilement dans de nouvelles circonstances.

C'est ainsi que l'on pourrait mettre en avant les anciens traités, les services rendus ici par des Français, et, outre les bonnes recommandations de l'empereur Gia-long, la conduite honorable qu'ont toujours tenue ceux qui y ont séjourné pendant ces dernières années. Tout me porte à croire que, si je n'ai pu me faire entendre favorablement, c'est sans doute parce que la double position où je me trouve aujourd'hui et dont il m'eût été si facile de profiter pour persuader le vieux souverain, y a mis un obstacle insurmontable, et je dois ajouter que des négociations prudemment et habilement traitées par une ambassade, ou tels autres moyens adoptés sans délai, pourraient encore et devraient même obtenir de grands résultats.

Outre les notes relatives à l'extension dont serait susceptible le commerce de ce pays qui devront être soumises à l'approbation de Votre Excellence par mon chancelier, il doit aussi, d'après la connaissance qu'il a prise des mœurs et des usages du pays, lui présenter ses observations sur les moyens qu'il croit devoir être employés auprès du gouvernement de ce pays, dans le cas où la sollicitude de Votre Excellence jugerait convenable de tenter de nouveaux efforts pour assurer à notre commerce naturel les avantages dont il jouirait ici en recevant une extension si désirable.

Dans tous les cas, je prends la liberté de recommander à Votre Excellence ce jeune homme, non pas comme mon parent, mais par la conviction que j'ai acquise qu'il se recommandera par lui-même, et que ses efforts lui mériteront sans doute la protection dont vous daignerez l'honorer.

Agréez, je vous prie, Monseigneur, etc.

J.-B. CHAIGNEAU.

LIV

30 octobre 1823.

A Son Excellence le Ministre des affaires étrangères,
à Paris [1].

MONSEIGNEUR,

J'ai l'honneur d'informer Votre Excellence que, conformément à l'état ci-joint des dépenses du service de ce consulat pour son département, s'élevant à la somme de huit mille huit cent cinquante francs, je me rembourse de son montant en deux traites de ce jour, l'une de 4,000 fr., l'autre de 4,850 fr. par 1re, 2e et 3e sur M. le payeur principal des dépenses des ministères, à l'ordre de mon frère, M. Chaigneau

1. Copie.

aîné, de Lorient, qui les adressera à Votre Excellence en le priant de les revêtir de votre acceptation, et de vouloir bien en faire ordonnancer le payement à l'époque de leur échéance.

Daignez agréer, Monseigneur, la nouvelle expression, etc., etc.

LV

30 octobre 1823.

A Son Excellence le Ministre de la Marine et des Colonies[1].

MONSEIGNEUR,

J'ai l'honneur d'informer Votre Excellence que le navire le *Neptune*, armé à Bordeaux par MM. Balguerie et Cie, arriva à Tourane à la fin de novembre de l'année dernière. Ce navire avait essuyé à la mer de fortes avaries, par suite desquelles, faute de moyens de réparations, il fut échoué dans la baie dudit lieu, où il se brisa le 11 décembre dernier.

Les débris de sa coque, agrès et apparaux furent vendus au gouvernement de ce pays pour la modique somme de 2,111 piastres dont le produit a soldé les gages de l'équipage jusqu'au jour du bris, et une partie seulement des dépenses que j'ai effectuées pour la subsistance et le rapatriement dudit équipage, et dont l'excédant s'élève, suivant l'état n° 6 ci-joint. à 3,500 fr. 76 c. Votre Excellence verra par le rôle d'équipage, dont ci-joint copie, que la retenue des 3 0/0 a été perçue par moi sur le décompte soldé à l'équipage ; et que j'en crédite M. le Trésorier général des Invalides, en tirant à son ordre sur M. le

____

1. Copie.

payeur principal des dépenses des ministères une
somme nette de 212 fr. 80.

Quatre marins du *Neptune* étant décédés ici dans
le courant de l'année, j'ai reçu pour compte de leurs
successions, une somme en espèce de 1,087 fr. 50 c.,
dont je fais aussi remise en France, à l'ordre de
M. le Trésorier général des Invalides, et qui avec celle
précitée de 212 fr. 80 c., constitue la traite ci-jointe
de 1,300 fr. 30 c., dont je me charge en recette.

Outre ces 1,087 fr. 50 c. reçus en espèces pour
compte de successions maritimes, 377 fr. 50 c.
devront être versés entre les mains du commissaire
général de la marine à Bordeaux à l'arrivée du navire
le *Larose*, en France. Ils forment le montant des effets
laissés par les susdits défunts vendus à l'enchère à
bord du *Larose*, dont le capitaine a pris l'engagement spécial d'acquitter cette dette contractée par
plusieurs marins de son équipage. Cet engagement
est adressé directement à M. le Commissaire général
de la marine à Bordeaux.

L'impossibilité d'effectuer cette vente argent comptant, et la crainte de voir se détériorer totalement
des objets qui déjà menaçaient d'une ruine prochaine,
m'ont seules fait accéder à ce mode de payement.
D'ailleurs, dans un pays où nos navires ne se mon
trent que très rarement, et, songeant que les familles
à qui ces produits appartiennent seront sans doute
pressées d'en jouir, j'ai cru qu'il était impossible
d'agir mieux dans leurs intérêts.

Pour couvrir le total de mes avances mentionnées
dans les états ci-joints, je me rembourse ce jour,
outre la traite susdite de 1,300 fr. 30 c., par une
autre de 2,200 fr. 46 c. à l'ordre de mon frère, M.
Chaigneau aîné, de Lorient, qui l'adressera à Votre

Excellence en la priant de vouloir bien la revêtir de
son acceptation, et d'en faire ordonnancer le payement à l'époque de son échéance.

Daignez agréer, Monseigneur, etc.

LVI

Nᵒ 6.

Paris, le 11 décembre 1823.

M. Chaigneau, Agent et Consul de France en Cochinchine[1].

Depuis la lettre que mon prédécesseur vous a
écrite, le 7 septembre de l'année dernière, j'ai reçu,
monsieur, celle que vous avez adressée à mon ministère en date du 15 octobre de la même année. La
suite de vos observations, dont vous m'avez annoncé
l'envoi, mais que vous n'avez pas cru devoir expédier par la même occasion que cette lettre, ne m'est
point encore parvenue. Il me semble que vous auriez
pu sans aucun inconvénient me transmettre des renseignements généraux sur le pays que vous habitez
et le simple récit des événements dont il pouvait
être le théâtre, en réservant seulement pour une
autre occasion les réflexions dont ces objets vous
paraissaient susceptibles ainsi que le compte que
vous devez me rendre du résultat de vos négociations. Je vous rappellerai à ce sujet l'invitation qui
vous a été faite de consigner dans un journal tous
les faits et documents de nature à intéresser le gouvernement qui parviennent à votre connaissance, et
de m'en transmettre copie par toutes les voies qui
se présentent à vous. Vous n'aurez sans doute point
omis de comprendre dans les rapports que j'attends

---

1. Expédié par la frégate la *Thétis*. — Minute.

de vous les instructions les plus circonstanciées sur
les opérations de l'ambassade anglaise qui paraît
s'être présentée dans les royaumes de Siam et de
Cochinchine. L'intérêt qu'offre votre mission, Monsieur, doit naturellement exciter votre zèle et votre
dévouement pour le service du roi, et vous porter à
ne rien négliger pour établir avec mon ministère des
relations aussi suivies qu'il est possible.

Dans tous les consulats les chanceliers ne sont
rétribués que sur le produit des chancelleries. Ainsi
en vous autorisant à allouer à monsieur votre neveu
un traitement de 1,500 fr. il lui a été accordé une
faveur toute spéciale et il ne m'est pas possible de
lui accorder l'augmentation qu'il sollicite.

La guerre que la France avait entreprise en Espagne, dans l'intérêt du repos de l'Europe et que la
puissance de nos armes a terminée d'une manière
si prompte et si heureuse, a pu causer une interruption momentanée dans nos expéditions commerciales. Le rétablissement de la paix permet aujour-
d'hui à nos négociants de poursuivre le cours de
leurs opérations et il est probable que l'attention du
commerce se tournera de nouveau vers la Cochinchine. Il serait superflu de les recommander à vos
soins et à votre protection.

Cette dépêche doit vous être portée par un des
bâtiments de S. M. qui vont être expédiés pour les
Indes Orientales, les mers de la Chine et la Cochinchine. Je ne doute pas que, depuis l'apparition de la
frégate la *Cléopâtre* à Touranne, vous ne soyez parvenu à dissiper les inquiétudes déplacées que sa présence avait inspirées au gouvernement cochinchinois.
La vue d'un nouvel armement, après un aussi long
intervalle, conduit en ce pays dans des vues pure-

ment de paix et de protection pour notre commerce,
ne saurait d'ailleurs faire concevoir d'ombrage et
peut au contraire servir à votre considération personnelle.

Agréez, etc.

LVII

N° 7.

Paris, le 9 février 1824.

M. Chaigneau, en Cochinchine[1].

Monsieur, au moment où une division de bâtiments de S. M., chargée de pourvoir à la protection
du commerce dans les mers de l'Inde et de la Chine
va se présenter sur les côtes de la Cochinchine, il
peut être utile au service que M. le baron de Bougainville qui la commande, remette au souverain de
ce pays une lettre du roi par laquelle S. M. lui
renouvelle l'assurance de ses dispositions amicales
et recommande de nouveau à sa bienveillance les
sujets français que le commerce a pu attirer dans
ses États.

Cet officier doit d'ailleurs concerter toutes ses
démarches dans ce pays avec vous; vous aurez particulièrement à l'éclairer sur le mode de présenta-
tion de la lettre dont il est porteur et à lui procurer
à cet effet une audience à laquelle il convient que
vous assistiez vous-même. Vous voudrez bien également pourvoir à ce que cette lettre soit revêtue
des enveloppes d'usage et vous verrez s'il est utile
d'y joindre une traduction en langue du pays ou s'il
est plus à propos que vous attendiez qu'on vous en

---

1. Minute.

demande l'explication. Elle n'a point été close pour
que vous ayez le moyen d'y joindre cette traduction
s'il est nécessaire.

M. de Bougainville est également chargé d'offrir,
au nom de S. M., des présents au roi de Cochinchine. Vous trouverez ci-joint la note des objets qui
les composent. Vous jugerez si, d'après l'intérêt que
nous avons à nous concilier les bonnes dispositions
du Mandarin des Étrangers, il ne serait pas convenable, dans cette occasion, de lui faire quelque
cadeau. Vous pourriez dans ce cas vous entendre
avec M. de Bougainville pour qu'il soit prélevé
pour cet usage quelques-uns des objets destinés
pour le roi.

Ce prince ne saurait manquer d'apprécier cette
nouvelle marque de souvenir de S. M. Il y verra un
gage de la bienveillance qu'elle lui porte et de son
désir d'entretenir avec lui des relations personnelles
favorables aux rapports d'intérêts qu'il est à désirer
de voir s'établir entre les deux nations. L'envoi de
vaisseaux de guerre pour lui porter ce témoignage
d'amitié ne peut d'ailleurs que lui paraître extrêmement flatteur, et vous voudrez bien vous appliquer à faire valoir ces diverses considérations auprès
de lui.

D'un autre côté cependant, j'ai remarqué que, dans
le temps ce prince n'a pas répondu lui-même à la
première lettre de S. M.; mais y a fait répondre par
le commandant des éléphants de guerre. Vous pouvez seul bien juger, monsieur, d'après les usages de
Cochinchine, si cette circonstance a quelque chose
d'inconvenant. Dans ce cas, et si vous prévoyez
qu'elle doive se renouveler, M. de Bougainville a
pour instruction de ne pas remettre la lettre du roi

mais seulement les présents qui l'accompagnent en
en faisant remarquer verbalement les motifs et le
prix.

Recevez, etc.

P. S. Ne connaissant pas le nom du souverain
actuel de la Cochinchine, on l'a laissé en blanc dans
la souscription de la lettre du roi; vous voudrez
bien, monsieur, avoir le soin de remplir cette for-
malité.

LVIII

Copie de la lettre du roi au roi de la Cochinchine[1].

28 janvier 1824.

Très haut, très excellent, très puissant et très
magnanime Prince, notre très cher et bon ami, Dieu
veuille augmenter votre grandeur avec fin heureuse.
Le Sieur Chaigneau, qui est accrédité près de vous
en qualité de notre agent, nous a rendu un compte
fidèle de l'accueil favorable qu'il a reçu de vous,
ainsi que des mesures qui ont été prises, par vos
ordres, pour protéger efficacement ceux de nos
sujets qui se sont rendus dans vos États pour s'y
livrer au commerce. Ces heureuses nouvelles nous
ont fait éprouver une satisfaction d'autant plus
vive que nous retrouvons en vous les mêmes sentimens qui ont animé les Rois, vos prédécesseurs et
particulièrement votre illustre père. (Dieu veuille le
recevoir dans son sein et le combler de félicités.)
Nous devons donc espérer que vous continuerez à
faire jouir nos sujets de votre bienveillance et de
votre protection et qu'il leur sera accordé une

---

1. Joint à la dépêche N° 7. — Minute.

prompte justice pour tout ce qui pourra concerner la sûreté de leur personne et de leurs propriétés. C'est par le maintien de semblables dispositions qu'on pourra établir et augmenter successivement les relations de commerce qui seront également avantageuses aux deux États. Comme nous désirons vous donner, de notre côté, un témoignage éclatant de notre sincère estime, nous avons ordonné au Sieur de Bougainville, commandant deux de nos vaisseaux, de se rendre directement dans un port soumis à votre puissance, pour vous porter cette lettre qui contient l'expression véritable de nos sentimens pour vous. Cet officier se présentera à vous, sous les auspices du Sieur Chaigneau, que nous confirmons dans les fonctions de notre Agent près de vous. Nous vous prions de les accueillir tous les deux avec bonté. Il nous sera agréable d'apprendre par le retour de nos vaisseaux que la divine providence ait permis l'accomplissement des vœux que nous formons pour votre bonheur et pour la prospérité de vos États. Sur ce, nous prions Dieu qu'il augmente votre grandeur avec fin heureuse. Écrit en notre château impérial des Tuileries, le 28 janvier 1824.

Votre cher et bon ami,

Signé : Louis.

Contresigné : Chateaubriand,

Ministre et secrétaire d'État de S. M. l'empereur
de France et de Navarre.

LIX[1]

Une grande pendule.
Deux grands candélabres.
Deux vases de bronze, dorés.
Seize gravures.
Un fusil à piston dans un nécessaire avec accessoires.
Une paire de pistolets dans un nécessaire avec accessoires.

LX

N° 8.

M. Chaigneau, Agent de France en Cochinchine[2]

Paris, le 17 février 1824.

Monsieur,

Je vous ai invité, monsieur, par une précédente dépêche, à m'adresser un rapport circonstancié sur les opérations de l'ambassade anglaise, que vous m'avez annoncé s'être présentée dans les royaumes de Siam et de Cochinchine. Suivant un article inséré dans la *Gazette officielle* de Calcutta sous la date du 24 juillet il paraîtrait que cette ambassade a obtenu la libre admission des navires anglais dans les ports de Saigon, Tourane, Tai-fo et Hué dépendant de ce dernier royaume et qu'il a été apporté quelques modifications au tarif des douanes cochinchinoises.

Il est probable que la France aura été admise à participer aux avantages que ces diverses mesures

1. Joint au N° 7.
2. Minute.

peuvent présenter et je vous invite à me mettre à même d'en apprécier l'importance, en me transmettant les renseignements convenables à cet égard, ainsi que le détail des démarches que vous aurez été dans le cas de faire auprès du gouvernement cochinchinois.

Recevez, etc.

LXI

A Son Excellence le Ministre de la Marine[1].

Baye de Tourane, 12 février 1825, à bord de la frégate du roi la *Thélis*.

MONSEIGNEUR,

J'éprouve un vif regret d'avoir à rendre compte à Votre Excellence que j'ai malheureusement échoué dans la mission dont le roi m'avait honoré et que je n'ai pu réussir à faire recevoir du roi de Cochinchine la lettre et les présens que j'étais chargé de lui remettre. L'impossibilité de se faire lire et interpréter cette lettre est le prétexte dont ce prince a couvert son refus; mais je suis persuadé que la crainte des Anglais dont l'invasion dans le royaume des Birmans lui cause de grandes inquiétudes en est le véritable motif. Ayant refusé de voir Mr Crawfurd, il n'aura pas cru pouvoir me donner audience sans les offenser; peut-être aussi a-t-il appréhendé qu'à la nouvelle de la réception des Français à sa cour, ils ne lui fissent une autre ambassade qui l'embarrasserait fort, résolu comme il paraît l'être, à ne pas leur permettre de s'établir dans son royaume.

1. Copie.

Telles sont, je crois, monseigneur, les considéra-tions qui ont déterminé le roi de Cochinchine à en agir ainsi et l'on doit plutôt attribuer sa conduite aux circonstances qui le placent dans une position difficile, qu'au projet d'éloigner les Français de chez lui, et de faire cesser les relations de commerce que nous avons avec ce pays. Les assurances que m'ont données les envoyés de ce prince du désir qu'il avait que nos bâtiments continuassent à visiter ses ports, et les marques particulières de bienveillance que j'ai reçues de lui, et que j'ai dues sans doute à la mission dont j'étais chargé, militent en faveur de cette opi-nion, qu'appuie d'ailleurs le bon accueil qui vient d'être fait à M. Borel, qui a trouvé cette fois plus de facilité dans ses opérations commerciales qu'il n'en avait encore rencontré.

J'aurai l'honneur, à mon retour en France de don-ner de vive voix à V. Ex. de plus grands détails sur les observations que j'ai eu occasion de faire pendant mon séjour à Tourane, et me bornerai dans ce moment à en relater les principales circons-tances.

Dès le jour de mon arrivée je remis au mandarin du lieu une lettre pour M. Chaigneau que je priais de venir à Tourane et d'annoncer l'arrivée de la divi-sion ; j'ignorais son départ et ce ne fut que le sur-lendemain 14 que j'appris qu'il ne restait plus de Français en Cochinchine, un M. Despiau, médecin, étant mort depuis peu. V. Ex. concevra dans quel embarras je dus me trouver, ayant à traiter avec des gens dont les idées n'ont nulle analogie avec les nôtres et dont je ne pouvais me faire comprendre qu'avec une extrême difficulté. Je remis une note adressée au Mandarin des Étrangers par laquelle,

après lui avoir annoncé mon arrivée et celle prochaine de la corvette, je lui faisais connaître que
j'étais envoyé du roi de France près de celui de
Cochinchine avec une mission spéciale, et lui
demandais l'autorisation de me rendre à Hué avec
un certain nombre d'officiers. Je ne reçus point de
réponse, mais le 17 il vint à bord un Cochichinois
parlant le portugais et quelqus mots de français
qui partait, me dit-il, le soir même pour Hué et avait
l'ordre d'y porter mes dépêches : je lui donnai une
note semblable à la première que je supposai n'être
pas parvenue.

Le lendemain, le brig le *Courrier de la Paix*, que
j'avais laissé à Manille, mouilla dans la baie et son
capitaine m'apprit qu'il avait débarqué à l'entrée de
la rivière de Hué, M. Borel, qui devait être arrivé à
la cour ; je fus très satisfait de cette nouvelle et m'attendis à en recevoir de ce négociant que je présu-
mais que le Mandarin des Étrangers aurait fait appeler. Il n'en fut pas ainsi cependant, et je fus plusieurs
jours sans entendre parler de rien, enfin le 22 on
m'annonça la visite de deux mandarins du palais ; je
les reçus avec le seul M. Ducamper arrivé depuis
quarante-huit heures et auquel j'avais fait part la
veille de la mission que j'avais à remplir. Je la fis
connaître aux mandarins qui avaient amené avec.eux
un jeune homme parlant un peu le français et leur
montrai la lettre du roi qu'ils demandèrent à voir ;
je leur fis dire que l'ayant reçue des mains de Sa
Majesté, je ne pouvais la remettre qu'entre celles du
souverain auquel elle était adressée, et qu'en conséquence il était nécessaire avant tout que je fusse autorisé à me rendre à Hué et qu'on m'en fournît les
moyens. Les mandarins se firent répéter plusieurs

fois ces choses, me demandèrent combien de personnes je désirais mener avec moi, me prièrent de leur donner un certificat qui constatât qu'ils étaient venus à bord et se retirèrent après avoir visité la frégate et observé avec attention les différents exercices que je fis faire sous leurs yeux et dont celui du fusil parut surtout les intéresser : le soir même ils retournèrent à Hué.

Je les avais questionnés sur les motifs du départ de MM. Chaigneau et Vannier, et ils m'assurèrent qu'ils n'avaient quitté la Cochinchine que parce qu'ils l'avaient voulu, qu'ils avaient été promus par le roi à une dignité plus élevée et en avaient reçu des présents en argent et en riz à l'instant de partir ; M. Borel, qui vint le jour suivant de Hué, me confirma la vérité de ces détails.

Le 30, le même négociant me fit savoir que deux mandarins, accompagnés de porteurs d'ordres de l'empereur et escortés de cinquante hommes de sa garde, venaient d'arriver à Tourane. Ils y restèrent quatre jours sans rien me faire dire, et ce ne fut que le 3 février qu'ils m'envoyèrent demander à quelle heure je pourrais les recevoir : je leur désignai celle de midi et ils vinrent à bord avec tout leur monde ; l'un de ces mandarins m'était déjà connu, l'autre était d'un rang supérieur et chef de la Justice. Je les reçus toujours avec M. Ducamper, et cette fois notre conférence dura plus de quatre heures, tant ils furent longs à se consulter entre eux avant d'entrer en matière ; ils me dirent enfin que l'empereur ne pouvait recevoir les présents et la lettre parce que depuis le départ de MM. Chaigneau et Vannier, il n'y avait plus personne à la cour qui pût traduire et expliquer son contenu.

Quoique leur longue hésitation m'eût préparé à
quelque réponse peu favorable, je ne laissai pas que
d'être surpris de la brièveté et de la nature positive
de celle-ci et la leur fis répéter : je m'efforçai ensuite
de leur faire sentir avec tous les ménagements possibles qu'un tel refus pourrait paraître extraordinaire et combien la cause en était frivole, puisque
M. Borel, que le roi connaissait depuis longtemps,
était fort capable de traduire la lettre. Je leur fis
observer de plus que dans tous les cas le refus de la
recevoir n'entraînait nullement celui des présents,
puisque ces choses étaient absolument distinctes et
que j'avais d'ailleurs l'ordre de faire la remise de
ces derniers quand bien même des considérations
d'étiquette empêcheraient celle de la lettre. Mes rai-
sonnements et ceux dont M. Ducamper les appuya,
furent inutiles et je ne pus parvenir à tirer des mandarins que la déclaration qu'ils avaient faite en
débutant et qui leur servit de réponse à tout.

Reconnaissant à la fin qu'ils ne sortiraient jamais
des limites qui leur avaient été tracées, je me bornai
à leur demander de me donner cette déclaration par
écrit, afin, leur dis-je, de la présenter à mon retour
en France pour ma responsabilité personnelle ; ce
fut alors seulement, c'est-à-dire après plus de trois
heures de débats, que je sus qu'ils étaient chargés
de me remettre une lettre du Mandarin des Étrangers et de me faire don au nom de l'empereur de
rafraîchissements dont ils avaient attendu jusqu'à ce
jour l'arrivée à Tourane. Je demandai à voir la lettre
et pourquoi ils ne me l'avaient pas donnée plus tôt,
et ils me répondirent qu'ils l'avaient laissée à terre
dans la maison du roi, où ils avaient ordre de me
faire une réception solennelle et de me donner cette

lettre en même temps que le cadeau de l'empereur ;
je dis aux mandarins que je ne pouvais promettre
d'aller à Tourane avant de savoir quel était le contenu de la lettre dont ils étaient porteurs, que M. le
commandant Ducamper irait le lendemain les voir
avec M. Borel et qu'après avoir reçu son rapport je
leur ferais transmettre ma détermination. Je leur fis
promettre ensuite qu'ils rendraient compte à l'empereur de l'ordre que j'avais de lui offrir les présents
quand bien même des considérations qu'on ne pouvait prévoir empêcheraient que la lettre ne fût présentée. J'ajoutai que dans tous les cas j'espérais que
les relations de commerce qui existaient entre les
deux nations continueraient à être les mêmes, et que
les Français trouveraient en Cochinchine comme par
le passé bon accueil et protection dans leurs personnes et propriétés ; sur quoi le mandarin Pali
(celui qui était déjà venu et que M. Borel m'avait dit
être le plus instruit et le plus en crédit) m'assura
que le roi verrait toujours avec plaisir les Français,
qu'il désirait beaucoup que leurs navires visitassent
ses ports et qu'en se conformant aux lois et usages
du pays ils seraient toujours considérés comme
amis.

Vers 5 heures du soir les mandarins se rembar-
quèrent avec les leurs, auxquels on avait fait à bord
des distributions de vivres, et avant de m'en séparer,
je les prévins que je leur destinais des cadeaux selon
l'usage reçu en France en pareil cas. Ils me répondirent d'une manière évasive, en disant qu'il fallait
d'abord terminer l'affaire qui les amenait, et je vis
qu'ils craignaient de se compromettre en les accep-
tant et de me blesser en les refusant.

Le lendemain M. Ducamper m'apporta la traduction de la lettre du grand mandarin, que j'ai l'honneur d'adresser ci-joint à Votre Excellence, et me dit que les envoyés me priaient de leur faire connaître si je viendrais moi-même à Tourane, parce que dans ce cas seulement ils prendraient les vêtements royaux que l'empereur leur avait donnés pour le représenter.

Cette circonstance termina mon incertitude, et je leur fis répondre que je descendrais le lendemain vers midi ; je crus devoir en agir ainsi dans l'intérêt du commerce, et qu'il fallait, quelque contrariété que j'éprouvasse d'échouer dans ma mission, ne pas paraître en être piqué, et témoigner une sorte de reconnaissance de la faveur personnelle que je recevais du roi.

Je me rendis donc le 4 à Tourane accompagné des états-majors des bâtiments en grande tenue et précédé d'un officier et du détachement armé de la frégate, qui forma la double haie sur le rivage au moment où nous mîmes pied à terre. Nous débarquâmes vis-à-vis la maison de réception, en dehors de laquelle m'attendaient les mandarins revêtus de costumes plus bizarres que riches, encore qu'ils fussent de satin brodé d'or ; la garde cochinchinoise garnissait l'intérieur de la cour au milieu de laquelle étaient amoncelés des vivres de toute nature qui devaient m'être offerts, et la plus grande partie de la population de Tourane environnait l'enceinte près de laquelle étaient rangés des éléphants montés de leur cornacs et valets ; nous prîmes place autour d'une longue table et le mandarin en chef de la justice, vis-à-vis duquel j'étais, me présenta la lettre du grand mandarin avec beaucoup d'apparat ; je lui remis en échange une note par laquelle j'accusais au Mandarin des Étrangers réception de sa dépêche et lui renouvelais au nom du gouvernement français les assurances du désir de voir continuer les relations amicales et bienveillantes qui existent depuis si longtemps entre les deux empires. M. Borel eut la complaisance d'interpréter cette note et de recommander de nouveau aux mandarins de faire connaître au roi l'ordre que j'avais de lui offrir les présents que je déposerais à Tourane dès que j'en aurais reçu l'autorisation ; leur disant que j'attendrais jusqu'au 15 à avoir une réponse et qu'à cette époque je mettrais sous voile, la saison ne me permettant pas de m'arrêter davantage.

On servit une collation qui fut suivie de quelques exercices des éléphants, puis je pris congé et fus reconduit jusqu'au rivage par les mandarins chez lesquels je fis porter deux sabres avec ceinturons brodés, deux paires de pistolets et deux longues-vues : je donnai aussi au mandarin de Tourane dont nous avons eu à nous louer et qui a été obligeant envers la frégate la *Cléopâtre*, un fusil de chasse qui lui fit grand plaisir.

Nous retournâmes tous à bord, où les rafraîchissements qui ne tardèrent pas à arriver furent distribués aux équipages et aux différentes gamelles. Dans la soirée les mandarins repartirent.

Hier ils m'ont envoyé par celui de Tourane quelques pièces d'étoffes de soie en échange de ce que je leur avais donné, mais comme ils ne m'ont rien fait dire relativement aux présents destinés pour le roi, je les ai fait prier de nouveau de me faire connaître sa détermination promptement, la saison m'obligeant à partir, et le 16 au matin si je n'entends point parler d'eux, je mettrai sous voile.

Je regrette bien fort, monseigneur, de n'avoir pas été plus heureux dans ma négociation, mais Votre Excellence voudra bien, je l'espère, être convaincu que j'y ai apporté tout le zèle dont je suis capable et que je ne cesserai d'avoir pour ce qui est relatif au service du Roi.

Je suis, etc.

Signé Baron de Bougainville.

Toutes mes lettres partiront par le brig le *Courrier de la Paix* qui va directement à Bordeaux et je ne pouvais avoir une occasion plus sûre et plus prompte. Comme ce bâtiment trouvera probablement M. Chaigneau à Sincapour, j'ai mis sous enveloppe les lettres de Votre Excellence et de Son Excellence le ministre des affaires étrangères qui lui sont adressées et je les ai accompagnées d'une lettre d'envoi. Sur le dos du paquet je charge le capitaine du *Courrier*, s'il ne rencontre pas M. Chaigneau, d'envoyer ce paquet au ministère de la marine aussitôt après son arrivée en France. J'aurais pu garder ces lettres à bord, mais comme il est possible que M. Chaigneau soit encore à Saïgon, où le brig doit toucher, j'ai préféré les lui envoyer afin que si ce consul était chargé de quelque affaire particulière, il pût encore s'en occuper avant de quitter la Cochinchine.

J'ai pris sur moi d'ouvrir la lettre de Son Excellence à M. Chaigneau, craignant qu'elle ne contînt des documents dont la non-exécution fût préjudiciable au succès de ma mission, et je lui en ai écrit le motif.

LXII

TRADUCTION[1]

Le Mandarin des Étrangers, Grand de l'Empire, dit

Que le Mandarin de deuxième classe de Bougainville de l'empire de France et de Navarre est arrivé avec deux vaisseaux français dans la baye de Touranne dans la onzième lune ; que deux exprès ont de suite été envoyés à lui pour savoir ce que ces vaisseaux venaient faire en Cochinchine. Ces exprès étant revenus à Hué rendre compte de leur mission, ils ont dit

Que l'empereur de France et de Navarre envoye M. de Bougainville, deuxième mandarin, pour apporter une lettre et des présents ; qu'il demande à remettre lui-même entre les mains de l'empereur de Cochinchine la dite lettre.

Le Mandarin des Étrangers répond que les Français écrivent en français, et que comme personne ne peut lire ni interpréter cette lettre, on ne peut la recevoir.

Le Mandarin des Étrangers déclare qu'il a donné connaissance à l'empereur de la Cochinchine de l'arrivée du deuxième mandarin de Bougainville dans la baie de Touranne. L'empereur dit que le mandarin venant de bien loin doit avoir éprouvé de grandes fatigues, il le prie en conséquence de recevoir les rafraîchissements qu'il lui envoie. Le Mandarin des Étrangers envoye un mandarin de troi-

1. Annexe à la pièce précédente. — Copie.

sième classe et un de quatrième pour faire la remise
de cette note et des rafraîchissements.

Ces choses seront remises au mandarin de deuxième
classe de Bougainville qui vient pour la première fois
à la Cochinchine et c'est aussi pour cette raison que
l'empereur fait ce cadeau.

Du règne de Migne Man, l'année cinquième et le
huitième jour de la douzième lune.

Suivent la signature et la chape (ou cachet) du
Mandarin des Étrangers.

Nous certifions que cette lettre a été traduite en
notre présence et que cette traduction nous paraît
être le sens de l'original.

Le Capitaine de frégate
Signé CAMPED,

Signé AUGUSTE BOREL.

LXIII

AFFAIRES ÉTRANGÈRES

—

D^{on} Cie

M. E. Chaigneau, rue Saint-Thomas du Louvre, n° 30 [1].

Paris, le 16 avril 1825.

Vous renouvelez auprès de moi, monsieur, votre
demande à l'effet de pouvoir retourner en Cochinchine pour y gérer l'agence française en l'absence de
monsieur votre oncle. Je vous en ai déjà donné l'autorisation, et je la confirme, en y joignant l'assurance
qu'en votre qualité de gérant de cette agence, vous
jouirez de la moitié du traitement qui y est affecté.

1. Minute.

Vous exprimez d'ailleurs le vœu d'avoir à remettre de ma part au Mandarin des Étrangers une lettre qui vous accrédite auprès de lui. J'ai l'honneur de vous envoyer cette lettre, d'après laquelle j'espère que vous recevrez de ce ministre un accueil favorable et que vous jouirez de la considération nécessaire au succès de votre mission.

Je suis au reste persuadé que vous la remplirez d'une manière satisfaisante pour les vues dans lesquelles elle vous est confiée, et que votre séjour en Cochinchine n'aura que des résultats avantageux pour la suite de nos relations en ce pays.

Recevez, monsieur, l'assurance de ma parfaite considération.

LXIV m.

2e DIRECTION

Bordeaux, le 9 mai 1825.

A Son Excellence le Ministre de la Marine et des Colonies à Paris[1].

MONSEIGNEUR,

J'ai l'honneur d'informer Votre Excellence que venant d'être appelé par Son Excellence le Ministre des affaires étrangères à prendre la gestion de l'agence de France en Cochinchine, je vais dans quelques jours faire voile de ce port pour ma destination à bord du navire le *Larose*, armé par MM. Balguerie et Cie. Ce navire touchera auparavant à Manille et peut-être à Batavia.

Si Votre Excellence jugeait convenable de profiter

---

1. 14 mai 1825.

de cette occasion pour transmettre dans ces parages,
ses ordres ou des instructions quelconques, je verrais
avec plaisir qu'elle daignât m'en charger, et j'ose l'assurer d'avance du zèle que j'apporterais à remplir ses
intentions.

Daignez agréer l'hommage, etc.

E. CHAIGNEAU,

Agent consulaire de France, Hôtel Marin, à Bordeaux [1].

LXV M.

Bordeaux, le 6 septembre 1825.

A Son Excellence le Ministre de la Marine, à Paris.

MONSEIGNEUR,

Je viens d'arriver à Bordeaux avec toute ma
famille sur le navire le *Courrier de la paix*, appartenant à la maison Balguerie et Cie.

Je suis parti de la Cochinchine le 7 mars dernier,
après avoir pris congé du roi pour venir me fixer
en France, et je suis dans l'intention de me retirer
dans ma famille, à Lorient, où j'attendrai les ordres
de Votre Excellence.

Je suis couvert de rhumatismes et j'ai beaucoup
de peine à faire usage des mains. C'est un des
principaux motifs qui m'ont déterminé à venir chercher du soulagement dans ma patrie, si je ne par-
viens pas à une parfaite guérison.

Daignez agréer, etc.

L'ex-Consul de France à la Cochinchine,

J.-B. CHAIGNEAU.

1. Il s'agit du neveu de M. J.-B. Chaigneau.

LXVI m.

Le Ministre et secrétaire d'État des Affaires étrangères.

Certifie que M. Chaigneau (Louis-Eugène), qui a été employé dans son département en qualité de Gérant du Consulat de France à Hué (Cochinchine), a joui à ce titre de la moitié du traitement du titulaire, c'est à dire d'une somme annuelle de *sept mille cinq cents francs*.

En foi de quoi le présent certificat, muni d'un timbre du département, a été délivré pour servir et valoir ce que de raison.

Donné à Paris, le 30 mai 1828.

Par autorisation du Ministre,

Le Garde des Archives, Chef des chancelleries,

D'Hauterive.

Par le Ministre,

Le Chef de bureau des Passe-ports et Légalisations,

De Lermarre.

(Timbre).

LXVII m.

A Son Excellence le Ministre de la Marine et des Colonies,
secrétaire d'État et membre de la Chambre des députés.

MONSEIGNEUR,

Votre lettre du 29 mai dernier m'informe de la nouvelle mission qu'a reçue dans votre département M. Louis-Eugène Chaigneau et du traitement qui y a été affecté, lequel est le même que celui qu'il recevait au Ministère des affaires étrangères, en sa qualité d'agent consulaire à Hué, en Cochinchine. Ci-inclus j'ai l'honneur de vous remettre un certificat en règle de ce dernier département, d'où il résulte que le traitement de M. L.-E. Chaigneau y était de 7,500 francs.

Étant revêtu des pouvoirs nécessaires pour toucher les dividendes de son traitement et prêt à en justifier, j'ai l'honneur de vous prier, Monseigneur, de me faire expédier les ordonnances de traitement à partir de l'époque où mon client a été attaché à votre Ministère.

J'ai l'honneur d'être, etc.

Paris, 6 juin 1828.

Ch. MONTAUDON.

Passage Saulnier.

LXVIII m.

Paris, le 13 novembre 1829.

A Son Excellence Monsieur le baron d'Haussez, Ministre de la Marine et des Colonies, à Paris[1].

Monseigneur,

Depuis le retour du navire le *Larose* de la Cochinchine, j'ai acquis la certitude que les motifs qui se sont opposés, en 1826, à mon admission dans ce pays en qualité d'agent du roi, ont cessé d'exister. Je me suis empressé aussitôt d'exposer à Son Excellence le Ministre des affaires étrangères combien il devient urgent de renouer des relations dont l'avantage est généralement reconnu et que la fraude de quelques agents subalternes en Cochinchine avait seule interrompues. Cette fraude a été sévèrement punie par l'empereur; et, d'après les entretiens fréquents que j'ai eus récemment avec M. Borel, agent de MM. Balguerie, je ne puis douter de l'accueil favorable qui m'est réservé près du Mandarin des Étrangers dont je suis personnellement connu.

Les avantages qui devront résulter de la mission que je sollicite ne sont point contestés; le Ministère des affaires étrangères ne m'objecte que des raisons d'économie qui s'opposent, en ce moment, à la création d'un nouveau poste avec un traitement fixe. D'un autre côté la crainte de voir l'interruption de nos liaisons commerciales avec la Cochinchine se prolonger indéfiniment, celle d'oublier la langue que

1. V. la lettre des affaires étrangères du 12 novembre.

je possède, et la rareté des occasions pour ce pays,
me forcent d'insister pour partir sur le navire le
Saint-Michel qui fera voile de Bordeaux directement
pour Touranne au commencement du mois prochain.

Appréciant les raisons d'économie qui guident le
Ministère, je me suis déterminé à partir avec le titre
de Vice-Consul de S. M., ne demandant provisoirement que d'être défrayé des dépenses que m'occa-
sionnera ma nouvelle expatriation et laissant à Son
Excellence le Ministre des affaires étrangères le soin
de m'indemniser plus tard, en raison du zèle dont je
désire faire preuve en cette occasion.

Votre Excellence a donné trop de preuves de l'intérêt qu'elle porte au commerce pour que j'aye
besoin de militer en sa faveur. MM. Balguerie d'ailleurs, par leurs lettres et par l'organe de M. Sarget,
ont dû plaider sa cause plus chaudement qu'il ne
m'est donné de le faire. Je me contenterai de faire
valoir ici l'avantage de la présence d'un agent français dans les ports de Cochinchine, lorsque les bâtiments du roi y relâcheront pour se ravitailler ou
pour effectuer les missions auxquelles ils sont souvent employés, et dans le cas surtout où des avaries
majeures réclameraient pour eux l'assistance du
gouvernement chez lequel il serait accrédité.

Permettez-moi, Monseigneur, de vous rappeler
qu'après avoir attaché mon nom à une expédition
maritime assez aventureuse, j'ai obtenu de votre
prédécesseur une récompense dont je sens tout le
prix; et que vous-même, en me recommandant
récemment aux bontés du roi, m'avez inspiré une
reconnaissance que vous comblerez en appuyant
verbalement ma demande auprès de Son Excellence
le Ministre des affaires étrangères.

Je dois faire observer à Votre Excellence que l'emploi de son crédit est pour moi d'une urgence éminente; car, en cas de succès, je devrai être à la mer le 10 du mois prochain.

J'ai l'honneur d'être, etc.

E. CHAIGNEAU.

Rue de Richelieu, nº 25.

LXIX

*A Son Excellence le Ministre des affaires étrangères,
à Paris*[1].

A bord du *Saint-Michel*, au bas de la rivière de Bordeaux,
le 18 décembre 1829.

MONSEIGNEUR,

J'ai l'honneur d'informer Votre Excellence que depuis trois jours je suis embarqué sur le navire le *Saint-Michel* que des brumes épaisses ont retenu jusqu'à ce moment dans la rivière. Il est enfin sous voiles; et, dans peu d'heures, aura laissé les côtes de France pour se diriger, par la voie de Singapore, vers celles de la Cochinchine. En adressant aujourd'hui à Votre Excellence mes remerciements pour la faveur qu'elle a bien voulu m'accorder, j'ose me recommander à sa bienveillance pour l'avenir et la prier de m'accorder une protection que mon éloignement va réclamer d'une manière toute particulière. Plein de confiance en votre justice, j'attendrai avec patience que vous assuriez au consulat de Cochin-

1. L. a. s.

chine les avantages qui lui sont promis, et il me tardera de provoquer cette mesure en annonçant à Votre Excellence que j'aurai reçu en Cochinchine un accueil favorable du Mandarin des Étrangers.

Je prie Votre Excellence d'ordonner qu'il me soit fait envoi, à ma résidence, d'une collection de journaux et des *Annales maritimes* ainsi que du *Bulletin des lois*. J'avais espéré trouver à Bordeaux les *Annales* pour 1829, chez monsieur le Commissaire général de la marine ; mais elles n'y sont point parvenues. Mon intention étant de m'adonner spécialement à l'étude des lettres chinoises, je recevrai avec reconnaissance un exemplaire du *Dictionnaire chinois* de de Guignes si Votre Excellence veut bien le faire obtenir pour moi de la Bibliothèque Royale.

La corvette du roi la *Favorite* devra sous peu visiter la Cochinchine ; je m'empresse de signaler à Votre Excellence cette heureuse occasion pour me transmettre ses ordres et les ouvrages que je lui demande. Je viens d'écrire à S. Ex. le Ministre de la Marine pour l'informer que dans le cas où le commandant de la *Favorite* devrait voir le roi de Cochinchine et le Mandarin des Étrangers, il est urgent qu'il soit porteur d'une lettre de S. M. le roi de France pour le roi de Cochinchine. La mission de cette corvette à Tourane ne peut d'ailleurs que produire un très bon effet, et devra nécessairement favoriser l'objet de celle que Votre Excellence veut bien me confier.

Daignez agréer, etc.

E. CHAIGNEAU.

LXX

*A Son Excellence le Ministre des affaires étrangères,
à Paris*[1].

Tourane, Cochinchine, le 31 décembre 1830.

Monseigneur,

J'ai l'honneur d'informer Votre Excellence que depuis mon arrivée dans ce pays j'ai éprouvé des difficultés sans fondement de la part du gouvernement cochinchinois, au point de m'être considéré plutôt comme toléré que comme installé en la qualité qu'il a plu à Votre Excellence de me conférer. Heureusement, l'état des choses à changé depuis le 20 de ce mois, à l'aspect du pavillon du roi qui flotte dans la baie de Tourane à bord de la corvette de S. M. la *Favorite;* et le zèle et la dignité qu'a apportés M. le commandant Laplace, dans les relations que nous avons entamées de concert avec le gouvernement, me sont garants du succès de sa mission. Le séjour d'un mois au moins que fera ici ce bâtiment, sera plus que suffisant pour réparer le temps perdu et me faire obtenir tout le crédit que j'ai droit d'attendre de la cour de Cochinchine. Un bâtiment de l'empereur part demain matin pour Singapore si précipitamment, que je suis dans l'impossibilité de différer pour communiquer à Votre Excellence les nouvelles intéressantes que nous attendons de Hué par suite d'une entrevue récente et solennelle avec l'un des grands Mandarins.

Je ne puis passer sous silence le naufrage du navire

1. M'en parler. — L. a. s.

marchand le *Saint-Michel*, de Bordeaux, sur lequel j'ai effectué mon passage de France en ce pays ; il a entièrement péri dans la nuit du 9 août dernier, à soixante-dix lieues environ de ce port ; et c'est par une espèce de prodige qu'au nombre de vingt-sept, dans deux petits canots, nous sommes parvenus à y aborder après cinq jours et six nuits de la plus pénible navigation. Arrivé moi-même à terre dans l'état de dénuement le plus complet, j'ai pourvu depuis cette époque à la subsistance de cet équipage qui est demeuré jusqu'à ce jour à la charge du département de la Marine. Si le malheur personnel que j'ai essuyé dans cette circonstance me donne quelques droits à la bienveillance de Votre Excellence, je la prie d'avoir égard à la différence des traitements qui m'ont été alloués en 1825 et en 1830, et j'oserai lui rappeler la promesse verbale qu'elle a daigné me faire du titre de Consul et des émoluments qui y sont attachés pour la résidence que j'occupe. Plein de confiance à cet égard, je suis avec un profond respect. etc.

E. CHAIGNEAU.
Vice-consul du roi.

LXXI

MINISTÈRE
DE LA MARINE
ET DES COLONIES
—
2ᵉ Direction
—
1ᵉʳ Bureau
—
Mouvements

Paris, le 14 septembre 1831.

Monsieur le Ministre des affaires étrangères, à Paris[1].

Monsieur le Comte, j'ai une lettre datée de Tourane le 31 décembre 1830. M. Laplace, capitaine de

1. L. s.

frégate, commandant la corvette de l'État la *Favorite*, m'annonçait qu'il avait entrepris près du gouvernement cochinchinois des démarches actives pour faire reconnaître M. E. Chaigneau en qualité de Consul de France près de ce gouvernement.

Vous verrez par l'extrait ci-joint d'une autre lettre du même officier, à la date du 3 janvier 1831, que cette négociation n'a pas eu le résultat qu'il s'en était d'abord promis, et que M. Chaigneau s'est embarqué sur la *Favorite* pour gagner d'abord Java, d'où il aura probablement attendu l'occasion de quelque navire du commerce pour revenir en Europe.

Je prie Votre Excellence, monsieur le Comte, d'agréer, etc.

Le Ministre Secrétaire d'État de la Marine et des Colonies,

COMTE H. DE RIGNY.

LXXII

Extrait d'une lettre de M. Laplace, Capitaine de frégate, commandant la corvette la Favorite.

Tourane, le 3 janvier 1831.

Je quitte à l'instant les envoyés du roi (de la Cochinchine); ils m'ont apporté le refus formel de reconnaître M. Chaigneau comme consul de France; mais le grand mandarin offre de reconnaître en cette qualité le *fils* de M. Chaigneau, l'ancien mandarin. La frayeur que causent les Anglais à ce gouvernement en est la cause; le grand mandarin prétend, peut-être avec raison, que si un Consul de France est à Tourane, bientôt un Anglais demandera

à être reçu sans pouvoir être refusé ; que si un fils
de M. Chaigneau remplissait cette place avec la condition d'être habillé suivant la mode du pays, les
anciennes fonctions de son père serviraient de prétexte au roi pour repousser la demande des Anglais
et des autres puissances.

J'embarquerai M. Chaigneau sur la *Favorite* pour
le porter à Java d'où sans doute il se dirigera sur la
France ; il n'est pas convenable qu'il reste ici, d'autant plus que le grand mandarin a refusé de nouveau et positivement de recevoir la lettre dont il est
porteur.

LXXIII

A Monsieur le Ministre des affaires étrangères à Paris[1].

Paris, le 20 juin 1832.

MONSIEUR,

C'est à regret que je vous confirme aujourd'hui le
triste résultat de la dernière mission qui m'a été
confiée pour la Cochinchine. Vous aurez vu par la
lettre que j'ai eu l'honneur de vous adresser de
Tourane, le 31 décembre 1830, qu'à cette époque
encore je conservais l'espoir de remplir le but du
gouvernement, me trouvant appuyé de la médiation
de M. le commandant de la Corvette la *Favorite*.
En effet l'apparition de ce bâtiment sur la rade de
Tourane semblait devoir renforcer toutes mes démarches ; mais les mandarins cochinchinois ont appris
avec surprise et j'ai vu moi-même avec chagrin que
M. Laplace n'était porteur d'aucune dépêche qui
l'autorisât à supporter officiellement ma mission.
Loin de là, cet officier avait l'ordre de visiter le

1. L. a. s.

golfe du Tonquin et d'en explorer les côtes : expédition qui n'a pu avoir lieu à l'insu du gouvernement cochinchinois et a vivement excité la méfiance dans un temps où précisément cette partie de l'empire venait de se trouver en pleine insurrection.

Permettez-moi de vous informer, à cette occasion, qu'instruit (par hasard et la veille de mon départ seulement) de la destination prochaine de la *Favorite*, je m'empressai de rappeler au ministre combien il serait important que le commandant fût muni d'une lettre qui nous eût délivrés lui et moi des caprices des mandarins subalternes et nous eût nécessairement amenés à traiter à Hué avec la solennité convenable. Déjà en 1827, j'avais eu l'honneur de soumettre à l'un de vos prédécesseurs un mémoire où j'appuyais sur la nécessité d'imposer aux yeux des Cochinchinois et de ne leur adresser un agent français que sur un grand navire de guerre. Sans cette précaution, disais-je alors, cet agent court le risque d'être considéré comme le commissionnaire de quelques maisons de commerce de France et confondu avec les négociants ou marchands du pays, dont la considération est bien au-dessous de ce qu'elle est en Europe pour les hommes de leur profession.

Quoi qu'il en soit, monsieur, je dois déclarer que l'empereur et son conseil ont, cette fois, pris une connaissance exacte de l'objet de ma mission ; et qu'au moment où, sur le désir du souverain, j'allais paraître devant lui au palais, de petites intrigues m'en ont soudainement fait fermer l'entrée. A cela près, je n'ai eu qu'à me louer personnellement de l'accueil qui m'a été fait dans la capitale de la Cochinchine. Mais les anciennes objections m'ont été reproduites avec une nouvelle force. On ne m'a point dissimulé

combien on a à cœur de ménager les Anglais, plus
voisins que nous et placés de manière à protéger efficacement les Siamois, ennemis déclarés de l'empire
annamite.

Les États-Unis d'Amérique aussi, en 1831, ont fait
l'essai d'établir un agent en Cochinchine, se prévalant
du « caractère pacifique et purement mercantile qui
les distingue de la France et de l'Angleterre, toujours
prêtes à obtenir par la force ce qu'on n'accorde point
à leur influence. » Malgré ces insinuations artificieuses, Mr. Shilluber, consul nommé des États-Unis,
a dû se retirer comme moi sans gagner sa cause.

Dans l'état actuel des choses, il ne faut pas croire
que nos relations commerciales avec la Cochinchine
doivent être interrompues. Quoique les bâtiments
cochinchinois visitent fréquemment les ports libres
de Singapore, Malacca et Penang, et même depuis
peu, les côtes du Bengale et les rives du Gange, les
navires marchands anglais ont été assujétis dans les
ports de Cochinchine à des droits plus élevés que les
nôtres et ont échoué presque toujours dans leurs
spéculations. Les produits de l'industrie française
sont préférés à ceux de l'Angleterre, et l'opinion
publique surtout sera longtemps encore en faveur du
nom français dans le pays. J'ai pu me convaincre par
mes propres yeux que la culture du sucre et de la
soie vient de recevoir une extension considérable
dans les provinces de Hué et de Tourane ; or ce sont
là principalement les produits qui fixent l'attention
des armateurs français, et, au moment même où j'ai
l'honneur de vous écrire, il est question de préparer
à Bordeaux deux armements pour Tourane. J'ai tout
lieu de croire que ces spéculations seront favorisées
par le gouvernement cochinchinois, dont le but est

certainement d'étendre ses relations à l'extérieur, en même temps qu'il s'oppose à toute formation d'établissements permanents sur son territoire. Au moment même de l'arrivée de la *Favorite*, il était sérieusement question de renvoyer en France l'équipage du *Saint-Michel* sur une corvette cochinchinoise que le roi désirait faire expédier pour le port de Lorient où elle devait être mise à la disposition de MM. Chaigneau et Vannier, anciens mandarins et conseillers de son père. J'ai vivement regretté que ce projet n'ait point été mis à exécution, car il pouvait amener de grands résultats pour le commerce.

Après avoir quitté Tourane sur la corvette la *Favorite*, j'ai suivi la destination de ce bâtiment jusqu'à Sourabaya (île de Java) où nous avons appris la révolution de Juillet un an environ après qu'elle avait eu lieu ; de là j'ai gagné Batavia dans l'espoir d'y trouver une occasion pour me rapatrier ; mais les nouvelles reçues de Hollande à cette époque ne laissant que peu de doute sur une rupture prochaine avec la France, et un embargo étant momentanément prononcé par le gouvernement de la colonie, je me décidai à me rendre au Bengale pour y profiter du premier vaisseau ; enfin de Calcutta, où j'ai été retenu quelque temps par une maladie grave dont je ressens encore anjourd'hui les effets, j'ai pris passage sur le navire le *Jules* qui vient d'arriver à Bordeaux après une traversée fort longue et des plus pénibles.

En attendant que je puisse verbalement faire valoir mes droits à votre sollicitude, permettez-moi de vous offrir l'expression du respect avec lequel je suis, etc.

E. Chaigneau.

Vice-Consul nommé de France en Cochinchine.

LXXIV

A Monsieur le Ministre des affaires étrangères, à Paris [1].

Paris, le 17 décembre 1832.

Monsieur le Ministre,

Depuis trois ans une interruption fâcheuse avait
eu lieu dans les relations commerciales de nos ports
avec la Cochinchine, lorsqu'à la fin de 1829 votre
prédécesseur fut prié de les faciliter en rétablissant
le consulat français à Tourane. Je reçus moi-même
de Bordeaux l'avis que le moment était devenu favorable pour me faire admettre dans ce pays où j'étais
personnellement et assez avantageusement connu.
Je n'hésitai pas à solliciter comme une faveur cette
nouvelle expatriation ; et, après quelques dificultés,
il fut résolu que j'irais tenter de nouveau mon admission en qualité de vice-consul avec un traitement
annuel de 6,000 francs. Ce fut là, du moins, la première communication qui me fut faite verbalement
dans les bureaux du ministère. Ce traitement était
de beaucoup inférieur à celui qui m'avait été alloué
en 1825, quoique à cette dernière époque mon âge
ne m'eût pas permis d'obtenir encore de brevet ;
mais, dans le doute du succès, j'acceptai des conditions qu'une mesure d'économie semblait m'imposer justement.

Le navire le *Saint-Michel* se trouvait alors en
armement à Bordeaux pour Tourane ; je fis donc, à
la hâte, mes préparatifs et contractai des engage-

1. Le Ministre a refusé. — L. a. s.

ments onéreux pour profiter de cette occasion. Mes
provisions de vice-consul, signées le 5 décembre, me
furent délivrées le 7, par M. le comte d'Hauterive,
en présence de M. Besson. A ces provisions était
jointe une lettre du Ministre qui me privait, à ma
grande surprise, de tous émoluments en cas de non-
admission. Cette lettre m'était adressée, en outre,
comme vice-consul honoraire, en contradiction avec
mon brevet. Malgré que mes dispositions fussent
terminées, de nombreuses emplettes effectuées et mon
passage arrêté, je me vis dans la nécessité de refuser
et la lettre et les conditions qu'elle m'imposait. En
entendant ma protestation, M. le comte d'Hauterive
voulut bien se charger de la faire parvenir au Ministre ; il me rapporta, après m'avoir quitté quelques
instants, cette même lettre dans l'adresse de laquelle
le mot *honoraire* venait d'être remplacé par celui
de *résidant* ; il me renouvela en même temps l'assurance, que j'avais reçue déjà de M. le baron Deffau-
dis, qu'à la première nouvelle de mon admission, je
recevrais le titre de consul et jouirais du traitement
de 15,000 francs, affecté précédemment au consulat
de Cochinchine.

Plein de confiance dans une parole aussi formelle,
je regardai mon traitement de 6,000 francs comme
un pis-aller provisoire ; cette somme étant loin de
suffire à mes dépenses dans l'Inde ; je quittai Paris
le 8 décembre 1829 ; et, le 15 du même mois, je per-
dais de vue les côtes de France à bord du *Saint-
Michel*.

J'ai informé depuis votre prédécesseur que ce
bâtiment avait malheureusement péri le 9 août 1830,
sur un banc de roches des Paracels, à quatre-vingts
lieues environ du port de Tourane. C'est par une

espèce de prodige qu'après avoir lutté pendant cinq
jours et six nuits, dans une frêle embarcation,
contre une mort presque certaine, j'ai eu le bonheur
de mettre pied à terre avec tous mes compagnons de
voyage. Arrivés comme moi à Tourane dans l'état
de dénuement le plus complet, ces naufragés sont
restés à la charge du département de la marine
jusqu'au mois de janvier suivant. Après avoir pourvu à leurs besoins pendant tout ce temps, j'ai profité pour les rapatrier, de la corvette la *Favorite.*

Par une fatalité déplorable, je n'avais appris la
destination prochaine de cette corvette que la veille
de mon départ de Bordeaux ; M. le baron Tupinier
m'avait annoncé qu'elle visiterait Tourane sous le
commandement de M. Laplace, son beau-frère.
Regrettant vivement de ne pouvoir différer mon
départ pour y prendre passage, je m'étais empressé
de rappeler au ministère combien il serait important
que le commandant Laplace fût porteur d'une lettre
pour le gouvernement cochinchinois, à l'aide de
laquelle il pût supporter efficacement ma mission.
Plus tard, en effet, l'apparition de la *Favorite*, sur la
rade de Tourane et devant Hué, est venue renforcer
mes propres démarches ; mais les mandarins ont vu
avec surprise, et j'ai vu moi-même avec chagrin que
son commandant n'était point muni de la dépêche si
nécessaire. Loin de là, cet officier avait l'ordre de
visiter le golfe du Tonquin et d'en explorer les côtes ;
expédition qu'il a faite avec distinction, mais qui a
vivement excité la méfiance des Cochinchinois dans
un moment où cette partie de l'empire venait de se
trouver en pleine insurrection.

Quoiqu'il en soit, je n'ai eu personnellement qu'à
me louer de l'accueil que j'ai reçu dans la capitale

de la Cochinchine ; j'y ai acquis de nouveau la conviction que l'opinion sera longtemps en faveur des
Français dans ce pays. Si leur commerce n'y est pas
ouvertement plus favorisé, c'est que le gouvernement redoute les Anglais si voisins et si puissants, et
soupçonnés aujourd'hui d'aider les Siamois, ennemis jurés de l'empire d'Annam. Les États-Unis
d'Amérique ont aussi, en 1830, fait l'essai d'établir
un agent en Cochinchine, se prévalant du caractère
pacifique « et purement mercantile qui les distingue
de la France et de l'Angleterre, toujours prêtes à
prendre les armes et à obtenir par la force ce qu'on
n'accorde point à leur influence. » Malgré ces insinuations artificieuses, Mr. Shilluber, consul nommé
des États-Unis, n'a pu parvenir à se faire admettre.

Il ne faut pas conclure de ce qui précède que nos
relations avec la Cochinchine soient tout à fait interrompues. Depuis mon retour, j'ai fait informer
le commerce que la culture du sucre et de la soie
vient de recevoir une extension considérable dans
les provinces de Tourane et de Hué ; or, ce sont
principalement ces produits qui attirent l'attention
des armateurs français. Plusieurs cargaisons d'objets
de notre industrie ayant été demandées de Hué, deux
armements ont déjà eu lieu à Bordeaux dans le
cours de l'été, et un autre plus important se prépare
pour le mois de mars prochain. J'ai tout lieu de
croire que ces spéculations seront encouragées par
le gouvernement cochinchinois, dont le but est
d'étendre ses rapports à l'extérieur en s'opposant à
à la formation, sur son territoire d'établissements
européens permanents.

Les faits que je viens d'exposer sont en tout conformes à la vérité ; on ne saurait en rien m'imputer

le peu de succès d'une mission qui m'aura été très désavantageuse. Cependant, monsieur le Ministre, je n'ai reçu jusqu'à ce jour ni mon traitement annuel de 6.000 francs ni aucune indemnité pour le naufrage dans lequel j'ai perdu des valeurs considérables pour mes moyens. J'avais la promesse solennelle de votre prédécesseur d'obtenir justice ; permettez-moi d'espérer que je l'obtiendrai de vous promptement : car j'attends depuis longtemps, et me trouve réduit à une position qui mérite tout votre intérêt et me devient insupportable.

Je suis avec respect, etc.

Eug. Chaigneau.

TABLE DES MATIÈRES

Librairie Jean MAISONNEUVE et Fils, Éditeurs

3, rue du Sabot, 3 — (PARIS VIᵉ,

SHIN-LOU-TI

Au Pays du Dragon

Un beau vol. gr. in-8 jésus broché de 380 pages. Prix **40** *fr.*

Lorsqu'on parle des Missions et des Missionnaires de leur influence morale, de leur action civilisatrice, on a coutume de s'incliner très bas devant **l'héroïsme de ces pionniers d'avant-garde,** qui ont tout quitté pour se lancer à l'assaut de l'inconnu, au milieu des innombrables ilôts de l'Océanie, dans les sombres forêts du Continent noir, parmi les glaces désolées du Nord-Canadien, à travers les steppes immenses du Sud-Amérique ou jusqu'au centre du Continent Asiatique, pour, à des peuplades barbares, faire partager leur foi, enseigner l'amour de la France, semer dans le monde l'idée française.

A cheval par monts et par vaux, en barque sur les fleuves, à travers les rapides, sous le soleil des tropiques, dans les champs de neige des glaciers, malgré les embûches de la route, ils marchent, ils apprennent à connaître les peuples dont ils partagent la vie, dont ils parlent la langue ; ils écrivent quelquefois leurs impressions...

Au Pays du Dragon, est un recueil des impressions de voyage d'un missionnaire de Chine. Au cours de longues randonnées à travers le **Continent Jaune,** *jusqu'à des* **milliers de kilomètres de la côte,** *jusqu'aux* **confins du Thibet mystérieux,** parmi les **Chinois,** les **barbares lolos,** les **Sifan Thibétains,** *l'auteur montre la vie de ces peuples divers, nous initie aux usages extraordinaires, aux* **coutumes immémoriales** *du pays du Milieu.* C'est avec un extrême intérêt qu'on suit le narrateur dans ses galopades furieuses à travers les contreforts de l'Himalaya, parmi les coups de fusil dont on le salue, derrière les barricades où il se retranche. **De nombreuses photographies, des croquis, deux cartes inédites,** sont des documents qui montrent parfaitement qu'il s'agit **d'un récit vécu** et non d'un roman. *Les épisodes divers, traits de mœurs, portraits, descriptions, sont écrits d'une plume incisive, alerte, toujours gaie... à la française !*

A qui s'intéresse aux choses d'Extrême-Orient, aux travaux de nos missionnaires, à l'extension de notre influence civilisatrice, une copieuse documentation est offerte dans ces voyages « *Au Pays du Dragon* ».

POUR PARAITRE EN SOUSCRIPTION

CHEKRI GANEM

Le Calvaire Syrien

Articles, Conférences et Documents réunis, annotés et accompagnés d'études historiques

PAR

M.-Y. BITAR

1 beau vol. gr. in-8 raisin de plus de 600 p. Avec des photographies dédicacées des principales personnalités Françaises et Syriennes, quelques planches en couleurs de vues de Syrie.

Le lecteur trouvera dans cet ouvrage l'histoire politique de la « question syrienne », depuis 1912 jusqu'à nos jours. Cette histoire se divise en deux parties bien distinctes : La première est, pour ainsi dire, « publique ». Elle est constituée par les articles, écrits au jour le jour, dans les principaux journaux et revues de Paris et de l'étranger, par M. Chekri Ganem, le grand patriote Syrien, dont le nom est indissolublement lié à cette histoire. — *La seconde partie est « **privée** » et absolument inédite.* Elle est constituée par les correspondances échangées, depuis 1912, entre *M. Chekri Ganem et les hommes politiques français* qui se sont succédé au banc du Gouvernement. Le lecteur suivra, en dépouillant cette correspondance, l'évolution de la « question syrienne ».

Tous ces documents ont été réunis et annotés par M. M.-Y. Bitar (Professeur à l'École des Langues Orientales), collaborateur de M. Chekri Ganem depuis 1916. Ils ont été mis en ordre de telle sorte que le document inédit éclaire d'un jour tout à fait nouveau le document déjà connu. M. M.-Y. Bitar a accompagné ces documents d'études historiques inédites et fortement documentées qui font du *Calvaire Syrien* un ouvrage indispensable pour tous ceux qui veulent connaître les dessous de la « question syrienne ».

Cet ouvrage vient d'être honoré des souscriptions de :

Monsieur le MINISTRE DES AFFAIRES ÉTRANGÈRES, à Paris ;
Monsieur le Maréchal de France LYAUTEY, Résident Général de la République Française au Maroc.
Monsieur le Général GOURAUD, Haut Commissaire de la République Française en Syrie et au Liban.
Monsieur le Capitaine TRABAUD, Gouverneur du Grand Liban ;
Monsieur le Lieutenant Colonel CATROUX, Délégué du Haut Commissaire de la République Française à Damas ;
Monsieur le GOUVERNEUR de l'Etat d'Alep ;
Monsieur le Général BILLOTTE, Administrateur de l'État des Alaouites ;
Monsieur le Président de la *Commission Administrative de l'État du Grand Liban* ;
Monsieur le Directeur de la BANQUE IMPÉRIALE OTTOMANE ;
Monsieur le Directeur de la BANQUE DE SYRIE.
Etc., etc...